JN062570

# 言語伝承と無意識

## 精神分析としての民俗学

岡安裕介

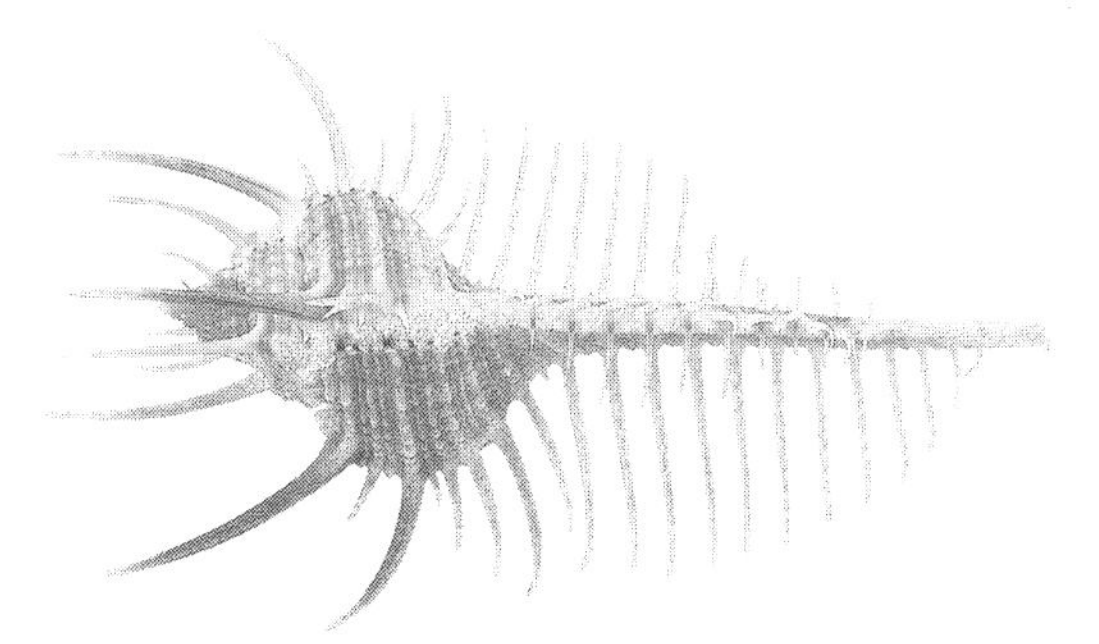

The Unconscious, the Shadows of the Past Life:
A New Method of Psychoanalytic Anthropology

洛北出版

# The Unconscious, the Shadows of the Past Life:

## A New Method of Psychoanalytic Anthropology

Okayasu Yusuke

Rakuhoku-Shuppan

# 序論



# 第1章 精神分析と日本民俗学との思想的交錯

第2章

# 心はいかに伝承されるのか

## 第3章 柳田國男から折口信夫へ受け継がれしもの



## 第4章 構造人類学の導入

第5章

# 魂の贈与論



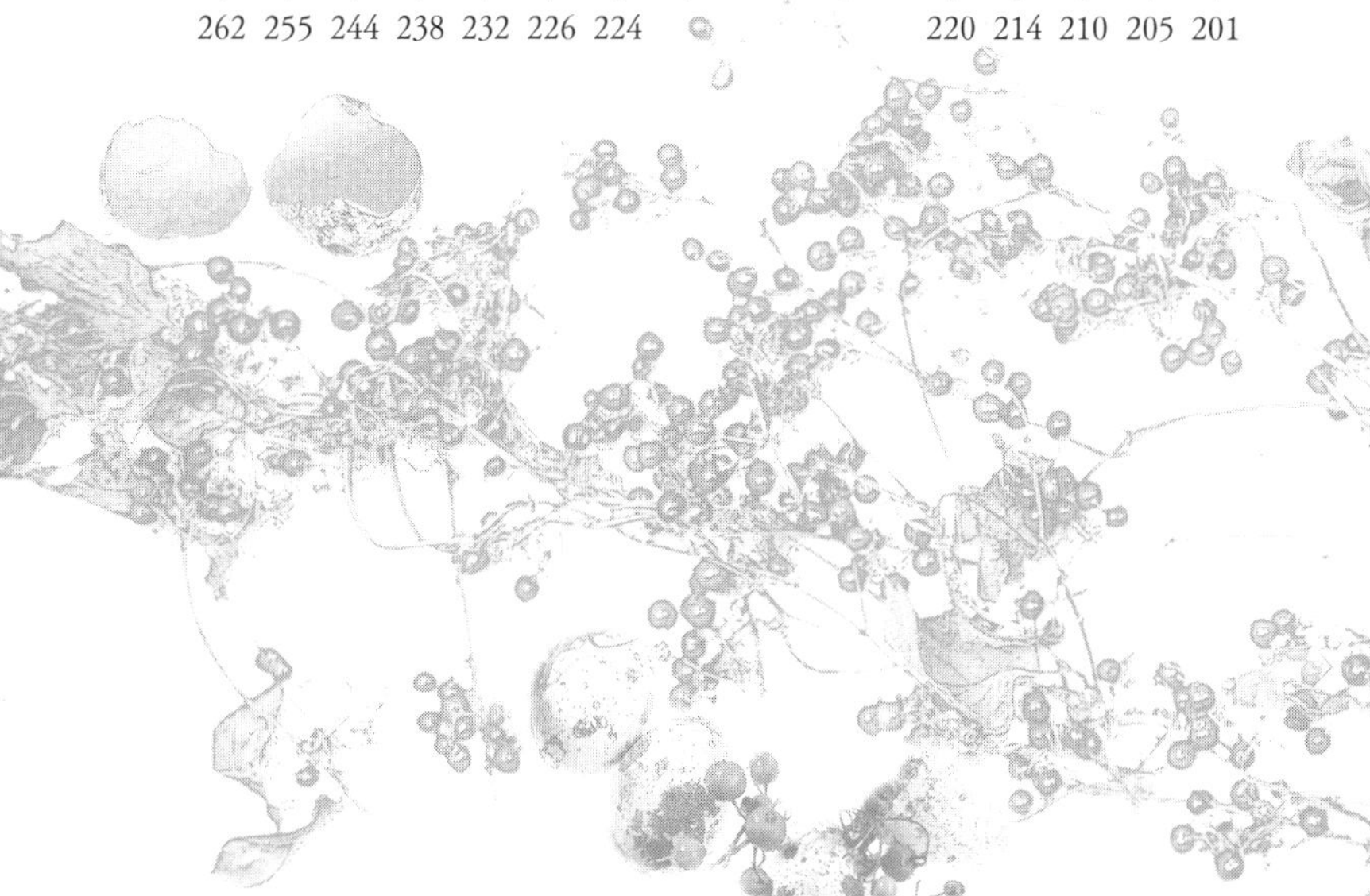

## 第6章 日本という言語空間における無意識のディスクール



## 第7章 貴種流離譚考

# 結論

# 凡例

●引用における漢字と送り字は、新字体に適宜改めてある。また、引用に付される傍線（例：たましひが）、傍点（例：言うことば）、カタカナルビ（例：魂《タマ》ふり）は、原文によるものである。よみがなを示したひらがなルビ（例：或《ある》いは）は、著者・岡安によるものである。

●［⬇99頁］という表記は、「本書の99ページ以下を参照」を意味している。そのページ以下に、関連する記述や図があることを示している。煩雑だとお感じの場合は無視して読み進めていただきたい。本書・巻末の「索引」からも知ることができる。

●引用文のなかの［　］内は、岡安が補筆した割註である。また同じく［…］は引用文の「中略」を意味する。

●日本語以外で書かれた文献に関しては、邦訳がある場合はその書誌情報も記した。引用にあたって訳し直す必要があると判断した箇所は、岡安が改めて訳している。また、本書末尾に文献一覧を付している。

# 言語伝承と無意識

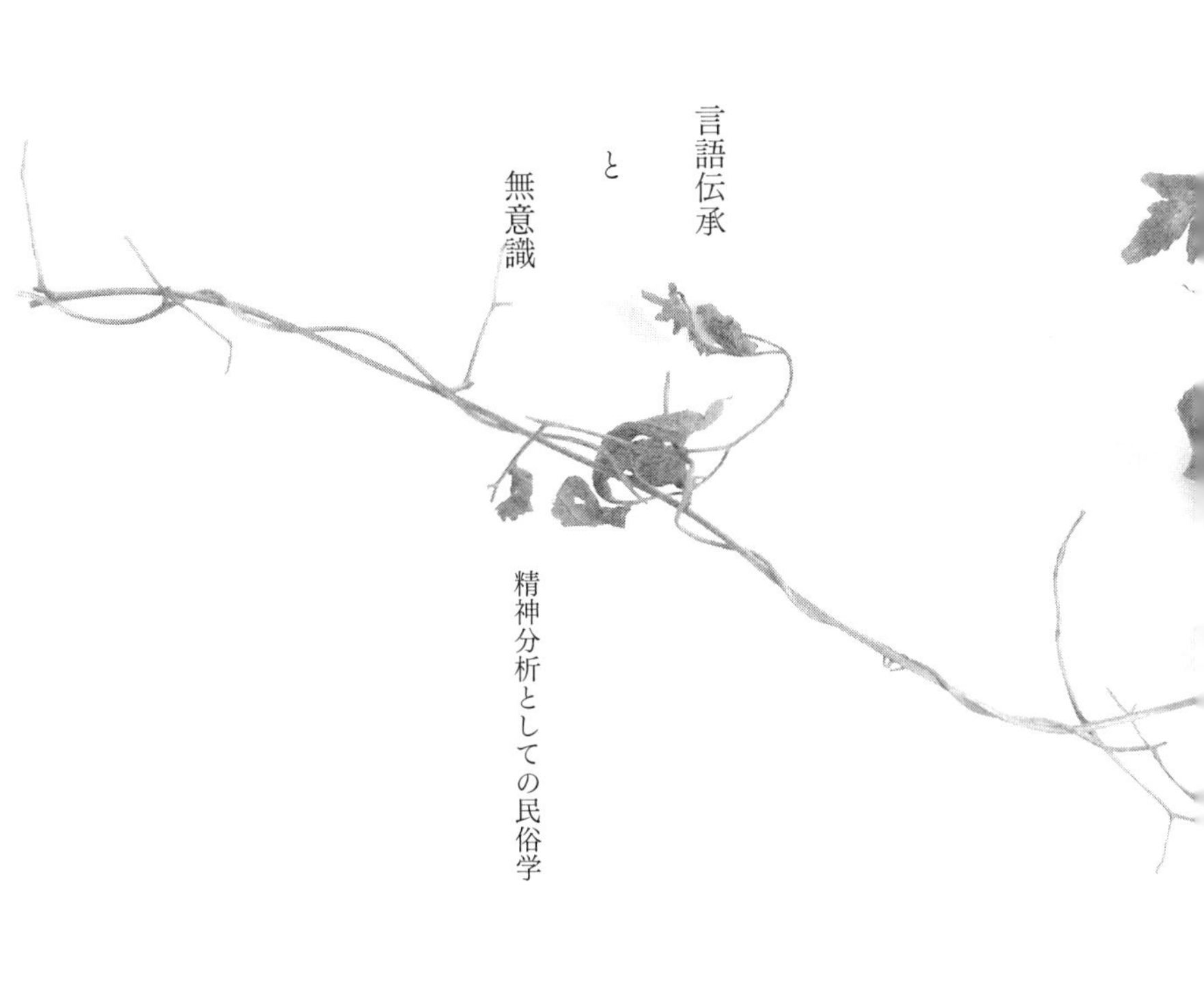

## 精神分析としての民俗学

岡安裕介

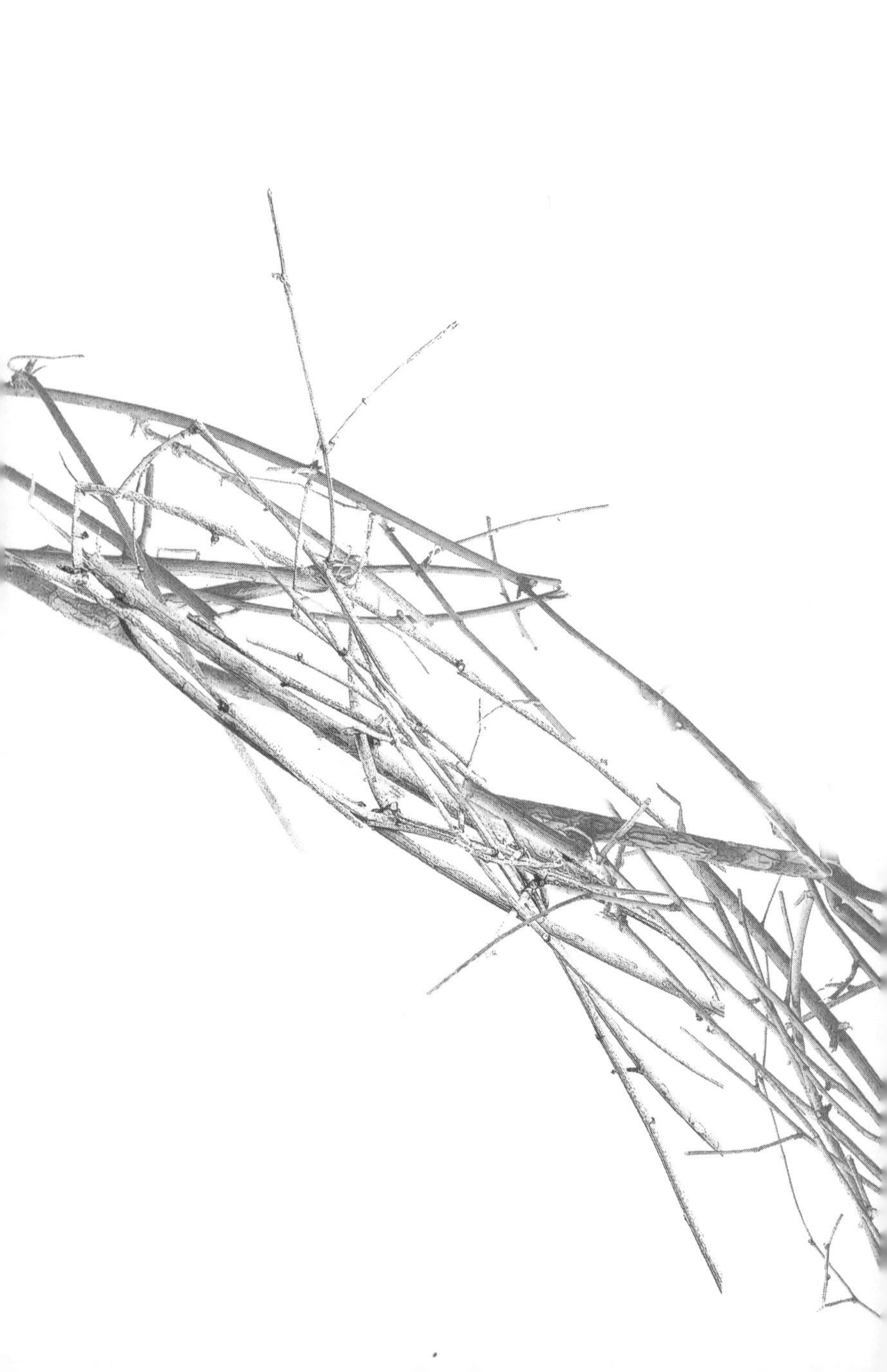

# 序論

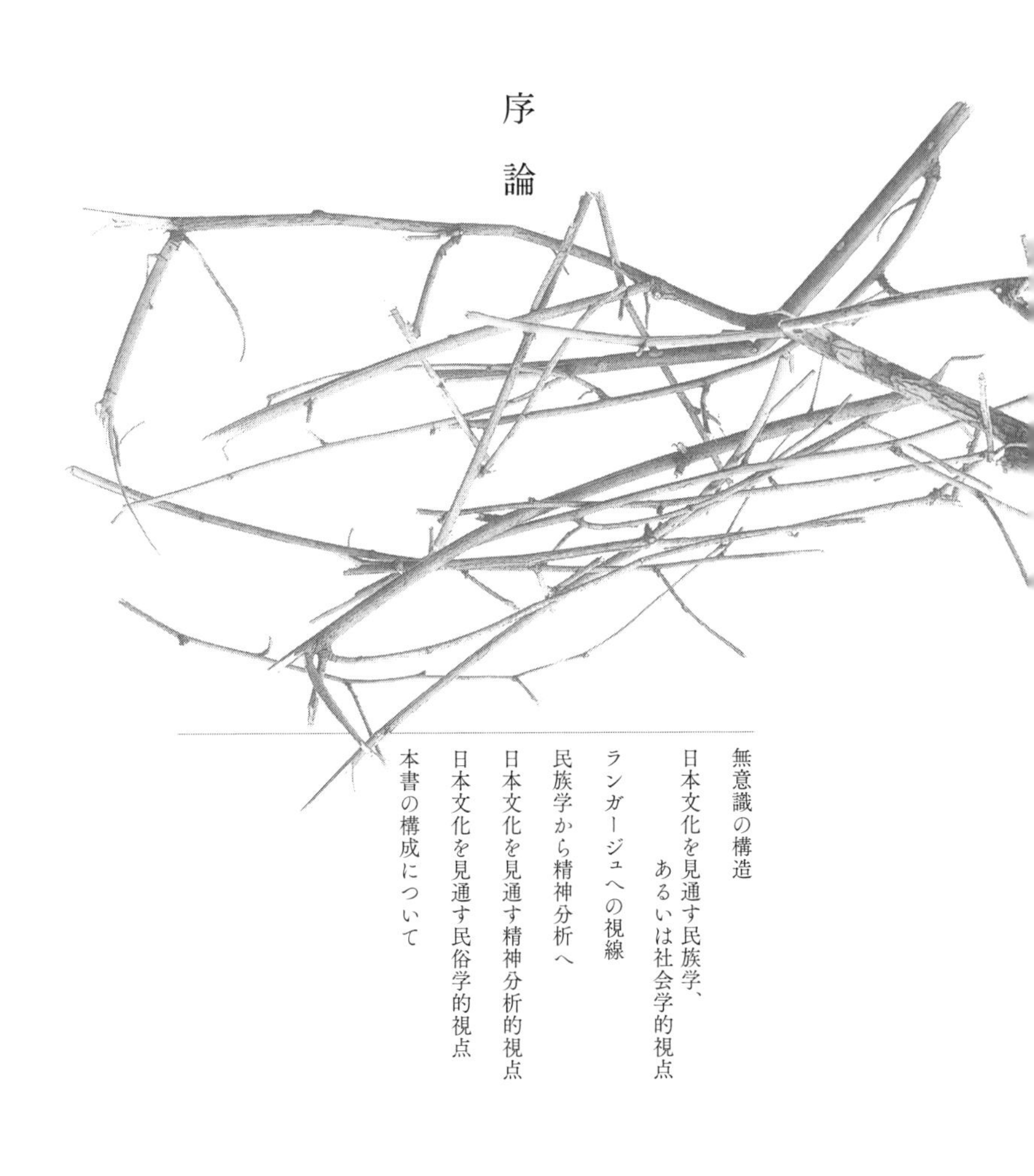

# 無意識の構造

本書の目的は、クロード・レヴィ＝ストロースからジャック・ラカンへと続く構造論的方法を用いて、現代における日本文化の特性を解き明かすことにある。具体的には、日本文化の諸側面に通底する「構造」を、無意識における「パロール（parole）」の交換法則として提示し、[1]西欧一神教文化のそれとの比較により、その構造的差異を明らかにすることである。本書を開始するにあたってまずは、レヴィ＝ストロースからラカンへと続く視点、文化を無意識の言語構造から分析する構造論的方法について簡潔に整理したい。

レヴィ＝ストロースは、『構造人類学』に第一章として収録された一九四九年発表の「歴史学と民族学」[2]で、歴史学と民族学の対比において、前者は文化現象における意識的側面を、後者は無意識的側面を取り扱うことを主な営為とすると述べている。文化の諸側面を構成する要素、例えばテーブルマナーや衣装に関する諸規則や、それに対する道徳的、政治的、宗教的態度の多くは、意識的にその行いを吟味するということなしに堅持されていることをレヴィ＝ストロースは指摘している。この文化現象における無意識的性質の解明こそ、民族学が目指すところであり、その手がかりは言語構造にあるとレヴィ＝ストロースは考えている。彼は次のように述べる。

> もし、我々が信じているように、精神の無意識的活動というものが、ある内容に形式を押し付けることにあるならば、そして、これらの形式が根本的には、全ての精神（古代的と近代的、未開的と文明的の如何を問わず）に同一のものであるならば――例えば、言語活動（langage）にて表されるような象徴的機能の研究がそのことをとても鮮やかに示している――他の諸制度、他の諸慣習についても有効な解釈の原理を獲得するには、各々の

1―― 構造言語学に由来する「パロール」であるが、ここでは口頭にて発された言葉、すなわち話として捉えてほしい。用語については、論の展開に合わせて解説を加えていく。

2―― Claude Lévi-Strauss, 1958, *Anthropologie structurale*, Paris: Plon, pp. 3-33.

制度なり慣習なりの根底にある、無意識の構造に到達せねばならぬし、また、到達すればば十分だということになる。もちろん、この分析を十分に深く推し進めていくことが条件であるが。▼3

レヴィ＝ストロースの言う民族学の営為とは、「言語活動（langage）」にて表される、無意識の「象徴的機能」の解明であり、このことを念頭に、文化の諸側面における相関関係を探究することにある。「ランガージュを文化の条件として論じる」▼4という彼の提言は、上記の理論に基づいている。そして、ここで言う無意識の構造はジークムント・フロイトの思想に由来している。レヴィ＝ストロースは、同書の第十章、一九四九年発表の「象徴的効果」▼5にて、シャーマンの治療法と精神分析とを比較している。患者の症状的基盤を、シャーマン的治療法は神話などの集団的な伝承に置き、精神分析は個人的な経験に置いているように見えるが、じつは両者の治療理論には本質的な相違はない、とレヴィ＝ストロースは述べている。どちらの治療においても、症状の基盤は無意識における象徴的機能にあり、個人的な経験は、あらかじめ別個のものとしてあるこの構造的な法則に従う形で、症状として発現するにすぎないと主張する。レヴィ＝ストロースは次のように述べている。

もし、こうした考えが正しいとすれば、無意識と潜在意識の間には、現代心理学で習慣とされたよりも、もっと明らかな区別をつけていた以前の状態に戻すことが、おそらく必要になるだろう。というのは、潜在意識、すなわち、各々の人生において集積された思い出とイメージの貯蔵庫は、単に記憶の一側面になるからである。それは、その持続性を肯定すると同時に、その制限を意味している。なぜなら、潜在意識という用語は、思い出は保存されているが、必ずしも利用可能ではないという事実に関係するからである。これに反して、無意識はいつも空である。あるいはもっと正確に言うと、胃が胃を通過する食物と無縁のものであるように、それはイメージと無縁のものである。それは特定の機能をもつ器官であって、欲動、感情、表象、思い出といった他の場所に由来する分節化されていない諸要素に構造の法則を課すだけであり、法則はその現実性を余すところなく分節する。したがって次のように言うことができよう。潜在意識とは、我々各自がその個人的歴史の語彙を集めている私的な小辞典であるが、この語彙は、無意識がその法則に従って、そして実際には、そのような語らい（discours）に従ってこれを整理する限りにおいて、我々自身及び他者にとって意味作用をもたらすことになる。これらの法則は、無意識が作用を及ぼすあらゆる場合において、そして、全ての個人に対して

3—— *Ibid.*, p. 28.

4—— *Ibid.*, p. 78.

5—— *Ibid.*, pp. 205-226.

同一のものであるから、前段で提起された問題は、たやすく解決できる。語彙は構造に比べて重要性をもたない。神話は、主体によって再創造されようと、伝承から借用されようと、個人的あるいは集団的なその諸源泉（それらの間では不断に相互浸透と交換が生じる）から、活用するイメージの機材を引き出してくるにすぎない。しかし、構造は同一のものとしてあり続けており、象徴的機能が遂行されるのは、構造によってである。[6]

ここでレヴィ＝ストロースは、無意識と潜在意識とを明確に区別する必要性を唱えている。彼の言う潜在意識とは、個人的な記憶が保存されている領域である。それに対して、無意識とは言語自体が持つ構造のことであり、象徴的な機能の働きにより、ある一定の法則性として導出できるものとなる。この言語的な構造に、潜在意識にある語彙が絡めとられた時、意味作用が生じることになる。引用を続けよう。

さらに付言すれば、これらの構造は単に万人に対して、また機能が適用される全ての素材に対して同一であるばかりでなく、その数は僅（わず）かしかない。そして我々は、なぜ象徴の世界が内容上無限に多様でありながら、法則によって常に制限されるのかを理解するであろう。言語（langues）はたくさん存在するけれども、音韻法則はきわめて僅かしか存在せず、しかもそれらは全ての言語（langues）に適用される。既知の物語や神話の蒐集は、膨大な冊数にわたるだろう。しかし、多様な登場人物の背後にある、いくつかの基本的機能を活用することで、それらは少数の単純な型に還元される。そしてコンプレックス、この個人神話もまた、症例の流動的多様性がその中に入って固まる鋳型としての、いくつかの単純な型に帰着するのである。[7]

よく知られているように、レヴィ＝ストロースにとって言語構造とは、第一に音韻法則となる。しかし、彼が想定している言語構造には、「語らい (discours)」をはじめとしていくつかの位相があり、[8] 物語や神話の構造はもちろん、現代における神話、精神分析の対象たる個人神話を形づくる構造もそこに含まれる。[9]

このレヴィ＝ストロースの視点を継承し、フロイトの思想を構造論的に読み換えていったのがラカンである。一九五三年からパリのサンタンヌ病院で開かれていたラカンの二年目のセミネールは、[10] その年度の初めに行われたレヴィ＝ストロースのフランス精神分析協会での講演

6—— *Ibid.*, pp. 224-225.

7—— *Ibid.*, pp. 225.

8—— レヴィ＝ストロースは、音韻構造、文法構造、語彙構造、ディスクールの構造などを想定している。*Ibid.*, p.98.

9—— レヴィ＝ストロースは神話の言語的位相について次のように述べている。「神話はラングの不可欠な一部をなしている。神話が認識されるのは、パロールによってである。それはディスクールに依存している」(*Ibid.*, p.230.)。

に触発される形で展開している。[11] このセミネールでラカンは、この時期における理論展開の骨子になるシェーマLを提示し、精神分析が扱う個人神話、すなわちエディプス・コンプレックスを言語構造論的に解釈していく。この試みは、三年目のセミネールに引き継がれ、[12] そこでは「症例シュレーバー」を主な題材とし、無意識における自律的な象徴的機能が、神経症者のみならず精神病者にも通底するものであることを論証している。さらに四年目のセミネールでは、[13]「症例ハンス」を題材に、エディプス・コンプレックスのヴァリアントである「非典型的なエディプス関係」を取り上げる。これは、レヴィ＝ストロースが言う構造のいくつかの単純な型の一つを示したものであり、典型的なエディプスと非典型的なエディプス間の変換関係について論じたものだと言える。

この時期のラカンは、シェーマL（正式名称「自我の想像的機能と無意識のディスクール」）をもとにフロイトの思想を構造論的に解釈するという一貫した姿勢をとっているが、[14] これは言語構造の位相から見ると、無意識の「ディスクール（語らい）」におけるパロールの交換法則を取り扱ったものとなる。そしてこれは、レヴィ＝ストロースが構造分析の要（かなめ）とするように提示した、言葉、女性、財の三交換（コミュニケーション）形式の言葉の交換に当てはまるものである。レヴィ＝ストロースの構造人類学は、この三交換形式の相同性を探究することを手がかりとし、ランガージュと文化の諸相に相関関係を見いだしていくことをその営為としている。すなわち、ある文化を探究する際に、パロールの交換法則に注目することは、その側面における個別の研究という枠組みを超えて、文化の諸側面を見通す大局的な見地を与えてくれる可能性が示唆されている。本書ではレヴィ＝ストロースとラカンを導き手として、パロールの交換法則という言語構造の位相に注目し、日本文化の構造分析に着手していくことになる。

10—— Jacques Lacan, 1978, *Le Séminaire livre II: Le moi dans la théorie de Freud et dans la technique de la psychanalyse*, Paris: Seuil.

11—— ジャック・ラカン、一九九八年、『フロイト理論と精神分析技法における自我〔上〕』、小出浩之ほか訳、岩波書店、四一－六三頁。

12—— Jacques Lacan, 1981, *Le Séminaire livre III: Les psychoses*, Paris: Seuil.

13—— Jacques Lacan, 1994, *Le Séminaire livre IV: La relation d'objet*, Paris: Seuil.

14—— 本書で用いるラカンの理論は、一九五〇年代を中心としたものである。ラカンの理論は時とともに変化していくため、その論考は難解であるとしばしば評されるが、松本卓也が指摘するように、この時期のラカンは「家族の神話、家系の象徴的物語のなかで伝承されてきた位置を分析主体が自ら引き受けること」を目標に精神分析理論を組み立てている（松本卓也、二〇一五年、『人はみな妄想する　ジャック・ラカンと鑑別診断の思想』、青土社、三七八頁）。そして、その軸はエディプス・コンプレックスの構造論的解釈にある。この後その理論は、エディプス・コンプレックスを相対化していくことによって、さらなる展開をみせることになるが、常にレヴィ＝ストロースを意識していたこの時期のラカンの思索は、その後の理論展開の土台となるだけでなく、文化論への大きな足がかりともなっている。本書では、この時期のラカン理論に焦点を絞り、その思索の拠り所であったシェーマLをもとに日本文化を構造分析していく。これが、精神分析と構造人類学、そして民俗学を結んでいく最善手だと考える。

## 日本文化を見通す民族学、あるいは社会学的視点

レヴィ＝ストロースが構造分析の本質的な研究対象として位置づけているのは、象徴的機能を表すランガージュであるが、具体的な分析の端緒として取り上げているのは、言葉、女性、財の三交換形式である。ここでまず、狭義の言語構造に限定することなく、幅広い意味で構造論的方法を用いて日本文化を分析した先行研究に目を向けてみたい。これらの先行研究は、日本においては主に理論社会学の分野にて展開されてきた。そこで取り上げられているのは、婚姻規則に注目することでモデル化できる「親族構造」である。

一九八〇年代の上野千鶴子の一連の研究[15]は、天皇制を基盤とする政治権力のあり方を、記紀神話に見られる女性の交換から照射することを目的としている。ただし、神話における「親族関係が事実かどうかということや、特定の親族関係が古代王権にとって持った政治的な意味を論じる歴史的実証主義には、本稿は、関心も能力も持たない」と述べているように、上野が行ったのは「神話の系譜誌の中にあらわれた親族関係ゲームのルールを読みとく、神話論理学」である。[16]上野は、天皇制とは神聖王権とでも呼ぶべき政治宗教形態へと達したものであり、そのことは、神話論理学が明らかにした婚姻規則の変化をもって確認できるという。

上野は、女性の交換という側面から記紀神話を三期に分けている。まず一期（神武～開化九代）では、天皇は有力な地方豪族と次々と婚姻を取り結ぶ。上野はこれを、オセアニア一帯に見られる外来王神話における婚姻と類似したものであると見る。この神話は、折口信夫の言う「まれびと」伝承と多くの共通点を持ち、[17] さらに、権力は「外部」に起原を持つということを暗に示している。[18] 外来王は土地の女を娶ることにより、土地の民の義兄弟という位置に置かれるとともに、その息子は土地の民にとって姉妹の息子の位置に置かれる。[19] これは、「外部」でありながら「内部」を取り込んでいくことにより、支配の正統性を確立していく過程であると見なせる。二期（崇神～允恭十代）においては、一夫多妻的な天皇は、あいかわらず豪族との婚姻を続けるが、皇族内婚が多くなる。[20] 三期（安康～持統二十代）には、天皇はよりインセストに近いと考えられる同父異母兄弟姉妹婚を行うようになる。上野は、この婚姻規則の変化を、女性の

15――上野千鶴子、一九八五年、『構造主義の冒険』、勁草書房、六六－一〇二頁。上野千鶴子、一九八五年、「〈外部〉の分節　記紀の神話論理学」、桜井好朗編『神と仏　仏教受容と神仏習合の世界』所収、春秋社、二六一－三一〇頁。

16――上野千鶴子、一九八五年、「〈外部〉の分節　記紀の神話論理学」、桜井好朗編『神と仏　仏教受容と神仏習合の世界』所収、春秋社、二六三頁。

17――上野千鶴子、一九八五年、『構造主義の冒険』、勁草書房、七四頁。

18――「まれびと」については、記紀神話におけるスサノヲの出雲来臨譚にその集約された姿を見ることができる。スサノヲはアマテラスの弟として「外部」とのつながりを持ちながら、土地の娘であるクシナダヒメを娶ることにより「内部」に足がかりを作る。

流れの終結点として、天皇の地位が確立されていく過程の反映と捉えている。

宗教的側面においても同様の動きが見える。二期において斎宮(さいぐう)制が確立するが、上野によるとこれは、皇女を象徴的な「外部」である伊勢に送ることで「禁忌された姉妹を、一般交換のリンクにはめこむことを禁止し、交叉イトコ婚による一方向的な女のフローに、ブラックホールのような終結点を作る」[21]ことになる。[22]この不婚の皇女をアマテラスと同一視することによって、権力の起原である「外部」を一元的に管理する装置が斎宮制であると上野は捉えている。[23]そして三期において、この斎宮の資格を備えた皇女である異母姉妹と婚姻を結ぶことにより、「外部」は天皇に占有される。こうして、天皇の位置が「ブラックホール」と重なることをもって、親族構造から自立した権力構造(hierarchy)が出現する。[24]もはやこうなると、天皇は女性の交換を通して豪族を親族体系に取り込む必要もなく、交換というよりも一方的な贈与の終結点として、自立的に自己の超越性を確立していることになる。上野は、その反映として三期で導入される采女(うねめ)制を取り上げている。采女として差し出された豪族の女性は天皇の妻として

19―― 上野はこの一期を母方交叉イトコ婚優位の時期と見ている。「ヤマトの豪族の間には、天皇にくり返し「妹」や「女」を貢上している氏族がある。最初の婚姻のあとでできた皇位継承者が、再び母の氏族から妻をめとれば、これは理論的には母方交叉イトコ婚となる」(上野千鶴子、一九八五年、「〈外部〉の分節　記紀の神話論理学」、桜井好朗編『神と仏　仏教受容と神仏習合の世界』所収、春秋社、二七九頁)。ちなみに「交叉イトコ」とは、自分の親の

性別の異なる兄弟姉妹の子供を指す。すなわち、「母の兄弟の子供（母方交叉イトコ）」と「父の姉妹の子供（父方交叉イトコ）」である。また「平行イトコ」とは、自分の親の性別が同じである兄弟姉妹の子供を指す。すなわち、「母の姉妹の子供（母方平行イトコ）」と「父の兄弟の子供（父方平行イトコ）」である。ただし、女性の交換という視点からイトコ婚が論じられる際には、基準となる「自分」が男性となっている。つまり「母方交叉イトコ婚」といっても、それは婚姻する男性側からの見方であり、女性側から見ると父方の交叉イトコとの婚姻となる。

20――上野はこの二期を父方平行イトコ婚優位の時期と見ている。「崇神～允恭十代の間に、一例を除いて、嫡妻はすべて王女から出ている。この十代の天皇もまた例外なく皇后腹の嫡男だから、これらの天皇にとって、皇后にした女は、遠近を問わず自分の父系親族の娘、つまり、カテゴリカルな父方平行イトコ」（同上、二八〇頁）となる。

21――同上、二九〇頁。

22――レヴィ＝ストロースは『親族の基本構造』において、交叉イトコ婚をめぐって限定交換と一般交換という二つの方式を取り上げている。限定交換とは、ある集団Aと別の集団Bで互いに女性を交換する方式である。つまり、Aの男性はBの女性を娶り、Bの男性はAの女性を娶る。AとBの男性がお互いの姉妹を妻にしている場合、次世代の子供たちは互いに父方母方双方交叉イトコ同士となる。よって、このイトコ同士の婚姻（双方交叉イトコ婚）は、AとBの限定交換でもある。これは図式としてA⇅Bと表せる。一般交換は、女性の流れが一方向的であり、図式としてはA→B→C→……→Aと表せる。母方交叉イトコ婚が採用されている社会では、女性の与え手と受け手の集団が異なるのでこの図式のように一方向に女性が流れていくが、父方交叉イトコ婚を採用すると、はじめの世代ではA→B→C→……→Aへと流れていた女性が、次の世代では、C→……→A→B→Cと逆流することになる。交叉イトコ婚については これ以上の詳述は避けるが、上野の言う「一般交換のリンクにはめこむことを禁止」するということは、自分の姉妹に当たる皇女を神に奉仕させることにより、天皇は他の集団に女性を与えなくなることを意味する。

23――斎宮制と、次に見る采女制については以下の頁を参照されたい。上野千鶴子、一九八五年、「〈外部〉の分節　記紀の神話論理学」、桜井好朗編『神と仏　仏教受容と神仏習合の世界』所収、春秋社、二八八－二九三頁。

24――同上、二九八頁。

ではなく、巫女として天皇という神に仕えることになるため、婚姻カテゴリーに含まれていないと上野は見なしている。[25] 上野は、こうして成立した政治宗教形態を神聖王権と呼んでいる。[26]

ここで行われた研究は、日本の古代宮廷における親族体系とオセアニア（フィジーやハワイなど）のそれとを比較したという点において、さらには、古代日本の親族体系と政治宗教体系（上野の言う権力構造）との相関関係を、婚姻規則、厳密に言えば記紀神話が持つ象徴論理から導き出したという点において、構造主義に親和性があると言える。

次に、大澤真幸の研究を取り上げる。大澤は、上野の見解を取り入れた上で、橋爪大三郎が提唱した「togetherness の優越」理論を用いて日本の規範概念の特異性について分析している。日本という共同体に通底する原理として、橋爪が提唱した togetherness の優越とは、「複数の身体が共在したとき、共在する各身体が、それらの行為を支配する規範的形式を、互いに、両立可能なものたりうるまで、無際限に変更してしまう傾向性[27]」と定義される。[28] 日本ではある統一的な規範よりも、その場の空気と呼ばれるもの、すなわち、共同体構成員間の関係をもとに、そのつど規範が定まる傾向性を有しているという。

大澤は独自の概念として、共同体における規範が依拠する超越的な身体のことを「第三者の審級」と名づけ提示しているが、togetherness の優越の原理が働く日本においては、この身体が、「具体的な像をもった「実体」として、擬制される[29]」向きがあると述べる。政治的側面においては、この第三者の審級は首長などの身体に仮託されることになるが、宗教的側面においては、折口の唱えた「まれびと」という神観念に端的に表されることになる。

このことは、日本社会においては規範の審級たる身体が、垂直的上部に完全には位置づけられておらず、水平的外部から来訪する「まれびと」のように、内部と外部のはざまに共在的他者として位置づけられることを意味する。[30] しかし大澤は、超越的他者としては不完全ながらも、天皇の身体が、複数の一次的な共同体（における第三者の審級としての首長たち）を集合させた、二次的な連結共同体を構成するための、第三者の審級の役割を果たしているというモデルを提示している。このように大澤は、共同体固有の「規範」を放置しながら、諸共同体を調整、統合

25――同上、二九六頁。

26――同上、二九六頁。

27――大澤真幸、一九八六年、「〈日本〉」、『ソシオロゴス』一〇号、六四頁。

28――なお、橋爪本人による「togetherness の優越」の解説は、以下の論考を参照されたい。橋爪大三郎、一九八七年、「にっぽん　制度なき権力多様体」、『ORGAN』三号、二一三－二三二頁。

29――大澤真幸、一九八六年、「〈日本〉」、『ソシオロゴス』一〇号、七〇頁。

30――第三者の審級そのものは「その本態からすれば共在する身体達の関係そのものだから、必ずしも、具体的な像をもって結露しているわけではない」（同上、七〇頁）と大澤は述べる。ある共同体が、この第三者の審級を「諸身体の内在的な実践の水準から切離し、規範の選択性が帰属する独立の実体として機能させる」ことができたならば、「普遍思想や法として機能することになる」と、別書で大澤は述べている（大澤真幸、一九九九年、『行為の代数学スペンサー＝ブラウンから社会システム論へ〔増補新版〕』、青土社、三六六頁）。

することにより、「二重構造」とも言うべき日本的な共同体のあり方を呈するようになったと結論づけている。[31]

だがここで注意を促しておきたいのは、この二重構造とは単純な二重共同体ではないということである。大澤は、一般的には西欧における「public」と「private」に対応させられている「公（オホヤケ）」と「私（ワタクシ）」という概念に注目し、二重構造の特性について考察を深めている。西欧的な前者の関係から、[32]後者の関係を隔てる最も重要な特徴は、その「相対性」にあり、「公／私関係の相対性は、日本社会を一個の社会システムとして捉えた場合に、それが共同体の「入れ子」の構造をもっている」[33]と大澤は述べる。すなわち、先ほどのtogethernessの優越が働く共同体を、日本における共同体の基礎構成単位「イエ」と定義すると、[34]あるイエ（$C_0$）がより大きなイエ（$C_1$）へと組み込まれている場合には、$C_0$が「私」、$C_1$が「公」になるが、$C_1$がさらに大きな$C_2$に組み込まれている場合は、$C_1$は$C_2$に対して「私」となる。つまり、「公とは、こうした回帰的な組み込みの構造の中で、より小さな共同体にとってのより大きな共同体を指」[35]すことになる。これは、「小さな共同体が連合してより大きな共同体を形成する場合に、それぞれの小共同体は、新たに形成された大きな共同体の部分として再編成されることなく、基本的には、それ以前からの閉鎖性を保ったまま新たな共同体に組み込まれ」たからであり、結果、共同体は「基本的にはそれ自身の従来の構造を保持」したまま同一の関係を反復することになる。[36]そして、このような共同体（イエ）が結合した連結共同体においては、「その権力構造は、必然的に、きわめて分権的なもの」[37]になり、各々のイエは規範的に自立性を有することになる。[38]

この連結共同体の具体的な結合点として機能するのが、各々の共同体内部において第三者の審級を代行する首長となるが、togetherness の優越が働く共同体においては「首長は他のメン

31—— 大澤真幸、一九八六年、「〈日本〉」、『ソシオロゴス』一〇号、七一－七六頁。

32—— 大澤は「public（公共的）」と「private（私的）」の関係について、ハンナ・アレントを引用して解説している。西欧における公共性の概念は、古代ギリシアにおけるポリスの体験が起原にあり、この「公共的」なポリスに対して、その構成要素であるオイコスが「私的」な共同体となる。家父長的な共同体であるオイコス内部では、その主人は絶対的な権力を持っていた。同時に彼らは、ポリスにおいては直接民主制のメンバーであり、そこでは普遍的な法と平等性が保証されていた。このようにポリスとオイコスは異なる仕組みのもと運営されていたが、オイコスはポリスに所属していなければ完結した生を営むことができず、自立的な単位とは言えないと大澤は述べている。大澤真幸、一九九九年、『行為の代数学　スペンサー＝ブラウンから社会システム論へ〔増補新版〕』、青土社、三五六頁。

33—— 同上、三五七頁。

34—— 大澤がイエ概念を導入した際（同上、三四一－三七四頁）、このイエという共同体に働く原理について、togetherness の優越には直接は言及していない。しかし、共同体構成員間の関係の優位性をその基底的な特徴として挙げており（同上、三六一－三六二頁）、橋爪を引用した先行論文とその主旨は変わってはいないと考えられる。本書では便宜上、このイエという共同体に働く原理を togetherness の優越に統一して論を進める。ここに働く原理に関する、大澤自身による解説については上記文献を参照されたい。

35—— 同上、三五七頁。

36—— 同上、三五七頁。ここでの大澤の主張は、古代日本社会の成り立ちを論じた田原嗣郎の論考に依拠している。後に改めて取り上げるが、大澤は、入れ子的特性は古代日本社会の共同体形成時のフォーマットが現代まで保存されてきた結果だと考えている。

バーに対して一方的な権力を行使することができない」[39]のであり、共同体構成員として「上位者を下位者から隔てる唯一の規準は、上位者のみが、――先に「私／公」関係に関連して述べたような小規模な共同体から大規模な共同体への階層秩序の中で――より上の水準の共同体（イエ）に参加する資格を有するということのみ」[40]となる。つまり、各々の共同体連結部において、首長たちを一つ上の共同体の構成員にすることの反復により、入れ子的な階層秩序が構築されることになる。[41]

大澤は、第三者の審級の切離の不完全性を、上野が明らかにした婚姻規則の変化を手がかりに論じている。大澤が指摘するのは次の二点である。まずは、そもそも、同父異母兄弟姉妹婚は完全なるインセストではないから、「皇族の女といえども完全に自己自身の集団へと循環的に回帰するわけではない。つまり、この婚姻は、皇室のなかに贈与の受け手／与え手の分裂を持ち込むものであって、天皇が自らが占有していた女を贈与しうるような（天皇にとって）他なる集団を（皇室そのものの内に）想定している」[42]という点が挙げられる。つまり「天皇の身体といえども、ある意味では、贈与の通過する一地点でしかないのである」[43]。二点目は、「同父異母兄弟姉妹婚でさえ――ある時期まではかなり選好されていたと専門家によって推定されているものの――時代をくだると減少し、やがて物語としてのみ取り上げられる」[44]ようになることである。結局、上野の言う「ブラックホール」はそもそも不完全であり、[45]時代を経るに従って綻び（ほころび）も大きくなるということである。

このような大澤の研究は、上野の研究を引き継ぎ、女性の交換を軸に政治宗教体系を説き、さらにはそれと規範体系との間に相関関係を見いだしたという点において、構造主義との親和性がうかがえる。

こうして見てみると、「古代」に注目して日本文化を構造分析するという研究の最大の利点は、現代においては複雑（コンプレックス）化していて、相互の関係性が読み取れなくなっている文化の諸側面の相関関係が見通せるという点にある。

37——同上、三六一頁。
38——大澤は、このイエを江戸時代における諸藩のような、基本的に自給自足、内政不干渉の原理に基づいた自立的共同体として想定している。同上、三六〇頁。
39——同上、三六五頁。
40——同上、三六五頁。
41——例えば、郡という共同体における村長たち（村という共同体の首長）の首長たる郡司（ぐんじ）は、その上の共同体である国における構成員であり、その国の首長である国司は、その上の共同体である天皇を首長とする大和朝廷の構成員になるという形で捉えられる。
42——大澤真幸、一九八六年、「〈日本〉」、『ソシオロゴス』一〇号、七五頁。
43——同上、七五頁。
44——同上、七五頁。
45——上野自身もそのことを認識している。大澤が言う二点目の理由は先に上野が指摘していたことであり、彼女は「この「異母兄弟姉妹婚の稀少化」は、記紀が意図したイデオロギーが、現実には失敗した、と解釈することができる。事実、律令制国家に表わされる天皇制の理想は、宮廷貴族によってたえず空洞化の危機にさらされていたのである」と述べている（上野千鶴子、一九八五年、「〈外部〉の分節　記紀の神話論理学」、桜井好朗編『神と仏　仏教受容と神仏習合の世界』所収、春秋社、二九七頁）。

ただし、これらの一連の研究は、日本文化の構造分析という点では、古代のある一定の時期までで終了してしまっている。ここで両者の研究が明らかにしたことは、古代のある時期に成立したであろう親族体系、政治宗教体系、または神話体系と、今まで社会学で言われてきた現代日本の特性との間に親和性が見られるということである。つまり両者の研究は、現代社会そのものを、女性の交換などの側面から構造分析の対象として取り上げてはいないのである。大澤は、入れ子的特性は古代日本社会の共同体形成時のフォーマットが現代まで保存されてきた結果であると述べているが、[46] 仮にそのフォーマットが現代まで保存され、今も機能しているとしても、その仕組みを構造論的に明らかにしているとは言いがたいことになる。

また、上野も大澤も、「記紀神話」に見られる天皇を中心とした国家における神観念（まれびと観念）と、柳田國男の『遠野物語』などに見られる土俗的共同体におけるそれとのずれを指摘し、[47] その理由として、国家の位相における贈与の連鎖の中に土俗的共同体が位置づけられていないからだと考えている。[48] しかし、この贈与の連鎖の断絶、不完全性に対する構造論的な分析も、十分になされているとは言いがたい。このように上野、大澤の構造分析が現代社会に十分に及んでいないのは、彼らが依拠しているレヴィ＝ストロースの研究方法の有効範囲の問題という側面が少なからずある。女性の交換という視点だけでは、「複合構造」を基盤とする日本社会を分析するのは難しいのである。

## ランガージュへの視線

『親族の基本構造』にてレヴィ＝ストロースが提示したモデルは、「基本構造」と「複合構造」に分けられる。[49] 親族名称に基づいた分類によって親族の範囲を決定するとともに、これらの親族の中で結婚可能な相手と、結婚が禁止される相手を定める体系のモデルが基本構造である。具体的には、「交叉イトコ婚」という婚姻規則を採用した社会を想定している。これに対して、

46――大澤真幸、一九九九年、『行為の代数学 スペンサー＝ブラウンから社会システム論へ〈増補新版〉』、青土社、三五七－三五八頁。また、上野は「日本中世の共同体的基礎は、古代末期に成立して以来、近代のその崩壊期に至るまで、ほぼ構造的には変化をこうむらずに継続してきたと考えられる」と述べている（上野千鶴子、一九八五年、『構造主義の冒険』、勁草書房、九五頁）。

47――「記紀神話」における天皇（まれびと）が支配の正統性の確立とともに、その系譜を紡いでいくのに対して、『遠野物語』の異類婚は、決して系譜を確立しない」（大澤真幸、一九八六年、「〈日本〉」、『ソシオロゴス』一〇号、七五頁）。「外部」の身体との間に、持続的な贈与交換の関係を結んでいないことになる。

48――同上、七五頁。上野千鶴子、一九八五年、『構造主義の冒険』、勁草書房、九三－九五頁。

親族分類法ではなく、経済的、心理的な仕組みなどに基づいて配偶者を選択する体系のモデルが複合構造である。現代の西欧社会などがこれに当たる。レヴィ＝ストロースは複合構造にも多大な関心を持っていたけれども、あくまでも彼自身は基本構造の分析こそ最優先課題と位置づけ、社会学者ではなく、民族学者であり続けたのである。

女性の交換という視点から古代日本文化を読み解ける側面があったとしても、それをどのように現代日本文化の分析につなげていくのかという課題がここで浮き彫りになってくる。この課題に取り組むためには、もう一度レヴィ＝ストロースの方法論に還る必要がある。先に述べたように、構造分析の本質的な研究対象は「ランガージュ（言語活動）」であるが、日本の社会学、文化人類学においては、ランガージュが構造分析の核であるという議論は十分になされてこなかった感がある。例えば、渡辺公三と小泉義之は対談にて、レヴィ＝ストロースの革新性は言語に還元されない思考を取り上げたことにあると述べている。[50] ここで言われている言語がラング（各々の国や民族の言語）であるならば、筆者もそれに対して同意である。しかし、本書の展開にあたって強調したいのは、「野生の思考」も文明の思考（「栽培種化された、あるいは家畜化された思考」）[51] も、ともにそこに働いているのは無意識の象徴的機能であり、各々のランガージュ（言語活動）を手がかりに浮き彫りになる若干の型（法則）の違いがあるにすぎないという認識を持たなければ、構造分析の本質を理解できないという点である。先に述べたように、レヴィ＝ストロースの構造人類学は「ランガージュを文化の条件として論じる」ことを前提として成り立っている。一見、ラング（言語）では捉えきれない村落における建物の配置も入れ墨の紋様も[52]、ランガージュによって紡ぎだされた象徴的秩序の一側面に他ならないということが、構造人類学のもたらした革新的な視点なのである。この視点から文化の諸相（諸体系）に相関関係を見いだすことが構造人類学の営為となる。レヴィ＝ストロースは一九五二年学会講演（『構造人類学』所収の第四章「言語学と人類学」）[53]にて、人類学者、言語学者を前にして次のように述べている。

言語活動（langage）と文化の関係を適切に規定するためには、思うに、二つの仮説を同時に排除することが必要です。一つは、この二つの次元の間にはいかなる関係もありえないとする仮説であり、もう一つは逆に、あらゆるレベルにおいて全面的な相関関係があるとする仮説です。最初の仮説に従えば、我々が直面する人間精神のイメージは、分

49—— 基本構造と複合構造の定義については、『親族の基本構造』の初版序文にて簡潔に説明されている。Claude Lévi-Strauss, 2002, *Les structures élémentaires de la parenté*, Berlin; New York: Mouton de Gruyter, pp. IX-XI.

50—— 渡辺公三・小泉義之、二〇一〇年、「討議　レヴィ＝ストロースの問いと倫理」、『現代思想』三八－一号、一二三－一二四頁。

51—— Claude Lévi-Strauss, 1962, *La pensée sauvage*, Paris: Plon, p. 289.

52—— ここに挙げた例は、どちらも『構造人類学』にてレヴィ＝ストロースが取り上げている。

53—— Claude Lévi-Strauss, 1958, *Anthropologie structurale*, Paris: Plon, pp. 77-91.

節化されていないままに断片化し、そこではあらゆるコミュニケーションが不可能であるような区分や階層に分裂していることになるでしょう。これは、心的生活について他の分野で確認されることとは全くつながらない、奇妙な状況です。しかし、もし言語(langue)と文化との対応が絶対的なものだとすれば、言語学者や人類学者はすでに気づいていたでしょうし、我々がこの問題を論じるためにここに集まることもなかったはずです。したがって、私の作業仮説は中間的立場のものを提示することになります。それは、いくつかの諸相の間に、いくつかのレベルにおいて、ある種の相関関係がおそらく指摘されうるのです。そして、それらの相が何であり、それらのレベルがどこにあるのかを見つけることが、我々のすべきことなのです。[54]

ラングと文化には絶対的な対応関係はないが、文化には何らかの形でランガージュが関与していると仮定すると、それを手がかりにすれば、文化の諸相に相関関係を見いだすことができるとレヴィ＝ストロースは主張するのである。さらに一九五六年、上記講演の後記(『構造人類学』所収の第五章「第三章と第四章への後記」[55])として、レヴィ＝ストロースは社会や文化をラングに還元している、と誤解し批判をしてきたアンドレ＝ジョルジュ・オドリクールとジョルジュ・グラネに次のように反論している。[56]

社会あるいは文化を言語（langue）に還元することなしに、社会を全体として、コミュニケーション理論との関連で解釈する、この「コペルニクス的革命」（この表現はオドリクール、グラネ両氏のものである）に取りかかることは可能である。今日でも、この試みは三つのレベルにおいて考えられる。なぜなら、親族関係と婚姻の規則は、集団間での女性のコミュニケーションを保証するために役立つからである。同様に、経済規則は財や労力のコミュニケーションを、言語規則はメッセージのコミュニケーションを保証するために役立っている。

　コミュニケーションのこの三つの形式は、同時に交換の形式でもあり、それらの交換

54―― *Ibid.*, p. 90-91.

55―― *Ibid.*, pp. 93-110.『構造人類学』の第三章、第四章、第五章はレヴィ＝ストロースが構造人類学のマニフェストと位置づける同書の中でも、その方法論の解説の中核部である。しかし、邦訳版の『構造人類学』は、langage と langue を訳し分けていないために、その方法論の内容もオドリクール、グラネとの論争も正確に理解することが難しくなっている。両用語の訳し分けがなされていないのは、『構造人類学』に限っての話ではなく、レヴィ＝ストロースの邦訳の多くに当てはまる。

56―― レヴィ＝ストロース自身が指摘するように、この誤解が起こった一因として、当該論文（『構造人類学』第三章「ランガージュと社会」）が元々は英語で書かれていたものであったことが挙げられるだろう。英語ではフランス語の langage と langue の差異を示す単語がなく、この論文ではともに language で表されている。Claude Lévi-Strauss, 1951, Language and the Analysis of Social Laws, *American Anthropologist*, vol. 53, no. 2, pp. 155-163.

形式の間には、明らかに何らかの関係がある（なぜなら婚姻関係には経済的な給付が伴い、そして言語活動（langage）はあらゆるレベルで作用するのだから）。それゆえ、これらの交換形式の間に相同性が存在するのかどうか、それぞれの型を別々に考えた場合の形式上の特性や、一つの型から他の型へと移行を可能とする変換がいかなるものであるのかを探究するのは正当なことなのである。▼57

文化をラングに還元することなしに、コミュニケーション理論の観点から解釈するためにレヴィ＝ストロースが提示したのが、言葉、女性、財の三交換形式である。言語体系における言葉（メッセージ）の交換形式、親族体系における女性の交換形式、経済体系における財の交換形式をコミュニケーション形式の諸側面として見れば、全てに通底する構造が見いだされうることになる。そしてそれは、結局のところランガージュの作用に依（よ）っているとレヴィ＝ストロースは見ているのである。

そもそもレヴィ＝ストロースの構造分析は、異なる文化（言語）間の、ある同一の体系の比較にその眼目があり、▼58彼の言う構造とは、その際に設置されるモデルを示している。つまり、文化の諸相（諸体系）に相関関係を見いだしていくことと、文化間の特定の体系に構造的差異を見いだしていくことの要が、ともに、ランガージュをもとにモデル化された無意識の象徴的機能だということになる。これが、はじめに取り上げたレヴィ＝ストロースの主張、「他の諸制度、他の諸慣習についても有効な解釈の原理を獲得するには、各々の制度なり慣習なりの根底にある、無意識の構造に到達せねばならぬし、また、到達すれば十分だということ」の真意である。

そして、レヴィ＝ストロースの方法論が明示された一九五〇年代を中心とした時期に、親しい友人として彼の活躍を見守るとともに、おそらく最も深くその理論を理解していたのがラカンであった。ラカンをラカンたらしめたと言われるローマ講演に基づく原稿（『エクリ』所収の「精神分析におけるパロールとランガージュの機能と領野」[59]）において、彼は次のように述べている。

レヴィ＝ストロースという人が、ランガージュの諸構造と、縁組みと親族関係を規制

57——Claude Lévi-Strauss, 1958, *Anthropologie structurale*, Paris: Plon, pp. 95-96.

58——『親族の基本構造』でのレヴィ＝ストロースの研究は、ある社会における親族体系とそれとは別の社会の親族体系に見られる構造的差異を、交叉イトコ婚に注目して明らかにすることであった。様々な親族体系を形づくる交叉イトコ婚が、三つの婚姻規則（双方交叉イトコ婚、母方交叉イトコ婚、父方交叉イトコ婚）として表せること、そして、その婚姻規則は二つの交換方式（限定交換と一般交換）によって構築されていること、さらに、それは結局のところインセストの禁止と外婚制に帰着する問題だということを、彼は明らかにしたのである。ここで、インセストの禁止（自集団の女性との性関係を禁止するという規則）と外婚制（自集団の女性を他集団の女性と交換せよという規則）は、表現形態としては異なりながらも、構造論的には同一のものである。

59——Jacques Lacan, 1966, *Écrits*, Paris: Seuil, pp. 237-322.

する社会法の中のこの役割との関わりを示すことによって、フロイトが無意識を据えたまさにその領域を、すでに獲得しているとは感じられないだろうか。[60]

「無意識は一つのランガージュとして構造化されている」。ラカンの代名詞とも言えるこの定式は、フロイト思想の革新的解釈の表明とともにレヴィ＝ストロースの理論の継承をも意味する。[61] レヴィ＝ストロースの理論をもとに、親族構造からあらゆるレベルで作用する言語構造へと視線を向けることによって、現代社会を対象とした分析モデルをラカンは構築していくのである。

## 民族学から精神分析へ

西欧文化を舞台として、レヴィ＝ストロースが先送りにした課題、複合構造の分析に取り組んだのが精神分析家ラカンである。現在を生きる分析主体に個人神話（エディプス・コンプレックス）を見いだしたラカンにとって、複合構造への取り組みは必然的なものであった。ラカンは二年目のセミネール（一九五四–五五年）にて次のように述べている。

象徴的機能は一つの宇宙を構成し、その宇宙の内部においてあらゆる人間的なものが秩序立てられます。レヴィ＝ストロースが彼の言う構造を「基本的（エレマンテール）」と言ったのは理由のないことではありません。彼は「原始的」とは言いません。「基本的」というのは「複合的（コンプレックス）」の反対です。ところで奇妙なことに、彼は「親族の複合構造」という本はまだ書いたことがありません。複合構造を考えているのはまさに我々分析家であり、しかもこの複合構造はさらにもっと無定形であるという特徴を持っています。[62]

先に述べたように、この無定形な何かを捉えるために、彼がその理論的土台としたのがフ

60—— *Ibid*., p. 285. 当該箇所には、『構造人類学』第三章「ランガージュと社会」に当たる、英語で書かれた元論文が注として付されている。

61—— ラカンが国際精神分析協会から「破門」された後の十一年目のセミネールは（Jacques Lacan, 1973, *Le Séminaire livre XI: Les quatre concepts fondamentaux de la psychanalyse*, Paris: Seuil.）、サンタンヌ病院から高等研究院に場所を移して開始された。これはレヴィ＝ストロースの斡旋によるものである。ラカンは二回目のセミネールにて、上記定式を端的に表すものとして「野生の思考」を取り上げている。ジャック・ラカン、二〇〇〇年、『精神分析の四基本概念』、小出浩之ほか訳、岩波書店、二四－二五頁。

62—— ジャック・ラカン、一九九八年、『フロイト理論と精神分析技法における自我〔上〕』、小出浩之ほか訳、岩波書店、四五－四六頁。

ロイトの、厳密に言えば構造論的（レヴィ＝ストロース的）解釈を施されたフロイトの思想である。レヴィ＝ストロースは『親族の基本構造』の最終章にて、[63]いささか唐突にも見える形でフロイトの著作『トーテムとタブー』に言及している。しかしその主張を精査すると、『親族の基本構造』という著書そのものが、フロイトの文化論の批判的継承の産物として書かれたものであることがわかる。

ここでのレヴィ＝ストロースの主張を簡潔に示すと次のようになる。フロイトの提唱する、人類に課せられたインセスト・タブー（とそれがもたらす外婚制）という掟（おきて）の根にある「原父殺害神話[64]」とは、歴史的事実として捉えるものではなく、掟が確かに存在する現在における、反秩序への欲望の表現なのであり、それは人間精神の不変的な構造を示唆するものだということである。そしてそれは、コミュニケーション機能との構造的一致を視野に入れるべきものとなる。つまり構造論的には、インセストとランガージュの乱れは、ともにコミュニケーションの阻害を表すことになる。ゆえに、外婚制とランガージュの正常な作用は、コミュニケーションの成立にあたり、同一の機能を持っていることになる。

このようなレヴィ＝ストロースの思想に呼応して、ラカンは二年目のセミネールにて次のように述べている。

ところでレヴィ＝ストロースが示したことは、姻戚関係の構造において、自然的次元に対する文化的次元によって規定される女性というものが、パロールと同じ資格で交換の対象であるということです。[65]

レヴィ＝ストロースの理論を継承し、女性の交換とパロール（に託されたメッセージ）の交換に相同性を見いだすことが複合構造解明の鍵になるとラカンは考えたわけであるが、その思索の根本には、女性の交換という視点からだけでは解けない謎が横たわっている。ラカンは七年目のセミネール（一九五九－六〇年）[66]にて次のように述べている。

フロイトは近親相姦の禁止こそが原初的な法の原則であり、他のあらゆる文化的発展はその帰結や枝葉に過ぎないことを示し、また同時に近親相姦を最も基本的な欲望と見なしたのです。

63――Claude Lévi-Strauss, 2002, *Les structures élémentaires de la parenté*, Berlin; New York: Mouton de Gruyter, pp. 548-570.

64――「原父殺害神話」とはエディプス・コンプレックスの群集心理学的焼き直しと言える。これに関しては、次章にて詳しく述べる。

65――ジャック・ラカン、一九九八年、『フロイト理論と精神分析技法における自我〔下〕』、小出浩之ほか訳、岩波書店、一四八頁。

66――Jacques Lacan, 1986, *Le Séminaire livre VII : L'éthique de la psychanalyse*, Paris: Seuil.

クロード・レヴィ＝ストロースはおそらく彼の素晴らしい研究の中で〈法〉そのものの原初的な特徴を立証しました。つまり、交換の組織化によって制御された結婚の法を仲だちにして、人間的自然のなかにシニフィアンやその組み合わせが導入される、という特徴です。彼はこの交換の組織化を親族の基本構造と名付けました。というのは、伴侶の選択に際しては予め優先順位が指示されているからです。つまり秩序が婚姻関係に導入され、生得的次元とは異なる新しい次元が生み出されるからです。しかし、彼がこういう研究をしたとしても、また何が近親相姦を禁止しているかを説明しようとしてこの問題に長い間取り組んだとしても、父がなぜ娘と結婚しないのかを説明できたにすぎません。つまり、娘は交換されなくてはならない、と述べたにすぎなかったのです。なぜ息子は母と寝ないのかという点は未解決のままです。[67]

仮に父系的なトーテム集団を想定すると、父と娘は同一のトーテムに属するため、インセスト・タブーに従い娘は他の集団へと送り出されることになる。しかし、父と同一のトーテムに属する息子と、他のトーテムから嫁いできた母とのカップリングを禁止する掟はここには存在しない。しかし現実にはどこの社会においても、母と息子の間には厳然たるインセスト・タブーが存在する。この謎にどう答えたらよいのか。これに対するラカンの解答が、上記の「人間的自然のなかにシニフィアンやその組み合わせが導入される」形式そのものが根本的な法則として働いているということになる。[68] 三年目のセミネール（一九五五－五六年）にてラカンは、エディプス・コンプレックスとはシニフィアンの導入であると読み換えることによって、[69] ここに働く法則を、エディプス・コンプレックスとその没落を経て成立した「エディプスの三角形」の図式として提示したのである。すなわち、インセスト・タブーを父、母、子という三項から構成される図式に適用することにより、母を断念するという掟（インセスト・タブー）を受け入れることは、シニフィアンの導入、言い換えるならば父が担っている象徴化という掟（パロールの掟）を子が受け入れ、その掟の遵奉者として言語使用が可能になることを表すことになる。[70] ラカンは「エディプスの三角形」を、子が他者（両親に代表される）との関係性をもとに、文化（言語）を継承する機能（象徴的機能）を獲得する図式として、言語構造論的に明示したのである。

67――　ジャック・ラカン、二〇〇二年、『精神分析の倫理〔上〕』、小出浩之ほか訳、岩波書店、一〇〇頁。

68――　構造言語学では、シニフィアンはシニフィエと対に扱われ、しばしば前者が「意味するもの」、後者が「意味されるもの」と訳される。しかし、ラカンが用いるシニフィアンを「意味するもの」と訳すと語弊が生じることになる。彼にとってシニフィアンとは、突き詰めると差異を示す音素的な要素であり、それ自体は「意味」と結びついていない。「意味」は、このシニフィアンの連鎖の効果によって生じるのである。

69――　ジャック・ラカン、一九八七年、『精神病〔下〕』、小出浩之ほか訳、岩波書店、五四頁。

70――　ジャック・ラカン、一九八七年、『精神病〔上〕』、小出浩之ほか訳、岩波書店、一三六－一三七頁。

# 日本文化を見通す精神分析的視点

このようなラカン理論に基づいた日本文化論は、必然的に現代日本文化を対象とした言語構造論として成り立つことになる。そして、先の社会学的議論で取り上げられていた日本文化における「二重性」という特性は、しばしばここでも指摘されている。例えば佐々木孝次は、日本人の規範意識は、武士的ないしは儒教的制度に基づく法規範と、民衆的ないしは地域的形態に基づく習俗規範という二つの側面を持っていることを指摘している[▼71]。また、新宮一成は日本文化の二重性を、天皇を中心とする政治＝宗教体制と、アニミズム的宗教哲学の併存という形で指摘している[▼72]。両者とも、このような日本文化の特性が依拠するところとして、漢字に当てられた二つの発音法（音読みと訓読み）や敬語法という言語規則の存在を見て取っている。

佐々木は、二重性という特性について、漢字という大陸からもたらされた文字に対し、その本来の発音に近い音読みと、元々用いられていた話し言葉を当てはめた訓読みという二種類の異なった発音を付し取り入れてきた、日本人の接し方の中にその典型的な傾向性が読み取れると述べている[▼73]。佐々木は、そのような日本的な接し方を「翻訳」と呼んでいるが、この視点自体が、ラカンの論文「リチュラテール」[74]や『エクリ』の邦訳版序文「日本の読者に寄せて」[75]に依ったものである。

本書では、先の社会学的議論を視野に入れつつ、言語構造から文化を見るラカンの視点を継承し、パロールの交換法則という共通尺度に基づいて、日本文化と西欧文化との構造的差異を明示する研究方法を採用する。これは先に述べたように、ラカンにおける構造とは無意識における「ディスクール（語らい）」に他ならず、具体的な言語規則もここに働く交換法則、主体にシニフィアンを導入するパロールの交換法則に基づいて組み立てられるからである。[76]日本文化の特性として挙げられているものと、日本という言語空間におけるパロールの交換法則との間に、何らかのつながりを見いだすことが本書の目的である。

ただしラカンは、直接的には日本文化に働くパロールの交換法則については言及していない。だが、この交換法則の探究にあたって、大いなる手がかりを与えてくれる人物が存在する。そ

71――　佐々木孝次、一九七九年、『母親・父親・掟　精神分析による理解』、せりか書房、八一－一四三頁。
72――　この指摘は、フロイトの『トーテムとタブー』におけるミカドとアイヌの習俗への言及に由来している。新宮一成、二〇〇五年、「日本文化とフロイト＝ラカン」、新宮一成・立木康介編『フロイト＝ラカン』所収、講談社、一二二－一二七頁。
73――　佐々木孝次、一九八九年、『蟲物としての言葉』、有斐閣、五六－七五頁。
74――　Jacques Lacan, 2001, *Autres écrits*, Paris: Seuil, pp.11-20.
75――　*Ibid.*, pp. 497-499.

れが柳田國男と折口信夫である。

## 日本文化を見通す民俗学的視点

周知のように、柳田は日本民俗学の創始者であるが、彼が先行諸学を吸収し発展させた産物である日本民俗学は、西欧的なフォークロアからは大きく離脱している。『民間伝承論』や『郷土生活の研究法』を中心に提示されることになる柳田の民俗学方法論の大きな特徴は、民俗の変遷から日本文化の特性を読み解くことにある。そして柳田は、その日本文化の背景にある日本人の集団的な心性、例えば世界観や道徳観のようなものを「心意現象」と名づけている。そしてその日本的な特性を明らかにするため、民俗の中でも特に言語へとその関心を寄せていく。言語の変遷を辿ることが、「心意現象」を解明する鍵であると考えたのである。

主著『古代研究』の「追ひ書き」にて宣言された折口の民俗学方法論は、上記の柳田の方法論を発展させたものと見ることができる。この折口の民俗学の眼目は、「言語伝承」に注目し、言語（民俗）の変遷の仕方に、ある法則性を見いだしたことにある。その法則は「口頭伝承」の特性に由来していることを折口は発見するのである。

本書では、日本民俗学における言語伝承をランガージュとして捉え、言葉の交換形式に属するものとしてモデル化を試みることになる。具体的には、日本語の伝承法則を、パロールを媒介にした世代間伝達モデルとして捉え直すのである。文化が継続している前提として、上の世代から下の世代への言語伝承は、古代から現代まで絶えず行われてきたはずである。その言語伝承をモデル化することにより、日本のある一時代を切り取った共時的分析に留まることなく、通時的分析をも視野に入れた構造分析の可能性が拓かれることになる。

ただし、本書が対象としているのは、あくまでも「現代」の世代間伝達の仕組み（論理）であることを強調しておきたい。言葉の交換という側面から現代日本を構造分析するために、「古代」を、厳密に言えば、折口の目を通した古典や民俗資料から導出できる「象徴論理」を手がかりにするわけである。よって、本書では歴史的実証性を議論の対象としない。後に見ていく

76――古典的な構造言語学に従えば、ランガージュはその社会的な側面であるラングと個人的な側面であるパロールに分けることができ、ラングを前提にパロールの交換が成り立つとともに、パロールの交換によってラングの体系が変動する可能性を秘めた相互影響関係にある。しかし、象徴的機能という概念を持ち出す時、レヴィ＝ストロースもラカンもパロールの交換の背景に、ラングもその中に包含する、差異からなるシニフィアンの体系（象徴的秩序）を想定している。これは、彼らが注目しているのが意識的なラングの体系ではなく、パロールの交換法則や音韻法則によって差異化される無意識的な体系だからである。この認識をもとに、子が両親とのパロールの交換を通じて、象徴的秩序へリンクしていくモデルとして構築されたのが「エディプスの三角形」である。

ことになるが、この歴史的実証性を重視したのが柳田である。民俗を過去へと遡りながらそのつながりを明らかにしていく民俗学（柳田）の研究方法の発展のために、折口がその見取り図として提示したのが言語伝承のモデルなのである。本書にて、このモデルに働く論理を明らかにすることにより、今後、民俗学の新たな可能性が見いだされうると考えている。

そしてこのモデルは、パロールの交換法則という共通のものさしを提示することになる。このものさしをもとに、ラカンのエディプスの三角形を参照することによって、▼[77] 比較文化論的に日本文化の構造的特性を明らかにしていきたいと考えている。

# 本書の構成について

本書は以下のような構成となっている。

第1章では、当時新たな学問を立ち上げようとしていた柳田が、民族心理学的研究としてフロイトの思想を取り入れていった過程を辿るとともに、日本民俗学と精神分析の理論的対応関係について論じる。ここでは、日本人の「心意」、その中でも特に無意識を明らかにするために、言語の分析へと焦点が絞られていく柳田の民俗学方法論が提示されることになる。

第2章では、佐々木喜善（きぜん）の夢語りを分析した柳田の論考、「広遠野譚」を取り上げる。第1章で提示された方法論に則り行われた、喜善の夢語りの分析を考察することによって、夢や幻といった対象に注目し無意識的な伝承の仕組みを解明しようとした柳田民俗学の展開について見ていくことになる。

第3章では、柳田の視点が折口へと継承されることによって、どのような理論展開を見せたのかについて論じる。柳田は、民俗学の研究目的である日本人の生活変遷の探究にあたり、究極的にはその背景にある心意現象の解明に、言語の分析をもって臨むべしと考えていたが、折口はそれを継承、発展させ、日本民俗学の研究対象を「言語伝承」に据えた。ここでは、生活変遷は言語伝承から導出される法則に従っている、とする折口の民俗学理論について検討する。

第4章では、折口とレヴィ＝ストロースの思想を比較することにより、両者の研究方法の

77——「エディプスの三角形」は、子が両親との関係性をもとに文化を継承する機能を獲得する図式であるので、やはり世代間伝達モデルとして捉えることができる。さらに、「ランガージュを文化の条件として論じる」理由としてレヴィ＝ストロースが、個人（子供）が集団の文化を身につけるためには、言語活動に依拠せざるをえないと述べていることにも注目すべきである（Claude Lévi-Strauss, 1958, *Anthropologie structurale*, Paris: Plon, pp. 78-79.）。レヴィ＝ストロースの理論においても、世代間伝達がその射程に入っているのである。ただし、レヴィ＝ストロースは民族学者として、両親の世代と子供の世代の文化が変化しない（しにくい）社会に限定して分析をしている。つまり、しばしばなされる、レヴィ＝ストロースは通時的側面を無視しているとの批判は、的を射ていないことになる。

類似性を指摘する。その上で、折口の見いだした言語伝承の法則性をパロールの交換法則と捉え直すことによって、日本という共同体を分析するための構造論的モデル、「言語伝承の図式」を提示する。

第5章では、この「言語伝承の図式」をより洗練するため、非人格的な霊力を意味する「マナ」の交換という視点を取り入れる。マナという概念を中心とする交換理論を打ち出したフランス社会学の影響は、折口の民俗学理論にも及んでいる。折口はマナ＝魂（たま）という等式を立て、日本という共同体をその交換体系から捉えようとしたことを、思想史、理論研究の両側面から論証していく。

第6章では、折口のテクストから導き出した「言語伝承の図式」と、ラカンのモデルである「エディプスの三角形」を比較することにより、日本文化と西欧文化の構造的差異の明示を試みる。言語法則に由来する差異が、規範や宗教形態、幻想にまで反映されていることを確認する。

第7章では、「言語伝承の図式」を念頭に、日本という共同体を被う物語の型、「貴種流離譚」について検討する。この章は、前章までに取り上げてきた折口の諸概念を、貴種流離譚を舞台に再検討する試みでもある。

以上のように、フロイトから端を発し、片方は大河として構造主義へ、片方は見えない水脈として日本民俗学へと流れ込んでいった無意識の言語構造を探究する試みは、第1章から第

7章を経ることによって再び合流することになる。初めは萌芽状態である言語構造への視線は、上記の過程を経ることによって新たな構造論的モデルの産出を促すことになる。本書は、日本という言語空間を、パロールの交換法則を手がかりに分析していく、構造主義に立脚する試みである。

第1章

# 精神分析と日本民俗学との思想的交錯

精神分析から民俗学へ
無意識に位置する心意現象
民族心理学としての精神分析
無意識伝承と精神分析
心理学としての民俗学
集団的な心理の伝承性
無意識の描出方法

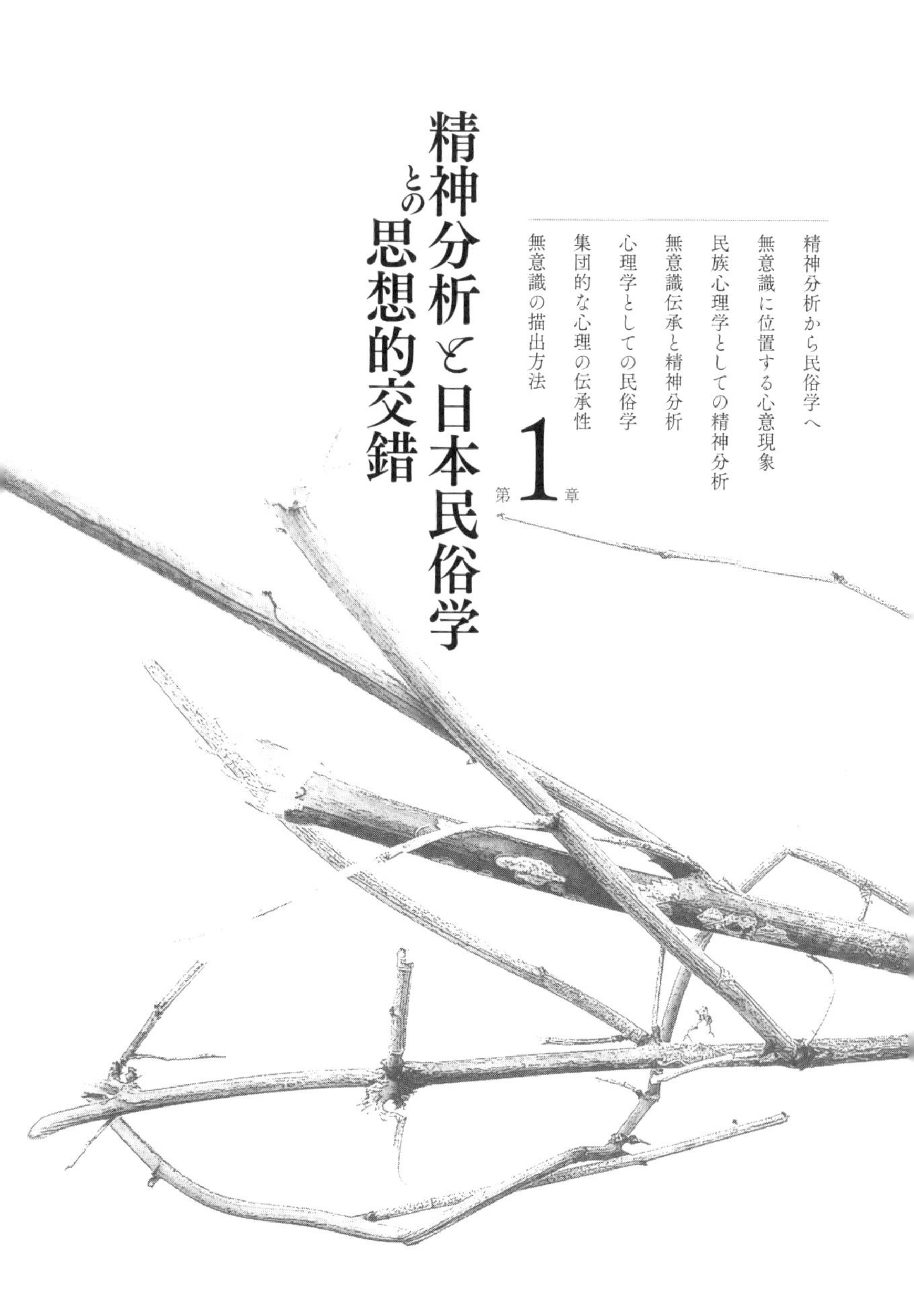

# 精神分析から民俗学へ

日本への導入期における精神分析は、精神医学理論という枠組みを超えて、様々な分野に受容され影響を及ぼしている。治療理論としての精神分析の受容過程のみならず、心理学理論、文芸理論、さらには文芸作品において精神分析が取り入れられた過程など[1]、幅広い分野において研究が進んでいる[2]。そんな中で、日本における民俗学ないしは民族学と精神分析の関わりについては、いまだその掘り下げが十分だとは言いがたい。精神分析と日本民俗学の確立と展開には同時代性があり、精神分析が西欧においては民俗学・民族学と密接な関わりをもって展開してきた歴史を鑑みると、より注目されるべき課題だと考えられる。

この課題を取り上げるにあたって、本章で注目するのは柳田國男である。周知のように柳田は、日本民俗学の創始者であるが、日本における民族学の展開にも大きく関わっている。柳田は日本に民族学を導入した立役者でもあり、彼の民俗学は多くの民族学理論の吸収の上に成り立っている。しかし、柳田自身はその影響関係を語ることなく、むしろ民族学の批判を通して日本民俗学を確立していったという経緯がある。本章の目的は、精神分析が民族心理学に連なるものとして日本の民俗学・民族学に受容されてきた過程を明らかにするとともに、柳田の民俗学における精神分析の痕跡を見いだすことにある。

柳田の民俗学における最終目的は、民衆が伝承してきた世界観と言うべき「心意現象」の解明にある。この解明にあたり、柳田が定めた研究対象として「無意識伝承」という概念がある。この「無意識伝承」は、柳田が自らの方法論を世に問うた昭和初期から彼の最晩年の著作である『海上の道』まで継続的に用いられており、彼がこの用語を重視していたことがわかる。

しかし、奇妙なことにこの「無意識伝承」に関しては、長らく民俗学内において注目されて

1——新田篤、二〇一二年、「佐藤春夫「更生記」における精神分析と精神医学」、『精神医学史研究』一六－二号、一一五－一二五頁。

2——包括的な精神分析の受容史としては以下の論考が詳しい。妙木浩之・安齋順子、二〇〇四年、「草創期における日本の精神分析」、『精神分析研究』四八－増刊号、六九－八四頁。

こなかった。[3] これは、少なからずこの用語の来歴の不明さに原因があると考えられる。民俗学にも民族学にも「無意識伝承」という既存の用語はなく、唐突に柳田が提示したもののように見えるのである。しかし、柳田の論考と当時の彼を取り巻く思想的流れを丹念に辿ると、この概念が構想された陰に精神分析の影響を見いだすことができる。

この試みにあたってまずは、柳田の学と精神病理学、異常心理学との思想的交錯を確認することから考察の歩を進めていきたい。

## 無意識に位置する心意現象

従来、近接分野であるとされながらも、黎明期の日本民俗学と精神分析の思想的交錯についての研究が滞っていたのは、柳田における精神分析への言及の少なさが原因であると考えられる。その理由については後に考察するが、精神病理学、異常心理学との交錯へと目を向けると、決して柳田の論考が閑却されてきたわけではない。このような視点からの研究としては、その先駆者として小田晋が挙げられる。[4] 小田が柳田の著作の中で重要視しているのが、一九二六年に出版された『山の人生』である。[5]

この『山の人生』は、柳田の学の初期における最大の関心事であった、山人（やまびと）と彼らの世界である山にまつわる伝承を集めた著作である。柳田の言う「山人」とは、山によって生計を立てる人々（猟師や木こり）のことではなく、平地に暮らす日本人とは異なった民族を想定している。それは、太古において、日本列島に後から渡来した大和民族に追い立てられ、山へと逃げ込んだ先住民族の末裔（まつえい）を指している。そして、近代まで山人は山中にて独自の生を営んでおり、その山人と平地に暮らす民衆との不意の接触が、『遠野物語』などに収録されている山中神秘譚（たん）の根拠となっている、と柳田は考えた。古来より平地に暮らす民衆が、山を山人の支配する異界と捉え、俗界の常識や法の及ばぬ世界と考えていた原因として、柳田は山人という神秘的な異人の存在を想定したのである。

『山の人生』にて柳田は、山人や山という異質性をはらんだ場と、平地に暮らす民衆との接触を民間伝承を通して描き出している。ここで柳田は、平地の民でありながら、発狂ないしは特段の理由のないままに山に遁走（とんそう）する者の伝承を数多く挙げている。特に柳田が注目している

3—— 本人が述べているように、一九九五年に小野博史が取り上げるまでほとんど放置されていた感がある。小野博史、一九九五年、「柳田國男の伝承観における「無意識」と現代民俗学」、『日本民俗学』二〇四号、一八二－一九九頁。

4—— 小田晋、一九七五年、「日本文化における狂気の構造 柳田民俗学からの視点」、『現代思想』三－四号、一三四－一四一頁。

5—— 柳田國男、一九九七年、「山の人生」、『柳田國男全集三』、筑摩書房、四八一－六〇八頁。

のは、女性が山に走り込むという事例である。その要因として産後の発狂を挙げ、次のように述べている。

> 山に走り込んだといふ里の女が、屢々産後の発狂であつたことは、事によると非常に大切な問題の端緒かも知れぬ。古来の日本の神社に従属した女性には、大神の指命を受けて神の御子を産み奉りし物語が多い。即ち巫女は若宮の御母なるが故に、殊に霊ある者として崇敬せられたことは、頗る基督教などの童貞受胎の信仰に似通うたものがあつた。婦人の神経生理に若し斯様な変調を呈する傾向があつたとすれば、それは同時に亦種々の民族に一貫した、宗教発生の一因子とも考へることを得る。▼6

柳田がここで強調しているのは、人々に共有された狂気観、さらにはそれを内包する世界観の存在である。柳田は、女性の神経生理的な変調が通文化的な宗教発生の要因である可能性に言及しながらも、山への遁走という症状は、山をめぐる信仰を中核とした共同体の世界観に基づいて発現していると考えている。

また、『山の人生』で大きく紙幅が割かれているのは「神隠し」である。ここでの柳田の関心は、隠す側である山人以上に、隠される側である子供に向けられている。神隠しに遭った子供の中には、後に発見された者もあり、その中には異界体験、神秘体験を語る者が出ている。この神隠し体験に関する柳田の考察において見逃せないのが、中村古峡への言及である。[7] 中村は、一九一七年から二六年にわたって異常心理学を専門とする雑誌『変態心理』を刊行しており、柳田も同誌に寄稿していた。中村は、同誌刊行中、実際に起こった神隠し事件に興味を抱き、現地へ調査に行っている。[8] この中村の報告を受けて柳田は、『山の人生』において、異常心理という視点から神隠し体験を捉え直している。

柳田は、神隠しに遭いやすい気質があると考えており、その気質を持つ子供は「調べて見たら必ず一時性の脳の疾患であり、又体質か遺伝かに、之を誘発する原因が潜んで居たことゝ思ふ」[9] と述べている。また一方で、このような子は、古い信仰においては託宣をもたらす「因童(よりわらは)」と見なされた、とも述べている。[10] 子供の遊びとして伝わる「かアごめかごめ」などは、この信仰の名残であるとし、[11] やはりその背景には、個人を超えた共同体の世界観が存在すると柳田は見なしている。次の引用は、そんな彼の考えをよく表している。

6——同上、四九五頁。
7——同上、五〇六頁。
8——中村古峡、二〇〇一年、「神隠しに会つた子供」、小田晋ほか編『変態心理一〇』所収、不二出版、四九二－五〇四頁、五九一－五九六頁。
9——柳田國男、一九九七年、「山の人生」、『柳田國男全集三』、筑摩書房、五〇八頁。
10——同上、五〇八頁。
11——同上、五〇八頁。

「うそ」と「まぼろし」との境は、決して世人の想像する如く、はつきりしたもので無い。自分が考へても尚あやふやな話でも、何度と無く之を人に語り、且つ聴く者が毎に少しも之を疑はなかつたなら、終には実験と同じだけの、強い印象になつて、後には却つて話し手自身を動かす迄の力を生ずるものだつたらしい。昔の精神錯乱と今日の発狂との著しい相異は、実は本人に対する周囲の者の態度に在る。我々の先祖たちは、寧ろ怜悧にして且つ空想の豊かなる児童が時々変になつて、凡人の知らぬ世界を見て来てくれることを望んだのである。即ち沢山の神隠しの不可思議を、説かぬ前から信じようとして居たのである。[12]

山は、近代以前の村落共同体の世界観においては、異界とも言うべき場所である。そこは、日常に接しながらも畏れ忌むべき場所であり、同時に空想をかきたてる魅惑的な場所でもある。そして、その世界観では、女性や子供はこの異界と交信可能な力を有すると見なされており、共同体の力動関係の中で、山に取り込まれやすい存在であった。小田は、このような柳田の視点を、「精神障害が、実は文化の枠組のなかで、個と集団との相互関係において事例性として析出するものであること[13]」を看破しているとし、ミシェル・フーコーの『狂気の歴史』を先取りする洞察として高く評価している。[14] 近代精神医学がもたらした、狂気を精神疾患として個に囲い込む視点に対し、狂気は個と集団の力動関係をもとに発現するという視点を導入した先駆者として、柳田は評価できるというわけである。

じつは、ここで取り上げた『山の人生』は、思想史的に見ると、柳田において大きな転換点に位置する著作である。この著作は、それまでの柳田の中心テーマであった山人論の集大成とも言えるものである。しかしこの後、柳田の思想は、今日の柳田民俗学の中心テーマとして名高い常民(じょうみん)論へと大きく方向を変える。そして、事はそれだけに留まらない。柳田は、山人の実在を証明する研究を『山の人生』で一区切りつけ、代わりに、山人にまつわる説話を伝承、保持してきた民衆の心理へと関心を移すことになる。つまり、山人や山での神秘体験を、平地の民の「幻想」や「幻覚」といった「心意現象」の問題として捉え直すようになったのである。[15]柳田は、山人実在説を展開するにあたり、各地に残る山人伝承に関して「仮令(タトヘ)其(その)話の十中二三が幻覚(マボロシ)であつたとしても、猶(なお)幻覚相応の根拠があるらしい」[16]と述べているが、彼はその根拠を山人の実在から民衆の心的問題、先に述べた世界観の影響へと転換したと言ってよいだろう。

ここで持ち上がってくる「心意現象」とは、柳田の民俗学における最終的な研究目的と見なされるものである。柳田は、彼の民俗学方法論書とされる一九三五年出版『郷土生活の研究

---

12―― 同上、五一二頁。

13―― 小田晋、一九七五年、「日本文化における狂気の構造　柳田民俗学からの視点」、『現代思想』三-四号、一三五頁。

14―― 同上、一三四頁。

法』[17]において、民俗資料を「有形文化」「言語芸術」「心意現象」と三分類することを提案しているが、民俗学の目的とは結局「心意現象」を明らかにすることであると述べている。柳田は、それぞれの例に、有形文化は「眼に訴へるもの」として衣食住に加え労働や年中行事など、言語芸術は「耳を通して得らるゝもの」として諺や歌謡など、心意現象は「見たり聞いたりしただけでは、到底これを知ることの出来ない、単に感覚に訴へるもの」として「知識」「生活技術」「生活目的」を挙げている。柳田は次のように述べている。

そこでいよいよ三部〔心意現象〕の分類をやつてみようと思ふ。まづ、人は何の為めに生きてゐるかといふ目標、即ち「生活目的」といふか或いは人生の窮極の目的といふか、これが一つあるとしてそつとのけておいて、そのあとを「知識」即ちたゞ知ることだけのこと、これを一つと、これを基として何とかして生活目的に達しようとする「手段と方法」とを第二に置く。つまりこれを言ひ換へれば、第一と第二はサイエンスとアートであるが、かう分けておいて、最初の「何を欲するか」といふことを最後に置いてみる。さうするといくらか学問臭い、哲学臭とでもいつたやうな匂ひをさせることが出来ると思ふ。我々の生活をふりかへつてみても、無意識の間にこの三つは誰もが持つてゐるやうだ。[18]

柳田によると、人々は無意識に「何のために生きているのか」「何を欲するのか」という哲学めいた問いを抱えていることになる。この問いから端を発し、知識、生活技術が組み立てられ、「有形文化」「言語芸術」にいたる信仰・生活様式が伝承されることになる。すなわち、具体的な民俗の背景には一つの体系的な「世界観」が想定できると柳田は考えているわけである。[19] 柳田は民衆の生活目的について「大体に人は幸福とか家を絶やさぬといつたやうなことを、目あてに生活したのではなからうか」[20]と述べているが、やがて彼は、そこに連綿と続く魂の系譜を

15――　この方向性の変化については、保坂達雄が簡潔にまとめている。「この仮説〔山人実在説〕に懸ける柳田の情熱は激しく、明治四十四年頃には諸国の山人に関する見聞談を二百ほど蒐めて出版しようとさえしている。ところが、この計画は挫折してゆかざるを得なかった。何よりも立証するのに十分な材料が見つからなかったのである。その上、南方熊楠の批判があった。柳田は山人実在説をなし崩しにしてゆき、やがて『山の人生』（大15）ではふらふらと山野に紛れ込んだり、神隠しに逢ったりする出来事の方をむしろ積極的に取り上げて、山人や山の神秘は里人の心に落とした影、言い換えれば幻想や幻覚といった心的体験の問題として解釈し直していった。山人の実在説は幻想説へと大きく旋回したのである。しかしそのことは、柳田民俗学が稲作農耕民の問題に転移していった、ということだけを意味するものではない。民俗学研究の核心は「心意現象」の解明にあるとする思考の第一歩を、同時に踏み出したことになったのである」（保坂達雄、一九九三年、「山人／異人」『國文學 解釈と教材の研究』三八－八号、一一八頁）。

16――　柳田國男、一九九九年、「山人外伝資料」、『柳田國男全集二四』、筑摩書房、二二三頁。

17――　柳田國男、一九九八年、「郷土生活の研究法」、『柳田國男全集八』、筑摩書房、一九五－三六八頁。

18――　同上、三四九頁。

見いだし、それが民衆の世界観の基礎になっていると考えるようになる。一九四六年出版の『先祖の話』にまとめられているように[21]、日本人が死んだ後、魂として還(かえ)っていく場所が山であり、そこで祖霊と一体化し、時を定め里に降り子孫の繁栄を見守るという世界観を柳田は描き出していくのである。

日本民俗学の最終目的は、この誰もが無意識に持っているという「心意現象」の解明であり、そのために柳田は「無意識伝承」という概念を提示する必要があったと考えられる。次節からは、柳田が「無意識伝承」の構想へといいたる思想的流れを辿っていきたい。

## 民族心理学としての精神分析

『郷土生活の研究法』が出版された一九三五年は、「日本民俗学会」の前身組織である「民間伝承の会」が発足した年でもある。この一九三五年前後は、まさに日本民俗学の確立期であると言える。また、それにいたる時期は、柳田による先行諸学の吸収期でもある。そして、柳田がこの時期に吸収した諸学の中に精神分析も入っており、「無意識伝承」はその結果生みだされた概念であると考えられる。

しかし、一見しただけでは遺された柳田の著作の中に精神分析の影響を見いだすことは難しい。例えば『定本柳田國男集』の総索引を引いてみても、「フロイド（ジークムント・フロイト）」に関してはわずか二箇所が該当するだけである。その内容については後に見ていくが、論文全体の中で多くを割かれているわけではない。だが実際に柳田は、精神分析に大いに関心を持っていたし、フロイトの著作も所有していた。しかし、柳田によって精神分析の痕跡は巧妙に隠されている。これには主な理由が二つあると考えられる。

一つ目は、波平恵美子が指摘するように[22]、柳田が性に関する言及を極端に避けていたことが挙げられる。一時期、柳田に師事していた大槻憲二が「しかし先生［柳田］としては恐らく、私の奉ずる精神分析学（フロイド学）が、いささか性に偏（へん）した見方であるかのように誤解せられ、それが御不満であったのであろうと察する[23]」と述べていることには特に注意を払う必要がある。

19――柳田の想定している「心意現象」の最も適切な例は、民衆の宗教意識（民間信仰）と言えるであろうが、道徳観や社会観などもそれに含まれている。柳田民俗学の理念的な最終目的は、現代の民衆の無意識に伝承されている「古代人の信仰・物の考へ方・宇宙観・人生観を知る」ことにあると言えるので（柳田國男、一九九八年、「民間伝承論」、『柳田國男全集八』、筑摩書房、一九二頁）、本書ではそれを便宜的に世界観と呼ぶことにする。

20――柳田國男、一九九八年、「郷土生活の研究法」、『柳田國男全集八』、筑摩書房、三六七－三六八頁。

21――柳田國男、一九九八年、「先祖の話」、『柳田國男全集一五』、筑摩書房、三一－一五〇頁。

22――波平恵美子、一九九八年、「性」、野村純一ほか編『柳田國男事典』所収、勉誠出版、三三四－三三七頁。

大槻は、矢部八重吉とともに「東京精神分析学研究所」を立ち上げ、民間にて精神分析の普及に努めた立役者であり、一九三三年から雑誌『精神分析』を発行し、そこで民俗をテーマにした多くの論文を書き上げている。没後に編まれた『民俗文化の精神分析』の「解題」において、小田晋によって民俗精神医学的研究の先駆者として紹介された大槻であるが、柳田と精神分析をつなぐ重要人物と考えられる。この点については後に詳しく述べよう。

二つ目は、松本信広が指摘するように[24]、柳田が意図的に外来諸学の影響についての言及を避けていることである。これは、日本民俗学という学問の成立に関わる問題でもある。この後、詳しく見ていくが、柳田の学は民族学と密接な関係をもって成立した経緯がある。しかし、その過程で柳田は、民族学は異民族の風習を観察、分析するものであるとして、自国民による「心意現象」の解明を目的とする己の学とは一線を画そうとするのである。そして同時に、外来諸学の導入を図る他の研究者を、西欧の受け売りを行っているとして非難していく。しかし、柳田は多くの海外文献を有しており、理論的対応関係からもジェームズ・フレイザーをはじめ、エミール・デュルケム、ブロニスワフ・K・マリノフスキなどが、柳田に影響を与えていることが指摘されている[25]。だが柳田自身、上記のような考えをもって論文を執筆していたために、いまだその影響関係が判然としないところが多い。

以上のような理由があり、遺された柳田の著作から精神分析の直接的な影響を探ることは難しい。しかし、柳田を取り巻く思想的流れを辿ると、彼がある時期に精神分析的知見を積極的に吸収していたことがわかる。

柳田は、一九二五年、彼に私淑していた岡正雄や有賀喜左衛門、田邊壽利など、後に日本の民族学、社会学を主導することになる若き研究者たちの協力のもとに、雑誌『民族』を創刊している。この『民族』は、幅広い分野から論文を募るとともに、様々な民俗資料の提示を呼びかけ、さらに「ミンゾク」に関する海外の主要な理論の紹介をしていた。この時期は、まだfolkloreを民俗学、ethnologyを民族学とする訳語すらも定着しておらず、日本のミンゾク学は混成状態であった。[26]『民族』では柳田の編集のもと、トーテム理論やマナ理論など、様々なミンゾク学理論を取り上げている。ここで柳田は多くの知見を取り入れていったと考えられる。

この雑誌で注目すべきは、一九二八年第三巻第五号の巻末にフロイトの『トーテムとタブー』(吉岡永美訳)の広告が載せられていることである。これは、一九二六年出版の『精神分析入門〔上巻〕』(安田徳太郎訳)に次ぐ本邦二番目の本格的なフロイトの翻訳本である。[27]この広告の宣伝文句に「フロイドの労作が民族心理学上画時代的のものであることは既に定評のあると

23——大槻憲二、一九八四年、『民俗文化の精神分析』、堺屋図書、一九六頁。

24——松本信広、一九六八年、「故折口信夫博士と『古代研究』」、池田彌三郎ほか編『折口信夫回想』、中央公論社、一五-二一頁。

25——川田稔、一九九八年、『柳田国男のえがいた日本 民俗学と社会構想』、未來社、一三一-一四七頁。

ころである」と書かれているように、じつは日本においてフロイトは、『トーテムとタブー』を中心に民族心理学者として受容されてきた経緯がある。佐藤深雪は、十九世紀末から二十世紀初頭にかけて流行したトーテミズムをはじめとする宗教論、呪術論をクロード・レヴィ＝ストロースを引用して「トーテム幻想」と呼んでいるが、ご多分に漏れず、当時の日本の民俗学もその影響を大きく受けていることを指摘している。[28] ここで言う民族心理学とは、ドイツのヴィルヘルム・ヴントをその代表とする流れであり、当時、日本においてはドイツミンゾク学の有力な学派と捉えられていた。そして同時に、佐藤の言う「トーテム幻想」の一角に確固たる地位を築いていた。『トーテムとタブー』の「まえがき」にて、この本はヴントの研究に刺激されて書かれたものだと表明しているように、[29] フロイト自身、自分が民族心理学の領域に足を踏み入れていることは明確に意識していたはずである。フロイトもまた、「トーテム幻想」の寵児としてミンゾク学史上に登場したのである。

柳田自身、ヴントの大著*Völkerpsychologie*全十巻はもちろんのこと、一九一八年出版英訳版*Totem and Taboo*も所有しており、[30] 早くから精神分析に興味を示していた様子がうかがえる。さらに柳田は、ゲザ・ローハイムの*Social Anthropology*やテオドール・ライクの*Ritual*などの著作も所有している。両者の著作は、ともに『トーテムとタブー』を前提として、その学説を支持、補完する内容となっている。また先に述べたように、柳田はマリノフスキに影響を受けていたと考えられ、その著作の多くを所有しているが、その中には*Sex and Repression in Savage Society*も入っている。この著作は、一時期精神分析に傾倒していたマリノフスキによって、エディプス・コンプレックスを普遍的なものとする『トーテムとタブー』に反論する形で書かれたもの

26――　例えば『民族』紙上において赤松智城は、ethnology の訳語には適当なものがない旨をことわった上で民俗学と訳している（赤松智城、一九八五年、「古代文化民族に於けるマナの観念に就て」、『復刻版『民族』一（下）』所収、岩崎美術社、六六四頁）。柳田もこのことについては大変悩んでおり、結局その大勢が決したのは「日本民族学会（二〇〇四年に日本文化人類学会と改称）」が発足した一九三四年であった。『民族』は一九二九年に休刊するが、その理由としては一国民俗学を構想し始めた柳田と、エスノロジー的志向を持つ研究者たちとの方向性の違いが挙げられる。同年創刊された雑誌『民俗学』は、『民族』の同人を中心に設立した「民俗学会」の機関誌であったが、柳田はそれに同調せず、寄稿もしなかった。この雑誌は名称こそ『民俗学』であったけれども、『民族』の方針を引き継ぐ形で、その掲載内容は多岐にわたっていた。やがてこの「民俗学会」が発展的に解消し「日本民族学会」が設立されることになる。これらの顚末と柳田による訳語の変遷については以下の論考に詳しい。伊藤幹治、二〇〇六年、『日本人の人類学的自画像　柳田国男と日本文化論再考』、筑摩書房、一五―二三頁。

27――　大住真理・藤山直樹、二〇〇四年、「年譜　日本の精神分析と学会の歩み」、『精神分析研究』四八―増刊号、一〇五―一二三頁。

28――　佐藤深雪、一九九三年、「ウィルヘルム・ヴントと折口信夫」、『國學院雑誌』九四―一一号、一―一五頁。

29――　ジークムント・フロイト、二〇〇九年、「トーテムとタブー　未開人の心の生活と神経症者の心の生活における若干の一致点」、門脇健訳『フロイト全集一二』、岩波書店、三―五頁。

30――　柳田の蔵書は成城大学民俗学研究所に柳田文庫として収められており、『柳田文庫蔵書目録』も発刊されている。柳田の蔵書に見られる線引き、書き込みなどの知見は、筆者が同研究所にて確認したものをもとにしている。

である。[31] 一九二八年に柳田は、「笑い」に関する先行研究としてローハイムを取り上げている[32]が、その内容的にも線引きの箇所としても一九二六年出版の *Social Anthropology* に対応しており[33]、彼が精神分析的ミンゾク学の最新の動向に注意を払っていたことがうかがえる。

こうした蔵書の中で特に注目すべきは、一九三三年出版の *Psycho-analysis and Its Derivatives* である。[34] この本は、タビストック・クリニックの創設者として知られるヒュー・クライトン＝ミラーによる精神分析（フロイト派）とその分派（ユング派、アドラー派）の理論をまとめた教科書的構成になっている。じつは、この本のフロイト理論について書かれた第一章には多数の線引きが見受けられる。線引きは「the Id」や「the libido」など精神分析のテクニカルタームに付されている他、何点か文章にも付されている。その中でも二五頁には特に線引きが多く、その一文である「i.e. elements in the unconscious were attributed to phylogenesis or racial evolution.［すなわち、無意識の諸要素は系統発生ないしは民族的進化に起因するとされた］」からもわかるように、ここでは、フロイトが唱える世代を超えた無意識の伝承性について取り上げている。この本の巻末、二五四頁には、「昭和十二年十月七日一回了　東北帰京車中　柳田國男」と記されている。このことからも、この時期一貫して柳田が精神分析に強い関心を抱いていたことが理解できるであろう。

このように、柳田はこの時期積極的に外来諸学を吸収しているが、また同時にそれらへの批判を通して独自の民俗学理論を築き上げることになる。そのような中で提示された概念が「無意識伝承」である。

## 無意識伝承と精神分析

「無意識伝承」という用語は、『定本柳田國男集』総索引で確認できるだけでも十四箇所にのぼっており、「無意識の移動」や「無意識の保存」など他の関連箇所を含めるとその倍近くになる。無意識という言葉自体は、柳田は大正期から用いているが、例えば、同時期の折口信夫の論考を眺めてみても無意識という言葉を用いており[35]、この時期に民俗学界隈では特異な言葉ではなかったことがうかがえる。[36] しかし、柳田が「無意識伝承」という用語を使うようになった

31——精神分析を民俗学・民族学の範疇として捉える見方には、当時有力な人類学者であったマリノフスキがフロイトを取り上げている影響も大きいと考えられる。このことは雑誌『民俗学』の海外学会消息のコーナーにて、マリノフスキの性風俗に関する新著が取り上げられた際に、フロイトの先駆性が称えられているところからも確認できる（中村康隆、一九八六年、「海外学会消息」、『復刻版『民俗学』一』所収、岩崎美術社、三六二-三六三頁）。日本の民俗学においてフロイトは、民族誌における性の問題に切り込んでいった先駆者、性の問題を中心に据えた民族心理学者として受容された側面がある。

32——柳田國男、一九九八年、「笑の本願」、『柳田國男全集一五』、筑摩書房、一七五頁。

のは昭和初期からである。小野博史が指摘しているように、[37]「伝承」という概念と掛け合わせることにより、柳田は「無意識伝承」を日本民俗学の調査・研究対象として明確に意識するようになったと言える。

「無意識伝承」という用語は、一九三一年十月発行の雑誌『郷土研究』に掲載された「狼と鍛冶屋の姥」に登場する。[38]ここで重要なことは、この論文が一九三三年出版の『桃太郎の誕生』に収録されていることである。この『桃太郎の誕生』は、日本精神分析史における二人の重要人物と柳田との関わりの中から生まれたものである。

一人目は松村武雄である。じつは『桃太郎の誕生』には、松村の仕事を念頭に置いて書かれたものという側面がある。『民族』休刊後、柳田は雑誌『旅と伝説』を主な研究発表の場としていた。そして『桃太郎の誕生』の大部分が、『旅と伝説』に掲載された論文をもとにしている。この『旅と伝説』での連載中に、柳田は松村を名指しで批判し、それに対して松村が反論するという論争が起こる。ここで重要なことは、松村は日本の説話研究において、初めて本格的に精神分析を導入した人物だということである。松村は、日本における神話学の草分け的存在であると同時に、童話を中心とした児童教育の研究者であった。その方面の関心から、大正期より精神分析に注目し、数多くの関連論文を書いている。その関心の高まりは、松村をフロイトに会いに行かせるまでとなり、その時の質疑応答を一九二九年出版の『童話教育新論』[39]にて詳細に記している。[40]松村は精神分析のみならず、様々な神話学、文芸理論を日本に導入している

33―― 例えば「the "Laughing Boy" totem」(Géza Róheim, 1926, *Social Anthropology: A Psycho-analytic Study in Anthropology and a History of Australian Totemism*, New York: Boni and Liveright, p. 159.)や「"laughed at animals"」(*Ibid.*, p. 344.)など、線引き箇所の大部分が笑いについて述べられている。

34―― Hugh Crichton-Miller, 1933, *Psycho-analysis and Its Derivatives*, London: Thornton Butterworth.

35―― 折口の民俗学の事実上の出発点に位置する論文は、柳田が創刊した雑誌『郷土研究』に一九一五年から一六年にかけて発表された「髯籠の話」であるが、そこで早くも無意識という言葉を使っている。折口信夫、一九六六年、「髯籠の話」、『折口信夫全集二』、中央公論社、一九四頁。

36―― このことに関連して、大正期に出版されていた異常心理学を専門とする雑誌『変態心理』について言及しておきたい。『変態心理』は精神分析関連の論文を多く掲載しており、その普及に大きな役割を担っていたことが指摘されている(妙木浩之・安齋順子、二〇〇四年、「草創期における日本の精神分析」、『精神分析研究』四八‐増刊号、七二頁)。先に述べたように柳田は、一九一八年、同誌に「幽霊思想の変遷」を寄稿している。この論文は「無意識に古風を遵奉して居る葬送の手続のうちにはいくらも前代民の死と云ふものに対する思想の痕跡を見出す事が出来る」ことを論証するために書かれたものである(柳田國男、二〇〇〇年、「幽霊思想の変遷」、『柳田國男全集二五』、筑摩書房、三二五頁)。「無意識伝承」という用語は出てこないものの、無意識に保存された前代民の世界観を伝承から探究するという方法論は、この当時すでに持っていたと言える。大正期に柳田が『変態心理』から精神分析的知見の多くを学んだ可能性は高い。

37―― 小野博史、一九九五年、「柳田國男の伝承観における「無意識」と現代民俗学」、『日本民俗学』二〇四号、一八二‐一八三頁。また小野は、柳田が「無意識伝承」を「残留」と呼んでいることにも注目している。これは伊藤が指摘するように、エドワード・B・タイラーの「残留(survivals)」概念に由来すると考えられる(伊藤幹治、二〇〇六年、『日本人の人類学的自画像　柳田国男と日本文化論再考』、筑摩書房、一三五‐一三八頁)。

38―― 「無意識の伝承」という言いまわしは、さらに早く一九二七年に用いられている(柳田國男、一九九八年、「女性と民間伝承」、『柳田國男全集六』、筑摩書房、二一二頁)。ここでも「幽霊思想の変遷」と同様の方法論的意識をうかがうことができる。

が、この頃は精神分析に傾倒するところが大きく、自らの研究にもその理論を積極的に用いていた。柳田との論争が起こったのはまさにこの時期である。

事の発端は、一九三〇年の第二八号掲載の論文「昔話新釈」である。[41] この論文で柳田は、昔話というものは今残っているものと元あったものとでは変化しているということ、今残っているものから外来異分子を取り除いていくと日本固有の「話の種」が見えてくるということ、このような過程を経て、日本国内の生成発達を見ることが説話研究のあるべき姿だと述べている。これを見ずに、外国の学者の受け売りに従事し、異文化間の昔話に一致点を見いだすことばかりに精を出す当世説話学者の代表として、松村が槍玉に挙げられるのである。

この批判に対して松村は、次号に「柳田國男氏に」と題して、すぐさま反論を寄せている。[42] それに対して柳田の再批判が次々号になされるという応酬となった。[43] この論争のポイントはいくつかあるが、ここで重要なのは、再批判における次の文章である。

> 日本の童話発達の第一期が平安朝以前に在るといふ事は、如何にも興味ある発見の様であるが、是をしも無意識的吸収時代などと名けて、神代の諸説話の外来を説き、しかもそれが果して童話であつたといふ一証をも示されぬのは、何と無くこけ嚇しの如く感じられることである。[44]

39―― 松村武雄、一九二九年、『童話教育新論』、培風館、二八〇－二九四頁。

40―― この事実は、早く妙木、安齋によって報告されていたが、フロイトとの面会後、精神分析を積極的に紹介、使用していないとして（妙木浩之・安齋順子、二〇〇四年、「草創期における日本の精神分析」、『精神分析研究』四八－増刊号、七一頁）、松村の存在は日本の精神分析史においてあまり重視されてこなかった。しかし松村が精神分析を積極的に活用していたのは、フロイトに会う以前である。松村は一九二二年掲載「精神分析学より見たるラフカディオ・ヘルン」（『東亜の光』一七－三号、一九－二七頁）、一九二三年出版『異端者の対話』所収の「精神分析学より見たる文芸」（二松堂書店、四八－一〇五頁）など多くの関連論文を発表している。『童謡及童話の研究』（一九二三年、大阪毎日新聞社）、『児童教育と児童文芸』（一九二三年、培風館）は精神分析を主な理論的拠り所としている。後者では、読者が精神分析を理解するために英語で読める参考文献を紹介しているが（同上、一一－一五頁）、*Totem and Taboo* や *The Interpretation of Dreams*（フロイト全集における『夢解釈』）などのフロイトの論考に加え（先に述べたように、フロイトの翻訳本は一九二六年から漸次出版されていくのでこの時期には存在しない）、カール・アブラハム、アーネスト・ジョーンズ、オットー・ランクなどの多数の論考を挙げている。さらに日本語による参考文献として、日本初の精神分析入門書とされる久保良英著『精神分析法』（一九一七年）や医学系単行本としてはやはり初とされる榊保三郎著『性慾研究と精神分析学』（一九一九年）なども同時に紹介している（両書については上記の妙木・安齋の論考の七一頁を参照）。加えて、当該箇所には先に挙げた『変態心理』も紹介されているが、松村は同誌の「最近の学説」コーナーで三回取り上げられており、そのうち二回（ともに一九二五年）が精神分析に関するものである（松村武雄、一九九九年、「精神分析学と犯罪者問題」、小田晋ほか編『変態心理二七』所収、不二出版、二七五－二七六頁。松村武雄、一九九九年、「精神分析と宗教問題」、小田晋ほか編『変態心理二八』所収、不二出版、三九八－三九九頁）。

41―― 柳田國男、一九七六年、「昔話新釈」、『旅と伝説五』所収、岩崎美術社、三三四－三五一頁。

42―― 松村武雄、一九七六年、「柳田國男氏に」、『旅と伝説五』所収、岩崎美術社、五三七－五三九頁。

43―― 柳田國男、一九七六年、「田螺聟入譚　昔話新釈の三」、『旅と伝説五』所収、岩崎美術社、六八一－七〇一頁。

柳田はここで「無意識的吸収時代」と述べているが、この批判は、世界童話大系第一六巻日本篇として出版された、松村の『日本童話集』(一九二四年)に向けられている。この著作にて松村は、ここで柳田が指摘したように、平安時代以前を童話の無意識的吸収時代としている。[45] そもそもの柳田の批判は、ここでの松村の主張に向けられていたのである。

ただしこの批判は、平安以前の諸説話を童話であったという前提で、松村が外来のものと決めつけたことに対して向けられている。少なくとも、童話を無意識に吸収するという考え方に対して、柳田がどのように考えていたかはこの文章からはわからない。

二人目は大槻憲二である。大槻は、民俗学と精神分析の学際的研究を推進した先駆者であるが、一時期、柳田に師事していた。その時期が昭和初期であり、『旅と伝説』にも複数の論文を掲載し[46]、柳田が「昔話新釈」を発表した号においては、ともに紙面を飾っている。ここで重要なのは、じつは『桃太郎の誕生』の原稿をまとめたのは自分であると大槻が述べている点である。[47] この頃の二人の関係を裏づけるかのように、大槻は一九三二年七月、柳田の桃太郎論を受けて『旅と伝説』に「東西桃太郎譚」を発表している。[48] この『桃太郎の誕生』をめぐる両者の関係については、『民俗文化の精神分析』にて小田によって取り上げられ、日本民俗学と精神分析の思想的交錯の起点として考えられてきた。実際に柳田はこの時期、精神分析を詳しく学ぶ機会に恵まれていたのである。

そんな中、一九三一年十月、「狼と鍛冶屋の姥」にて「無意識伝承」という用語が登場する。

この論文で柳田は、山に住む狼と里の人間の神秘的交流が描かれている説話を取り上げ次のように述べている。

> 此種（このしゅ）の世間話の発生した事情を考へて見ると、単なる目の迷ひや思ひ違へ以上に、尚（なお）之を受入れた聴衆の心理にも、今まで省みられなかつた奥深い何物かゞ窺（うかが）はれる。所謂（いわゆる）狼の巣の如（ごと）きは、恐らくは動物学者の管轄（かんかつ）すべき知識では無くて、久しい無意識伝承に養はれた一種深山の霊地であつた故に、容易に人をしてかゝる空想の光景を胸に描かしめ得たものと思ふ。[49]

このような説話が生まれたのは、人々の思い違いであるとか狼の生態に原因があるのではなく、無意識伝承に養われた山に対する心理的な何か、つまり無意識に伝承された山を中心とす

44——　同上、七〇一頁。

45——　松村武雄、一九二四年、『日本童話集』、世界童話大系刊行会、二頁。

46——　大槻は、一九三一年に「伝説の精神分析　灰被き姫のことゞも」（一九七六年、『旅と伝説七』所収、岩崎美術社、五八八－五九七頁）を発表しているが、これはフロイトの論考Das Motiv der Kästchenwahl（フロイト全集における「小箱選びのモティーフ」）の翻訳である。

47——　大槻憲二、一九八四年、『民俗文化の精神分析』、堺屋図書、一九五頁。

48——　大槻憲二、一九七六年、「東西桃太郎譚」、『旅と伝説一〇』所収、岩崎美術社、四八一－四八八頁。

る世界観にあると柳田は主張するのである。

この理論展開にあたり、柳田の念頭に精神分析が置かれていたことは、この半年後、一九三二年一月発表の論文「広遠野譚」を吟味するとはっきりとわかる。▼50 ここで柳田は、夢を取り上げフロイトに言及している。この論文は、若くして亡くなった我が子が出てきたという、佐々木喜善（『遠野物語』の説話者）の夢の謎から始まっている。喜善は、亡くなったばかりの娘が追分節の流れる中、土地の霊山である早池峰山に向かう夢を見た。後に喜善は、この夢で聞いた追分節を秋田のイダコが神降ろしの歌として歌っているのを聞いて奇縁を感じ、柳田に報告している。それに対して柳田は次のように述べている。

> 夢の不思議は言はゞ人独りの私の力であつて、もう我々は久しく是に馴れて居る。しかしこの現実の知識の示現だけには、まのあたり偶合の奇に駭いた佐々木氏で無くとも、さすがに深い感動を抱かざるを得ない。冷静なる批判者の立場から観るならば、夢の一致はまだ何とでも合理的に説明することが出来る。巫女が追分に近い歌の節を以て、精霊を案内する風が出羽の方にあるならば、稀には山の此方の奥州にも無かつたとは言へぬ。曾て幼い頃にでも一度は之を聴いて、自分はたゞそれを忘れたと信じて居たのかも知れぬ。少なくともフロイドの学徒などは、さう断じてしまはうとするであらう。しかも之に由つて解き得ない我々の謎は、どうして此歌の曲が神を降すを業とする者に、伝

へて現代まで用ゐられてゐたかといふことゝ、それが何故に人間の一大事に際会して、新たに目を覚まして又一つの、ユマニテの綾紋様（あやもんよう）を附け加へようとするかといふことである。所謂（いわゆる）潜在意識の潜在は既に突留（つきと）められたとしても、その起伏して絶えざる流れの水上には、来り掬む者がまだ一人も無かつたのである。[51]

ここでの柳田の主張は、潜在意識というものは認めるものの、フロイトの方法では解けない謎が残るということである。そして、自身の方法を用いればその潜在意識に由来する謎を解くことができるということがこの論文の主旨なのである。その柳田の方法が先に述べた説話の生成発達を見る方法、遡源（そげん）的に伝承を比較検討する民俗学の研究方法である。この方法で各地の伝承を辿っていくと、現在では海の歌として知られる追分は、本来、山を行き来する馬方が歌っていたものであり、山への信仰につながっていくことになる。馬方が山の神と関係するのは、神は馬に乗って里に降りて来るという信仰があったからである。ゆえに神降ろしの歌として現在までも伝わっていると柳田は述べている。[52]

49――柳田國男、一九九八年、「桃太郎の誕生」、『柳田國男全集六』、筑摩書房、四八三頁。

50――柳田國男、一九九八年、「民謡覚書」、『柳田國男全集一一』、筑摩書房、七四－八二頁。

51――同上、七五－七六頁。

このように柳田は、潜在する山をめぐる世界観に到達することになる。この論文で柳田は、筑波山を歩いた際にわけもなく詩句が心に浮かび、身にしみて悲しくなった自身の体験をも語り、「山が我々の後世前世であつた時代の、無学なる愛慕が無意識に遺伝してゐたのである」[53]と結論づけている。

こうして検討してみると、柳田の方法は精神分析の批判的継承物であるかのように見えるし[54]、少なくとも強い親和性があることが確認できる。ただし、伝承の行き着く先がフロイトの言う幼年期の性理論ではなく、無意識に受け継がれてきた世界観（山をめぐる信仰）だということが柳田の辿りついた結論なのである。次節からは、両者の理論的対応関係を探っていきたい。まずは当時、精神分析を包含する学問と見なされていた、「民族心理学」に向けられた柳田の視線を手がかりに論を進めていく。

## 心理学としての民俗学

柳田の構想した民俗学は、フォークロアやエスノロジーに加え、史学や国学など、多くの先行学問の吸収の上に成り立っていると言われてきた。そんな中、柳田民俗学における心理学の影響についてはかなり過小評価されてきた感がある。しかし、『郷土生活の研究法』に並ぶ柳田の民俗学方法論書である『民間伝承論』（一九三四年）にて、彼は、自身の目指した新しい学問は、既存の心理学、殊に民族心理学と提携関係を結ぶ必要があると宣言している。柳田の言に率直に従うならば、彼の民俗学理論は、当時、民族心理学と呼ばれていた学問を批判的に継承して構築されていったという側面がある。まずは『民間伝承論』における次の記述を見ていただきたい。

さて個人心理のみなら別であるが、群現象を対象とし目的とする心理学は、既往の心理学者の方からも我々の方へ手をさしのべて来るべきが当然である。我々の心意研究は資料を分類し整理することが仕事であるが、向ふは形而上学と関聯して居る。此点が二つの心理学の取扱ひ方の境目だといへる。ヴントWundtなどの民族心理学は、実は是に対するダータが整理せられて来ぬ間は、空なるものといふべきで、何とでも云へるや

52——この夢語りにまつわる柳田の研究については次章にて詳しく論じる。

53——柳田國男、一九九八年、「民謡覚書」、『柳田國男全集一一』、筑摩書房、八〇頁。

54——もう一つのフロイトへの言及箇所（一九四〇年）においても柳田は、精神分析的知見の有用性は否定しないが、日本の家族内の心理に目を向けると、既存の精神分析では捉えきれていないものがあることに注意を促している。柳田國男、一九九八年、「家閑談」、『柳田國男全集一五』、筑摩書房、五六四頁。

うなものなのである。[55]

このように柳田は、心意研究を行う自身の学は、当時、ヴントに代表された民族心理学と一種の補完関係にあり、資料的裏づけを担うべき心理学の一部門であると見なしている。当時の柳田は、民族心理学に強い関心を寄せながらも、その理論を修正する必要があると考えていた。柳田が、修正の必要あり、と見なしたのは大別すると次の二点である。[56]

一点目は、民族心理学が進化論的図式を検証抜きに採用していることである。当時の民族心理学の主目的は、広く諸民族の言語や文化を調査し、そこに精神発達の普遍的法則を見いだすことにあった。そこには、近代西欧文化をより発達した段階と考え、その途上段階として、他の文化を配置する視点がある。信仰的側面に焦点を合わせ、ヴントの図式を大まかに配列すると次のようになる。原始的な人類は素朴な霊魂観念などに根ざした呪術的段階にあり、次いでトーテミズム的段階、英雄と神々を崇拝する段階を経て、キリスト教ないしは仏教的な世界宗教の段階へといたる。そして、その道筋に対応した精神発達をするという。これは、当時の進化主義人類学と軌を一にした、単線的文化進化論の枠組みの中で心理的特性を捉える図式である。

先の引用の続きにて柳田は、このような民族心理学的研究を批判し、次のように述べている。

集合心理学又(また)は民族心理学とも名づくべきものの必要とする資料が、フオクロアの他には求め難いことは明らかである。各種族の心性なるものゝ間に、特性を認むべきか否かは実はまだ決して居らぬ。或は同じであるかも知れず、違つて居るかも知れぬ。よその国民の調査だけでは用は弁じない。即ち受売翻訳は絶対的に不可能だといはざるを得ないのである。稍もすると一民族は五百年千年を隔てゝも違はず、千古一貫して信仰や信念を持ち続けて居る如く考へられるが、そんな筈はない。先づ異民族を先に考へようとすることの誤であることを悟る必要があるのである。我々の民間伝承研究が、社会研究の基礎となるなどと自負せぬにしても、今までの方法の誤りに気づいたのは我々であつたのである。しかも其点は新しい発見でも何でもない。何れにしても自分の国の無形文化の過去を振返る方が、拘束的な野蛮人の心意を基礎とするより此方面には有効であらう。▼57

55—— 柳田國男、一九九八年、「民間伝承論」、『柳田國男全集八』、筑摩書房、一七六頁。

56—— ただし、本章で取り上げる民族心理学理論は、あくまでも柳田の理解に沿ったものであるということを強調しておきたい。その理解には、大正九年（一九二〇年）の読了印があるヴント著 *Elemente der Völkerpsychologie* の英訳版、*Elements of Folk Psychology*（1916, *Elements of Folk Psychology: Outlines of a Psychological History of the Development of Mankind*, Edward Leroy Schaub, trans., London: George Allen and Unwin, New York: The Macmillan Company.）が大きく関与していると考えられる。以降、同書を参照しながら柳田の論を追っていきたい。ちなみに、柳田は全十巻からなるヴント著 *Völkerpsychologie* を所有していたが、こちらにはどの巻にも書き込みは見られない。

無批判に西欧中心的モデルを掲げ、他民族の文化の中に自民族のかつての姿を見いだそうとする前に、自文化の変遷過程を辿ることに注力すべきではないか――ここでの柳田の批判は極めて簡潔である。帰納的研究に重きを置く柳田にとっては、既存の民族心理学の主張は、資料的裏づけのない一仮説に過ぎないものと感じられたのである。

二点目は、民族心理学が個人心理を対象としたモデルをもって、集団的な心理を描き出そうとしていることである。ここで『郷土生活の研究法』での柳田の言を引用しよう。

> 人によると民族心理といふ側から、これ〔心意現象〕を考察しようとしてゐるが、何うも今までの心理学は捉はれてゐたやうだ。殊に最近は実験を加へて、これによつて科学としての基礎を固めようとしてゐるらしいが、しかしその実験も個人についてしか出来ない。それも普通の状態では殆ど不可能で、僅かに精神病院に行くかさもなければ催眠術をかけるかして、所謂異常心理の実験をする範囲を出ないから、況んや群の心理などの実験が出来よう筈はない。また群集心理学にあつても、やゝもすると個人の心理の集積したものを、群の心理と見做さうとする傾向がある。要するに現在の心理学の実験を以てしては、群集から個人に与へる心理影響は分つても、群現象そのものは到底知ることは出来ないのである。そこで我々はこの数年の間に、なんべんもシステム（体系）を立

て直して、群の心理を観る方法を樹てたいと思つてゐる。群現象の実験は生物学には出来るが、それは何回となく繰り返してみる観察によらねばならぬ。エクザクト・サイエンス（exact science）といふものは、実験によるものでなくてはならない、といふことをよく聞くが、必ずしもさうとは言へないのであつて、現に天文学は実験などは出来ないのに、立派にサイエンスとして成立つてゐるではないか。しかしそれはたゞ見ただけでは駄目なので、予め充分なる知識を以て仮定をこしらへておき、同じやうな条件をつけて何遍となく精確に観察しなければならないのである。かうして実験の不可能は、繰り返された観察によつて、置き換へられねばならない。[58]

このように、柳田は既存の民族・群集心理学を、個人の実験から導出したデータに基づいて集団的な心理を解釈する学問であると見なしていた。[59] しかし、集団的な心理を正確に捉えたいならば、実験データに基づく個人心理からの演繹に頼るのではなく、群現象自体を直接分析できるような方法を考案しなければならない、と彼は主張する。そこで柳田は、実験の不可能は、繰り返された観察に置き換えるべきだと説くのである。そして、観察の際、前提とすべきもの

57―― 柳田國男、一九九八年、「民間伝承論」、『柳田國男全集八』、筑摩書房、一七七頁。

58―― 柳田國男、一九九八年、「郷土生活の研究法」、『柳田國男全集八』、筑摩書房、三四八－三四九頁。

がある、と柳田は言う。引用の続きを見てみよう。

私が言葉の採集に重きを置く理由は実はそこにあるのである。一度観察したものを、二度目に同じ条件でやつてみて、その範囲がこれこれだといふことを言つてみても、果して二つが正確に一致してゐるかどうか、安心がつかない。これを明白にするためには自分の印象を具体化せねばならない。それには第一部の有形文化の方面なら、写真を撮つて相互に比較してみることも出来ようが、第三部〔心意現象〕は無形の文化であるから、それが出来ない。これに対する一つ一つの印象を具体化する手段としては、言葉による の他はない。しかし言葉によつて比較するためには、言葉を正確にし而(し)かも共通なものとすること、即(すなわ)ちその言葉の意味をはつきりさせなくてはならない。そこで言葉の地方毎(ごと)の異同を明らかにしなければならぬ。▼60

柳田が心意現象（第三部）観察の前提として注目したのが「言葉」であり、それをある一定の共同体ごとに採集して客観的なデータとして集積し、比較検討することによって、直接、集団的な心理を描出できると考えたのである。既存の民族心理学にて提示された主張は、共有され伝承された言語データの分析をもってはじめて科学的に裏づけられる、との考えのもと、柳田の民俗学理論は組み上げられていく。

この民族心理学への批判的継承の姿勢は、当時、その中に含まれると見なされていた精神分析にも向けられている。そして、ここで重要になってくるのが「無意識」という概念である。

## 集団的な心理の伝承性

フロイトは『トーテムとタブー』において、当時の民族学的な研究を参照し、民族・群集心理を対象とした精神分析理論を展開している。そして、フロイト自身がまえがきで述べているように、『トーテムとタブー』はヴントの研究を下敷きにしており、その精神発達図式は似通っ

59――ただし、上記引用にヴントの名が出ていない点には注意すべきである。実験心理学の父としても知られるヴントであるが、彼にとって個人を対象とする実験心理学と民族心理学は、方法的体系的に独立した二つの学問であるとの見方もあり(高橋澪子、一九九九年、『心の科学史 西洋心理学の源流と実験心理学の誕生』、東北大学出版会、一八六頁)、実際、*Elements of Folk Psychology* においては実験データから民族心理を描き出すような方法は採られていない。ここでの柳田の言は、精神分析を含めた、もっと広い範囲における民族・群集心理学批判だと捉えておくべきであろう。

60――柳田國男、一九九八年、「郷土生活の研究法」、『柳田國男全集八』、筑摩書房、三四九頁。

ている。ただし、『トーテムとタブー』の独自性は、そこに「無意識」の概念を導入したことにある。この無意識という概念が、柳田に与えた影響は大きいと考えられるが、まずは、後の議論を円滑に進めるために、柳田も参照したであろう『トーテムとタブー』の内容を整理しておきたい。

この著作でフロイトは、「エディプス・コンプレックス」の読み換えとも言うべき「原父殺害神話」を持ち出し、個人の「幼年期」と人類の「原初期」に共通図式を見いだしている。フロイトが原初期に起こったと想定した「原父殺害神話」とはおおむね次の通りである。

原初期、一人の「原父」が一族の女たちを占有していた。原父の息子たちは共謀して彼を殺害しその肉を食べたが、やがて後悔にとらわれた息子たちは自らにタブーを課し、外婚制とトーテミズムの掟を打ち立てる。フロイトは一族全員によってトーテム動物が殺害され食べ尽くされるというトーテム饗宴の中に、この「原父殺害」の反復を見て取ったのである。そしてフロイトは、これらの掟の成立と、原父殺しの反復が文化の根源であるとの主張のもと、「宗教も、倫理も、社会や芸術もともにエディプスコンプレクスから始まっている[61]」という文化論を展開することになる。フロイトによれば、トーテミズムに留まらず一神教をはじめとするいずれの宗教も、この原父殺害に端を発して形成された原始人類の「世界観（Weltanschauung）」へ行き着くことになる。フロイトは、この系統発生的な来歴を持つ、エディプス・コンプレックス（原父殺害神話）にまつわる無意識的な痕跡のことを、『モーセという男と一神教』では「太古の遺産」と呼んでいる。[62] しかし、この太古の遺産の世代を超えた伝承性に関して、『トーテムとタブー』では読者に明確な答えを提供していない。[63]「直接的な伝承や伝統」、「心的素質の遺伝」などに関する言及はあるが、結局、それを発現させる背景として個人心理の関与が示唆されているだけである。[64]

山をめぐる信仰か原父殺害かは別にして、柳田の説においてもフロイトの説においても、無意識に伝承されている集団的な心理は、過去の人類がもっていた世界観へと行き着くことになる。[65] しかし、『トーテムとタブー』の段階では、フロイトはそれを個人心理における性理論へと還元しているようにも見える。それが「広遠野譚」（一九三二年）における、フロイトは夢を

61―― ジークムント・フロイト、二〇〇九年、「トーテムとタブー　未開人の心の生活と神経症者の心の生活における若干の一致点」、門脇健訳、『フロイト全集一二』、岩波書店、二〇〇頁。

62―― ジークムント・フロイト、二〇〇七年、「モーセという男と一神教」、渡辺哲夫訳、『フロイト全集二二』、岩波書店、一一六‐一二九頁。

63―― 最晩年の『モーセという男と一神教』では、この伝承性に関して「言語的象徴表現」の媒介性が示唆されている（同上、一二四‐一二五頁）。しかし、それが明確な形で言語活動（ランガージュ）によって表される「象徴的機能」との関連性をもって言及されるのは、レヴィ＝ストロースとジャック・ラカンの登場をまたなければならない。

64―― ジークムント・フロイト、二〇〇九年、「トーテムとタブー　未開人の心の生活と神経症者の心の生活における若干の一致点」、門脇健訳、『フロイト全集一二』、岩波書店、二〇二‐二〇三頁。

抑圧された個人の経験に還元している、との柳田の批判につながることになる。[66] 帰納的な研究姿勢を重視する柳田からすれば、他の心理学と同様に、フロイトは個人心理から導出したモデルによって集団的な心理を分析するという演繹的な方法を用いていることになる。

この理論的相違が、精神分析を含む既存の心理学と日本民俗学を分ける分水嶺であると柳田は認識していたと考えられるが、ここで言語を研究対象として、無意識に位置する心意現象を取り扱うという手法に目を向けると、精神分析と日本民俗学の類似点が際立ってくる。よく知られているように、精神分析は自由連想法を用いた心理療法を基盤としている。言語に注目する柳田の理論そのものが、先の引用にあるような心理学の実験である「連想実験」からヒントを得て確立した可能性があり、[67] 少なくとも先に挙げた *Psycho-analysis and Its Derivatives* を読み終えた一九三七年には、間違いなく柳田は己の理論と精神分析のそれとの親和性を認識していた。柳田は、当該書二七頁の「verbal representation」に線引きしている。この箇所は、無意識の特性について列記されたものの一つに当たる。線引き箇所を含む文章は「It is non-verbalized, i.e. an unconscious idea cannot reach even the preconscious unless and until it has a verbal representation attached to it.〔無意識は非言語的である。すなわち、無意識的観念は、それが言語表象と結びつかない限り、前意識にさえ達することができない〕」と記述されている。

精神分析が既存の民族心理学と大きく異なる点は、無意識の概念を導入したことにある。この概念を導入することにより、単純に発達過程を段階的に捉えるのではなく、累層的に捉える視点が生じることになる。フロイトは、世界観は切り替わるのではなく、以前のものは抑圧されると考えており、新しい世界観のもとでも無意識として働き、何らかの影響を与え続けていると想定している。そしてフロイトのみならず柳田も、前代までの世界観と現代の世界観は「複合」していると考えている。このことは、当時、ヴント、フロイトと並ぶ民族心理の専門家とされていたリュシアン・レヴィ＝ブリュルに対する柳田の批判からもよくわかる。柳田は『郷土生活の研究法』にて次のように述べている。

全体に欧米の学者たちには、古風と今風とが恰も淡水と鹹水とのやうに、二立て別々に存するものと思つて居る人が多いらしい。中でもレヴィ・ブリュウルの「原始人心境」などはこれを強調した著述の著名なものである。しかしこの日本の宛かも川口の潮の上げ下げの如き状を見たら、良心ある学者ならば必ず大いなる但書を添へずには居なかつたであらう。所謂合い子文明は独り日本のみでなく東洋の何れの湊に行つてもそれぞれ

65——山人論と原父殺害神話を、日本人と西欧人に刻み込まれた無意識の痕跡として対置する視点は、すでに内田隆三によって提示されている。内田隆三、一九九五年、『柳田国男と事件の記録』、講談社、六一－六四頁。

66——柳田國男、一九九八年、「民謡覚書」、『柳田國男全集一一』、筑摩書房、七五－七六頁。

67——一九二七年には、中村古峡訳でカール・G・ユングの『聯想実験法』（日本精神医学会）が出版されている。

これが見られるのである。文化の複合（カルチュア・コムプレッキス）には必ずしも定った方式はない。一方が退かなければ一方がその場所に進み得ないといふものではなく、二重生活は常に双方からの歩み合ひである。[68]

現在と過去の思考方法を不可逆的なものと見るのではなく、両者は複合していると想定し、往々にして無意識に伝承しているかつての世界観（思考方法）を、言語を媒介に意識化させていくという理論は、フロイトと柳田に共通している。そして柳田は、フロイト同様に「夢」について語ることに注目して、この理論を洗練していくのである。

先に述べたように柳田は、「広遠野譚」（一九三二年）にて佐々木喜善の夢語りの分析を通して、二人に共通して刻み込まれていた、山をめぐる世界観という無意識の痕跡を浮き彫りにしていったが、その結びでは、「夢の理論の弁証が許さるゝ世であるならば、まぼろしの歴史を推究することも徒事であるまい[69]」と述べている。そして、『民間伝承論』（一九三四年）、『郷土生活の研究法』（一九三五年）にて、心意現象の項目で夢を扱い[70]、一九三六年一月には「初夢と昔話[71]」と題しラジオ講座を行っている。続けて同年二月、「民間伝承の会」機関誌『民間伝承』第六号にて、夢には「日本的なもの」がまだたくさん残っており多くを採集したい、と宣言している。[72]

そんな中で、*Psycho-analysis and Its Derivatives* を読み終えた一九三七年には、柳田は次のようにも述べている。

我々が無意識のうちに、過去の生活を継承して居る事実は幾らでもある。そしてそれが時あつて現はれるのは、過去の生活そのものが、まだ吾々（われわれ）の心に伝はつて居るからである。如何（いか）に態様は変化しても、以前の生活の影の如きものが無意識の中に身にくつついて居るのである。日本人には太古より継承してきた日本人らしさ、日本人らしい考へ方、日本人らしい生き方といふものが、遺伝して居る。生理的遺伝、例へば髪の色や皮膚の色の様なものではなく、精神的遺伝、社会的遺伝ともいふべきものがある。生理学者に云はせば、我々日本人の脳髄を分析して見れば、脳細胞の中にさういふ精神的な遺伝分子が含まれて居るとでもいふかも知れない。

これが若（も）し遺伝でないとすれば、それは何代もの間吾々の先祖から次々に感化されて伝はつて来たものだと云（い）へる。けれども感化といふも遺伝といふもその関係は極めて密

68――　柳田國男、一九九八年、「郷土生活の研究法」、『柳田國男全集八』、筑摩書房、二一七頁。

69――　柳田國男、一九九八年、「民謡覚書」、『柳田國男全集一一』、筑摩書房、八〇頁。

70――　柳田國男、一九九八年、「民間伝承論」、『柳田國男全集八』、筑摩書房、一七九頁、一八八頁。柳田國男、一九九八年、「郷土生活の研究法」、『柳田國男全集八』、筑摩書房、三五七－三五八頁。

71――　柳田國男、一九九八年、「昔話と文学」、『柳田國男全集九』、筑摩書房、四一一－四一七頁。

72――　柳田國男、二〇〇二年、「夢合せと夢の種類」、『柳田國男全集二九』、筑摩書房、三五四頁。

接で、感化されるのには、感化され易い傾向が多少とも遺伝してゐなくてはならない。全然関係のない赤の他人同志は互ひに感化を及ぼすことはない。伝染病の黴菌を撒きちらしても悉くの人が病毒に冒されるといふやうなものではない。その中で多少とも病菌に感染する素質を持つた者のみが感染するのである。こんな風に感化されるには、感化され得る素質と感化される機会といふか機縁といふかさういふものがなければならない。親子兄弟、親分子分といつた間柄には、何かそこに共通的な因子がある。多くの場合に、かぶれさせようとする積極性と、それに押されて行く弱さといつた様なものが両者の間に存在して居る。民間伝承といふは、先祖から遺伝してきたもの乃至は無意識のうちに感化してきたものである。[73]

このように柳田は、無意識の伝承性を「親子兄弟、親分子分といつた間柄」をもとにした「感化」に注目して解説している。そして、柳田はその翌年の一九三八年に発表した「夢と文芸」にて、日本には一家一門を中心に夢を語らい信仰を固めるという事例があり、それと同様の仕組みによって「共同幻覚」が誘発される、と主張するにいたる。[74] つまり、感化の最たる事例として夢(幻)語りを取り上げるのである。

# 無意識の描出方法

この第1章では、柳田の思想を中心に、民俗学・民族学における精神分析の受容過程を辿ってきた。松村武雄や大槻憲二などの日本における精神分析の導入者との交流や書籍を通じた学習によって、柳田が自身の学の骨子となる「無意識伝承」という概念を構築した経緯を明らかにした。このような柳田の民俗学は、当時の精神分析・民族心理学とのある種の補完関係をもって成り立っていた。個人の心理と集団的な心理のどちらから発足するかという違いはあるものの、精神病理現象に注目し、無意識に伝承されてきたかつての世界観を、言葉の採集、比較から描出する理論に関して言えば、フロイトの精神分析と柳田の民俗学はよく似ている。そして、その描出にあたって柳田が目をつけたのが「夢語り」であった。次章では、先に挙げた

73——柳田國男、二〇〇三年、「伝統について」、『柳田國男全集三〇』、筑摩書房、四六-四七頁。

74——柳田國男、一九九九年、「口承文芸史考」、『柳田國男全集一六』、筑摩書房、五〇二頁。

佐々木喜善の夢語りを分析した柳田の論考、「広遠野譚」を取り上げ、さらに詳しく無意識伝承の仕組みについて考察していくことになる。

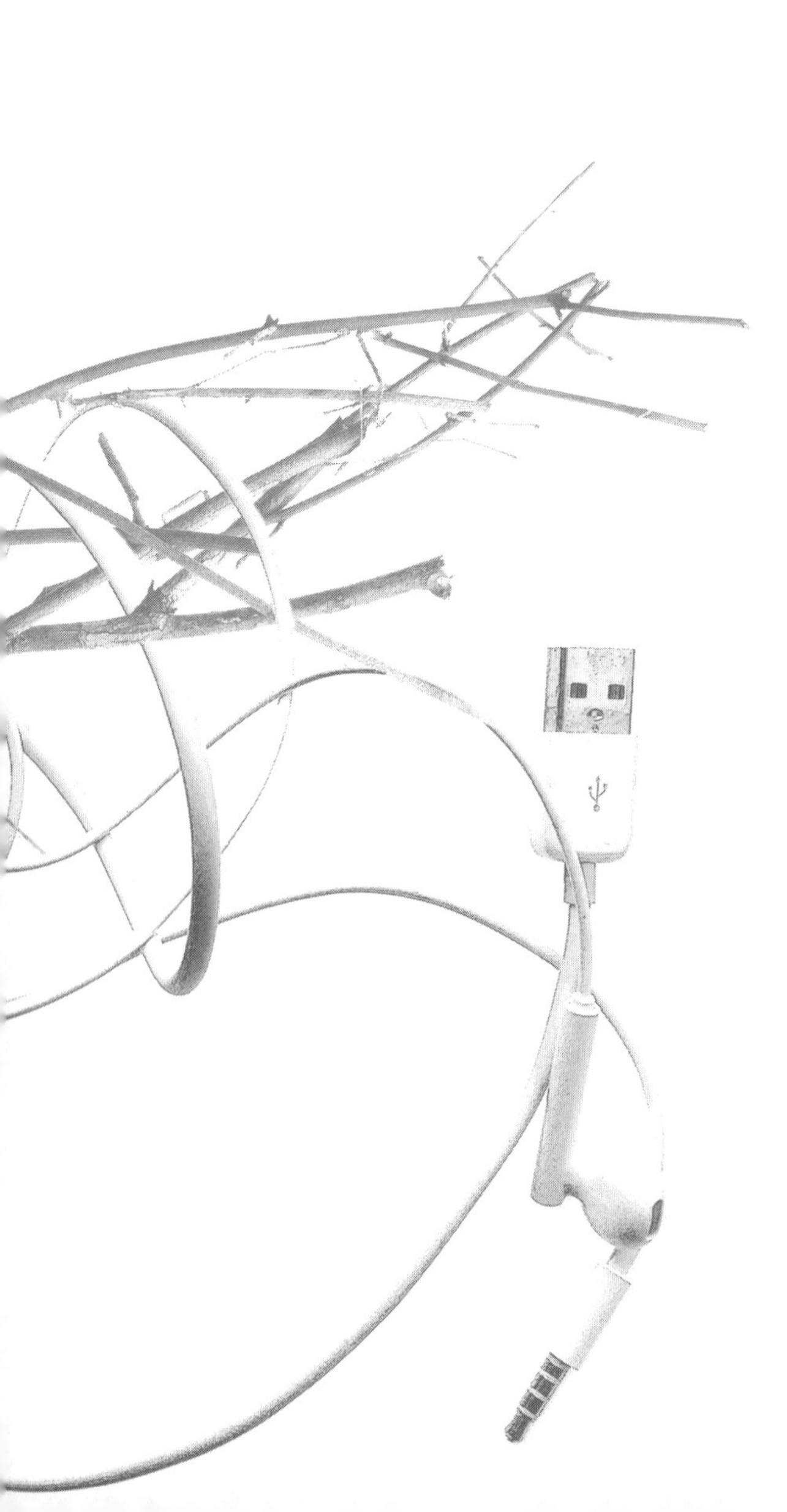

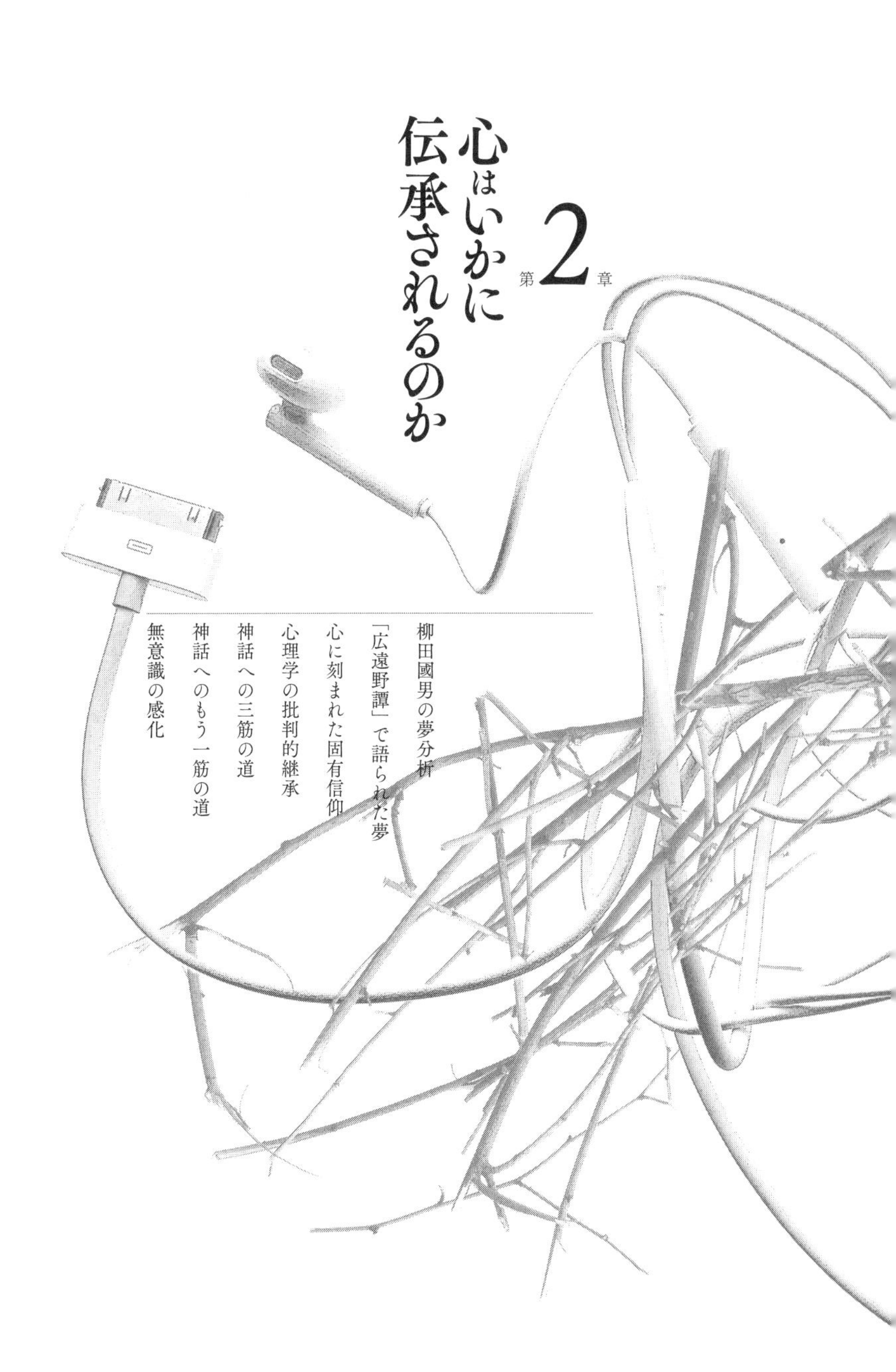

# 第2章 心はいかに伝承されるのか

# 柳田國男の夢分析

柳田國男の『遠野物語』は、しばしば民俗学以前と呼ばれる彼の初期の思想において記念碑的な位置づけをされている。そして、その話者である佐々木喜善（きぜん）の名は、『遠野物語』が不朽の名作として語り続けられるに伴い、広く世に知られることとなった。喜善は『遠野物語』に収録されたもの以外にも多くの民俗資料を柳田に報告しており、それらもまた柳田の思想の土壌となっている。これらの資料をもとに、柳田と喜善は『遠野物語』出版直後より『広遠野物語（譚（たん））』とも呼ぶべき新たな一書を編（あ）もうと計画していたが、最終的には一九三三年の喜善の死によって立ち消えになっている。[1]

本章ではこの喜善の、半ば忘れ去られてしまった一つの語りに注目して論を進めてみたいと考えている。「広遠野譚」と名づけられた論考に記されたこの語りは、そのタイトルに見合うだけの注目を浴びることなく、[2]現在では『民謡覚書』にひっそりと収録されている。このように、この語りがいささか不自然な形で閑却されているのは、それを純粋な民俗資料として取り上げることに対する、民俗学者たちの密かな当惑に起因しているのかもしれない。[3]なぜなら、この語りは喜善個人の見た夢に基づいているからである。しかし、突き詰めていくとこの夢語りは、中期の柳田の思想、彼が民俗学の方法論を構築していく際の要石（かなめいし）の役割を果たしている。

一九三一年、喜善は自身の娘を二一歳の若さにて病気のために亡くしている。その後の喜善は、亡き娘にまつわる夢をいくつも見て心動かされるところがあり、その内容を柳田に語った。柳田がそれを取り上げた「広遠野譚」の初出が翌年の三二年である。この時期、柳田は雑誌『旅と伝説』を中心に本格的な口承文芸の分析に取り組んでおり、それらの論文の集積として一九三三年に『桃太郎の誕生』が出版されている。また翌三四年には『民間伝承論』、三五年

---

1―― 『遠野物語』出版後から、一九三五年の『遠野物語増補版』出版にいたる経緯については以下の論考に詳しい。石井正己、一九九五年、「「遠野物語」の成立過程〔中〕」、『東京学芸大学紀要 第二部門 人文科学』四六集、二四七―二六四頁。

2―― 「広遠野譚」の初出は雑誌『古東多方』であり、当初は連載が見込まれていたふしがある（赤坂憲雄、一九九八年、「解題 民謡覚書」、『柳田國男全集一一』、筑摩書房、五七〇頁）。つまり柳田は、この論考に気まぐれに「広遠野譚」の名を付したわけではなく、これを皮切りに『広遠野物語』を完成させようとした可能性がある。そういう意味では、岩本由輝が述べるように、この論考は『広遠野物語』の構想を考察するためにも、また『遠野物語』そのものの理解のためにも、重要な手がかりとなるものである（岩本由輝、一九八三年、『もう一つの遠野物語』、刀水書房、一四七頁）。しかし、『遠野物語』が現在でも多く論じられているのに対し、「広遠野譚」を取り上げた論考はほとんど見当たらない。

3―― 例えば、大塚英志は「広遠野譚」を柳田による「小説」と見なしている。大塚英志、二〇一四年、「解題 資料『遠野物語』の時代」、大塚英志編『神隠し・隠れ里 柳田国男傑作選』所収、KADOKAWA、二五二頁。

には『郷土生活の研究法』と、柳田の民俗学方法論をまとめたとされる著作が相次いで出版されている。

このように、民俗学方法論の構築へと注力していた時期に、柳田は「広遠野譚」にて喜善の夢語りを口承文芸に対する手法を用いて分析している。これはよくよく考えれば、かなり奇妙な話である。なぜなら、民俗学はその学問的性質上、伝承された文化を研究対象とするものであり、喜善の個人史における夢語りを、民俗学の方法で分析する理論的根拠が必ずしも定かでないからである。

この第2章の目的は、喜善の夢語りを分析した柳田の意図を、彼が当時組み立てていた民俗学の方法論と照らし合わせて明らかにすることである。この方法論は、当時の柳田の最大の関心事であった「心はいかに伝承されるのか」という問いをめぐって組み立てられている。ここで言う心とは、個人の心理とは区別された集団的な心理のことである。柳田が説いた「歴史学としての民俗学」という位置づけは、現在もなお広く認識されている。それに比べ、半ば抑圧のような形で歴史の彼方に押しやられて久しいのが、「心理学としての民俗学」である。[4][5] 柳田は『民間伝承論』『郷土生活の研究法』において、彼の目指す学問を、集団的な心理伝承の仕組みを解明するための、心理学の一部門として位置づけている。集団的な心理はどのように形成され、どのように伝承されるのか。柳田は喜善の夢語りに、これらの問いを解く手がかりを見いだし、その方法論へと反映させたと考えられる。

## 「広遠野譚」で語られた夢

まずは「広遠野譚」[6]から、本章の中心となる喜善が柳田に語った夢について見ていきたい。柳田はそれを次のように描写している。

私の記録して置きたいと思ふのは、此子(このこ)の父が見たといふたつた三つの夢だけである。

4――「心理学としての民俗学」という柳田の思想が、民俗学において顧みられなくなった反面、心理学方面の研究には、柳田の論考が大きく寄与し続けてきた事実について、ここで触れておきたい。例えば、神話、昔話研究を心理療法の手がかりとして重視するユング心理学は、柳田の論考、特に『遠野物語』に熱い視線を注いでいるし(二〇一四年、河合俊雄・赤坂憲雄編『遠野物語　遭遇と鎮魂』、岩波書店)、吉本隆明の『共同幻想論』(一九六八年、河出書房新社)は、心理学とは一線を画しながらも、『遠野物語』を手がかりに日本人の「共同幻想」を描き出しており、この方面の代表的著作として今も語り草となっている。吉本が言う共同幻想とは「集団の心」(同上、一六六頁)のことであり、分析装置としてフロイトの思想を多用していることも注目に値する。本章の目的は、これらの論考の有効性を問うことにはないが、これに関連して一言述べさせていただくならば、ここでの議論が深まった暁には、「なにゆ➡

三十日の祭を営まうといふ前の夜には、巌石の聳(そび)え立つ山の中腹を、この少女が行き巡つて、路を覓(もと)めるらしき姿を見た。四十日祭の前夜には、青空が照りかゞやいて、何とも云(い)へぬほど朗(ほが)らかな中を、たゞ一人宙を踏んで行くのを見た。其時(そのとき)にどこからともなく追分節(おいわけぶし)の、長々とした歌の声が聞こえて、其(その)節に合せて歩みを運んで居(い)たことを覚えてゐるといふ。それから暫(しば)らくして五十日も近い頃には、もう一度同じやうな美しい青空の下に、長い橋の上で亡き娘に行逢うた夢を見たのださうである。

　此(この)時は声をかけて、おまへは今何処(どこ)にゐるのかと尋ねて見た。さうすると私は早地峰(ハヤチネ)の山の上に居ますと、答へたと見て夢が醒めたといふ。遠野物語を読んで下さつた人ならば、誰でも一度はこの山の姿を、胸に描いて居られることであらう。私は殊に昭和四年の七月に、北から空を飛んで来て此(この)峰の真上を通つて居る。根張りが広い為(ため)に山の姿は眼に立たぬが、五葉山と向き合つて陸中の東半分を、抱きすくめてゐるかと思ふ程の深山である。人の魂が身を離れて自由になつた場合、いつでも先づ訪はねばならぬやうな霊山である。従つて又歴代の空想が、土地では此峰を中心として常に成長してゐたのである。▼7

亡くしたばかりの我が子が出てきたという夢は、喜善の胸を強く打ったと思われる。ただし、娘への哀切の念を吐露するために、喜善は柳田にこの夢を語ったわけではなかった。続けて柳田は次のように述べている。

しかし夢を見た人の心理は簡単であつた。此時は唯さういふことも有るかと考へただけで、それを悲しみ傷む親の心遣りに記憶してゐたに過ぎなかつた。ところがそれから月を重ねて、秋の彼岸の頃に秋田県に旅行して、偶然に此夢を考へ直さねばならぬやう

え、柳田の思想と心理学、殊に深層心理学と呼ばれる分野との間に、多くの論者たちが強い親和性を見いだしてきたのか」という疑問について、一つの答えを提示することができるのではないかと考えている。この答えを提示するために必要なことは、柳田のテクストを材料として用いるのではなく、そのテクストを形づくったであろう、彼の思い描いた方法論を導出することである。そして、おそらく柳田の方法論において、最も閑却されてきたのが本章で取り上げる心理学と関連した側面である。

5――　見方によっては「心理学としての民俗学」は、やはり柳田が説いた「国学としての民俗学」に横滑りしていったとも言えるし、柳田はそう呼ばれることを嫌っていたけれども、「民族学としての民俗学」として、戦後の日本民俗学において無視できない流れの形成に一役買ってきたとも言える。つまり集団的な心理の探究は、「日本人らしさ」や「民族性」の探究と言い換えられて日本民俗学に刻印されてきたことになる。しかし、本章で取り上げる、柳田が構想していた民俗学と心理学との提携関係は、現在、ほぼ顧みられることはなくなっている。なお、柳田に由来する「歴史学としての民俗学」「民族学としての民俗学」という思想が、柳田以降の民俗学においてどのような流れを形成していったのかについては以下の論考に詳しい。福田アジオ、一九八四年、『日本民俗学方法序説　柳田国男と民俗学』、弘文堂。

6――　柳田國男、一九九八年、「民謡覚書」、『柳田國男全集一一』、筑摩書房、七四－八二頁。

7――　同上、七四－七五頁。

な経験を得たと、佐々木氏は言つてゐる。横手の町の近くとかいふことで、確かめようと思へば土地も人の名も皆判るが、彼処でイダコといふ盲の巫女の、神降しの歌を聴いてみると、それが前半分は丸で追分の通りの節であつた。今まで少しも知らなかつたことだが、羽後では必ずしも稀な例では無かつた。▼8

亡くなった我が子が、地元の霊峰、早池峰（早地峰）山に昇っていったという夢にて、喜善は追分節を聞いた。そしてその追分節を、秋田のイダコが神降ろしの歌として歌っていることに奇縁を感じ、喜善は柳田にこの夢を語ったのである。しかも、秋田にそのような習俗があることを喜善は今まで知らなかったという。それに対して柳田は次のように述べている。

夢の不思議は言はゞ人独りの私の力であつて、もう我々は久しく是に馴れて居る。しかしこの現実の知識の示現だけには、まのあたり偶合の奇に駭いた佐々木氏で無くとも、さすがに深い感動を抱かざるを得ない。冷静なる批判者の立場から観るならば、夢の一致はまだ何とでも合理的に説明することが出来る。巫女が追分に近い歌の節を以て、精霊を案内する風が出羽の方にあるならば、稀には山の此方の奥州にも無かつたとは言へぬ。曾て幼い頃にでも一度は之を聴いて、自分はたゞそれを忘れたと信じて居たのかも知れぬ。少なくともフロイドの学徒などは、さう断じてしまはうとするであらう。しかも之に由つて解き得ない我々の謎は、どうして此歌の曲が神を降すを業とする者に、伝へて現代まで用ゐられてゐたかといふことゝ、それが何故に人間の一大事に際会して、新たに目を覚まして又一つの、ユマニテの綾紋様を附け加へようとするかといふことである。所謂潜在意識の潜在は既に突留められたとしても、その起伏して絶えざる流れの水上には、来り掬む者がまだ一人も無かつたのである。▼9

ここで柳田がジークムント・フロイトを引き合いに出して述べていることは、喜善の夢を彼個人の潜在意識の問題に還元してしまうならば、幼い頃、神降ろしの歌としての追分節を聞いたことがある体験を、ただたんに彼が忘れてしまっているだけ、と考えることもできようが、その解釈で終わらせてしまうと解けない謎が残ってしまうということである。この論考の主旨は、当時、柳田が構築しようとしていた、遡源的に伝承を比較検討しその生成発達を見る方法により、精神分析では解けない謎を解明することにあった。

この柳田の方法で各地の伝承を辿っていくと、現在では海の歌として知られる追分節は、本来、山を行き来する馬方が歌っていたものであり、山への信仰につながっていくことになる。

8―― 柳田國男、一九九八年、「民謡覚書」、『柳田國男全集一一』、筑摩書房、七五頁。

9―― 同上、七五‐七六頁。

馬方が山の神と関係するのは、神は馬に乗って里に降りて来るという信仰があったからである。ゆえに、追分節は神降ろしの歌として現在までも伝わっている、と柳田は結論づけている。

## 心に刻まれた固有信仰

それが最終的な研究目的であったのかどうかはさておき、過去の日本人が持っていた信仰、柳田の言う「固有信仰」を明らかにすることが、この時期から晩年にいたるまで、彼にとっての大きな関心事であったことは間違いない。口承文芸など、現在に残る民間伝承（民俗）を遡源的に辿り、新たに流入した外来の要素を取り除いていく。するとそこにおのずから、日本人の固有信仰が浮かび上がってくるという方法論は、昭和の初期には、柳田の民俗学の特徴として広く認識されていたと言える。

先に述べたように、「広遠野譚」が発表された一九三二年当時の柳田は、この方法によって口承文芸を分析することに注力していた。例えば『桃太郎の誕生』での試みは、現在、別々なものとして捉えられている昔話を遡源的、多層的に分析することにより、そこに共通の型、モティーフを見いだそうとするものだった。そしてその型は、過去の日本人が持っていた信仰に行き着くことになる。この方法論を理解するために、次の文章を見ていただきたい。

私はこの近世の経験に徴して、更に又神話が後々の昔話となる際にも、やはり大よそは是と似た外部事情の感化を受けて、一種の選択が行はれたものかと想像する。それだから固有信仰のまだ活きて働いて居た時代の名残が、その僅かに残された破片の中からも、見出されるのでは無いかと考へて居る。此想像が誤まつて居なかつたら、爰にも亦一つの芸術と宗教との交渉点が、将来の考察者の為に保存せられて居たわけである。我々の固有信仰が、儒仏その他の外来思想の影響を受けて、少しづゝ移り動いて居た間に、何かまだ明らかになつて居らぬ動機に由つて、古い言ひ伝への或ものは形を損じつゝも永く残り、他の或ものは夙に文芸化して、興味を以て常民の間にもて囃され、それが後更に都市の風雅階級に入り込んで、又別様の取扱ひを受けるに至つたことは、さう大きな面倒無しに誰にでも認め得られる。たゞ不思議と言つてもよい一つの事実は、多くの文人たちがいつも伝統の拘束を受けて、未だ曾て文学を以て、無より有を生ずるの術とは考へて居なかつたことである。彼等の想像力には眼に見えぬ綜緒が附いて居た。さうして自由奔放にさう遠くの空を飛び翔ることが出来なかつた。鶯が春に啼き雞が天明を期して高く唱へたやうに、詩歌物語にもそれが出現すべき場合は予定せられて居たのみか、更に其言葉のもつ意味以上に、別に隠れたる聯想の快い興奮の原因となるものがあつて、それが又至つて素朴なる前代の生活に筋を引いて居たのである。[10]

ここで柳田は、現代に残る口承文芸のみならず文芸全般において、前代の影響が見られると主張している。文人たちの想像力にまで、この影響は及んでいるという。そして柳田は、これらの伝承された口承文芸を遡った際に行き当たるだろう固有信仰の形態として、「神話」を想定している。柳田の神話概念については後で詳しく見ていきたいと思う。

とりあえずは、以上のような理論的背景を持ち、昔話のみならず広く口承文芸一般に関心を寄せていたこの時期の柳田が、民謡に分類される追分節に注目し、そこから遡源的に魂と山をめぐる日本人の固有信仰を導き出したという事実自体には、その成否はともかくとして、とりたてて不自然な箇所は見受けられない。

ただしここで立ち止まって考えなくてはならないのは、この追分節をめぐる分析が喜善の夢語りに端を発しているということである。つまりここまでのところ、先に挙げた夢の謎のうち、「どうして此歌の曲が神を降すを業とする者に、伝へて現代まで用ゐられてゐたか」という謎には答えていても、「それが何故に人間の一大事に際会して、新たに目を覚まして又一つの、ユマニテの綾紋様を附け加へようとするか」という謎が未解決なままである。口承文芸という形態を遡ることができたとしても、喜善が神降ろしの歌と追分節の関係を知らなかったと想定するならば、山の上に居るという亡き我が子と追分節のつながりに満足のいく解釈はつけられない。
柳田はこの論文の終わりで、追分節そのものは残っていなくとも、全国各地に馬を牽いて山へ神を迎えに行く習俗とそれに伴う歌があった痕跡が残されており、遠野にも、お産の際に同様の習俗が見られると記している。その上で、「島と民族とに属した固有のメロディーは、存外に久しく続くものであることを、我々は経験しかゝつてゐるのである」[11]と述べている。これではまるで、喜善個人の記憶ではなく、過去の日本人の信仰に基づく記憶が喜善の無意識に流れ込んでいる、と柳田が言っているように聞こえる。実際に、柳田は続けて次のように記している。

残つてゐたものは独り形態だけでは無かつた。私は若い頃に筑波山に登つて、尾根づたひに羽鳥へ降らうとしたことがあつた。今でも覚えてゐるのは、雲ある初秋の午前で処々の叢にナンバンギセルの桃色の花が多く咲いてゐた。其折に宋之問の嵩山を下れば所思多しといふ詩の句が、たゞ何でも無く念頭に浮かんだのであるが、今でも其意味は本当には解らぬのに、それが際限も無く身に沁みて悲しかつた。日本人は知らぬ外国の

10――柳田國男、一九九八年、「桃太郎の誕生」、『柳田國男全集六』、筑摩書房、二五二頁。

11――柳田國男、一九九八年、「民謡覚書」、『柳田國男全集一一』、筑摩書房、七九頁。

文学を手にとつて、しば〳〵斯ういふ風な味はひ方をしてゐるやうである。今になつて考へてみると、是は羽化登仙を求めて成らず、空しく塵界に帰つて来る支那の詩人の歎息を理解したので無く、山が我々の後世前世であつた時代の、無学なる愛慕が無意識に遺伝してゐたのである。▼12

先ほどの固有のメロディー云々の記述を勘案すると、山道を降る柳田の念頭に浮かんだ詩句は、元は漢詩であったとしても、日本語として読み下された律語として響いたのではないかと推定できる。そしてそれは、過去から伝承された日本人の集団的な心理が、漢詩を媒介に表出したものであると柳田は考えている。表出形態は異なりながらも、固有信仰の痕跡が無意識に遺伝しているのは喜善のみならず自身も同様である、と柳田は感得したのである。

## 心理学の批判的継承

前章で論じたように、柳田の民俗学は民族・群集心理学の批判的継承物として構築された側面がある。当時の民族・群集心理学は、進化論や個人心理からの演繹によって組み立てられたモデルを声高に唱え、それをもとに集団的な心理を解釈しようとする傾向があった。それに対し柳田は、集団的な心理そのものを分析するためには、ある一定の共同体ごとに客観的な資料を採集する必要があると考えた。その際、柳田が打ち出した資料分類法が「有形文化（第一部）」「言語芸術（第二部）」「心意現象（第三部）」の三分類である［➡64頁］。この分類項を柳田は、順に「旅人の学」「寄寓者の学」「同郷人の学」とも呼んでいる。[13] 目に映ずるものとして旅人でも採集できるような民具や衣服などが「有形文化（第一部）」、土地の言葉がわかる寄寓者なら採集できるような昔話や民謡などが「言語芸術（第二部）」、その土地で生まれ育った者、すなわち心に訴えてくる感覚が理解できる同郷人でないと捉えることができない道徳観や宗教観などが「心意現象（第三部）」であると柳田は解説している。そして、柳田は「実はこれ［心意現象］こそ我々の学問の目的であつて、あとの「一部［有形文化］」と「二部［言語芸術］」の二つは、謂はばこれに達するための、途中の階段のやうに考へてゐるのである」と述べている。[14] つまり、具体的な民俗（第一部及び第二部）の背景に、それを支える世界観とも言うべき集団的な心理（心意現象）が想定されることになる。[15] しかし、無形の文化である心意現象はそのままでは採集することができ

12―― 同上、七九–八〇頁。
13―― 柳田國男、一九九八年、「民間伝承論」、『柳田國男全集八』、筑摩書房、九八頁。
14―― 柳田國男、一九九八年、「郷土生活の研究法」、『柳田國男全集八』、筑摩書房、三四七頁。

ない。ゆえに、心意現象解明のために柳田が注目したのが「言葉」である。同郷人たちの助けを借りて、[16]心に訴えかける言葉を採集して客観的なデータとして集積し、比較検討することによってのみ、集団的な心理は解明できる。既存の民族・群集心理学にて提示された集団的な心理の仕組みは、この民俗学的データをもってはじめて科学的に裏づけられると柳田は主張する。

先ほど心意現象を世界観と表現したが、民俗資料として想定されているかぎり、心意現象という概念には、現代でいう世界観の枠組みを超えた意味づけがなされている。『郷土生活の研究法』で述べられているように、この民俗という資料を扱う際には、「文化は継続して居るので、今ある文化の中に前代の生活が含まれて居る[17]」ということが理論的に前提とされている。現代に残る、衣服や民謡などの具体的な文化が前代からの伝承物であるのと同様に、道徳観や宗教観も前代から伝承されたものである。過去の民衆の世界観をもとにして組み立てられた文化の継承は、それ自体も文化の一部として機能している世界観を継承することに他ならない。ゆえに柳田の民俗学は、「古代人の信仰・物の考へ方・宇宙観・人生観を知る[18]」こと、すなわち古代における固有信仰の解明を目的としているように見えるのである。しかしここで注意を促しておきたいが、柳田は固有信仰の起原を求めているわけではない。柳田の古代への志向性は、あくまでも現代人の心意現象を明らかにするために、[19]過去へと遡る必要があるという方法論に由来している。そしてここで看過できないのは、伝承された過去の生活は、当人たちにとって意識されていないことが多いということである。柳田は『民間伝承論』にて「起原論検討」と題し、

「過去を知ることと起原を知ることとは異ったことである」[20]として、安直な起原論を批判した上で次のように述べている。

15—— 新谷尚紀は次のように、この柳田の分類法は三部分類ではなく三層分類と呼ぶべきものであると主張している。「柳田の民俗資料への言及全体から判断されるのは、三部分類というよりも三層分類と呼ぶべきものです。たとえば民具もそれは決して単なる物質ではなく、さまざま(ママ)な呼称が与えられて言語化され概念化されており、それぞれの技術や技能をともない、また正月の道具の年取りの慣行のように信仰の対象ともなっています。民俗資料というのは切れ切れの端布(はぎれ)のようなものではなく全体として有機的な存在です。俗信も農山漁村や商店街などの生活現場に対応して生れているものです。生活外形とそのなかで言語化や概念化がなされ心意現象として沈潜しているという三層構造のなかに見出されるものであり、実生活から遊離した空想的なものではありません。民俗芸能も衣装や演技は外見的な有形文化でしょうが、歌謡や台詞は言語芸術ですし、狂乱演舞の恍惚や神仏祈願は心意現象ということになります」(新谷尚紀、二〇一一年、『民俗学とは何か 柳田・折口・渋沢に学び直す』、吉川弘文堂、九〇頁)。

16—— 一九三五年発足の「民間伝承の会」、その後継組織である「日本民俗学会」とは、柳田の方法論に不可欠な、民俗学者となった郷土人のネットワークとも言える。

17—— 柳田國男、一九九八年、「郷土生活の研究法」、『柳田國男全集八』、筑摩書房、二〇五頁。

18—— 柳田國男、一九九八年、「民間伝承論」、『柳田國男全集八』、筑摩書房、一九二頁。

19—— 鳥越皓之は、柳田に影響を与えたであろう本居宣長の歌論から心意現象へと迫っている(鳥越皓之、一九八九年、「柳田民俗学における〝心意〟の意味」、『日本民俗学』一七七号、三八-六一頁)。柳田のいう心意現象とは、宣長の「物のあわれを知る」をもって対象を解釈する手法を参考にして組み立てられた、「知と感の未分離の手法という、心をつうじてみる手法」(同上、五九頁)に依(よ)るも➡

我々が無意識のうちに、過去の生活を継承して居ることは実に多い。それが時あつて顕はれるのは、過去の生活そのものがまだ我々の心に伝はつて居るからである。如何に態様は変化しても、以前の生活の影の如きものが無意識の中に身にくつついて居るのである。我々は我々の過去の一部分がこゝからでもうかがはれるといふ予想を持ち得ると共に、斯く新しくなつた時代にまで、尚旧風の残存することを人生の不思議とせずには居られないのである。▼21

現在の心意現象の多くは、それが由来するであろう過去の生活とのつながりが不鮮明になっている。また、もとは信仰に端を発した心意であっても、現在では信仰とは関わりのない道徳的なものや由来不明なしきたりとして当人たちには意識されているものもある。しかし、過去の生活の影のごときものは無意識の中に付着しており、その影（痕跡）を辿っていくことによって無意識における伝承関係を明らかに（意識化）することができる。このプロセスを経ることが、柳田が目指した民俗学の方法論に他ならない。そして柳田は、言葉こそが現在と過去、個人の心理と集団的な心理をつなぐ鍵となっていると考えたのである。

# 神話への三筋の道

　では、具体的に柳田はどのような言葉を採集、比較せよと述べているのか。当然、その中核をなすのは、柳田が日本的な心意と深い関わりを持つと考えていた、固有信仰にまつわるものである。特にこの時期の柳田が注目していたのは、再三取り上げてきた口承文芸である。『民

➡のである、と鳥越は述べている。そして、宣長の「物のあわれを知る」に対し、柳田の対象解釈の前提には「親々（常民）の生活ぶりを知る」ことがあるという。つまり、過去の日本人の生活を前提として、現代日本人が感じ取ったことを解釈することが民俗学の手法となる。この視点を採用するならば、民俗学者・柳田國男が生活の中で感じ取ったことが心意現象であり、それが民俗学の研究対象だということになろう。また、谷川健一は、民俗学の巨人である柳田と折口信夫がともに歌人であったことは偶然ではなく、「うた」を通して日本人の「集合的無意識」へと迫っていたと述べている（谷川健一、二〇〇六年、『古代歌謡と南島歌謡　歌の源泉を求めて』、春風社、一〇－一二頁）。これらの見解は、喜善の夢語りを民俗資料として扱う際の理論的補強となっている。本章はこれらの先行研究を参考にして、「語り」「うた」などの言葉のやり取り（口頭伝承）が心意現象を構成するとともに、その言葉の採集と比較が、柳田民俗学の出発点になったことを確認する試みである。

20――　柳田國男、一九九八年、「民間伝承論」、『柳田國男全集八』、筑摩書房、五八頁。

21――　同上、六〇頁。

間伝承論』で述べているように、柳田にとって口承文芸とは言語芸術(第二部)と同義であり、[22]言葉で構成された言語芸術は、有形文化、心意現象をつなぐ鍵として機能すると期待されていた。柳田は、第二部に分類した「伝説」は、本来一つの信仰であるがゆえに、じつは第三部に分類されるべきものであるが、「昔話」「語りごと(もの)」と合わせて見ていかないとならないので、便宜上そのように分類したと説いている。[23]

そして、柳田がこれらを三つ巴(みつどもえ)として扱った最大の理由は、この三項から「神話」の元の形が解明されると考えたからである。次の引用を見ていただきたい。

> 語りごと・説話・伝説の各々の内容を比較考察して見ると、各著しい特徴を持つて居ることがわかる。即(すなわ)ち語りごとには結構の絢爛(けんらん)眼もあやなるものがあり、昔話には荒唐(こうとう)無稽(むけい)にして空想的な分子が満ちて居り、伝説には奇瑞(きずい)奇特不可思議が付随して居る。自分は此(この)三者の特徴を併(あわ)せると、そこに古(いにしえ)の神話が復原されると考へる。即ち荘重森厳(そうちょうしんげん)な辞句或(あるい)は流麗なあや言葉を用ゐて、滔々(とうとう)と語られる語りごとの麗(うるわ)しい表現、聴く者をして歓喜せしめ大笑せしむる昔話の有する豊かなる空想とロマンス、聴衆が語られることを信じ得るとし、信ずる方が得策と考へ、信じたしと欲する伝説の内容、それらは古昔の神話が持つて居た特質の名残(なごり)ではなかつたらうか。[24]

柳田の言う三項の関係をおおまかに述べると、語りごと（もの）と昔話にはある種の型があり、決まった文句によって構成されているという点において似通っているが、語りごと（もの）は民謡に近く、一定の律語をもって展開される。[25] 一方、伝説には決まった型はなく、ある土地においてその内容が信じられているものである。[26] この三項は互いに可変関係にあり、[27] 元を辿れば神話に行き着くのではないか、と柳田は見ている。

ただし、柳田は神話という概念について、現在一般的に用いられているものとは異なった定義づけをしている。

22――　同上、九九頁。

23――　柳田國男、一九九八年、「郷土生活の研究法」、『柳田國男全集八』、筑摩書房、三四四‐三四七頁。この引用部分で柳田が取り上げているのは、正確に言えば、「伝説」「昔話」「語り物（もの）」である。柳田にとって、「語りもの」は浄瑠璃や説経節などの具体的な口承文芸を指すのに対し、「語りごと」は、口承文芸の元となる「神語」と同義にも用いられている（柳田國男、一九九八年、「民間伝承論」、『柳田國男全集八』、筑摩書房、一四八‐一五一頁）。後に見ていくが、結局のところ「語りもの」は、神語でもあった「語りごと」の律語的要素を受け継いでいることになる。本書では、便宜上、二つを重ねて論じているが、その差異について留意いただきたい。

24――　同上、一六四‐一六五頁。ここでは、柳田は「説話」という語を、「昔話」という意味で限定的に用いている。

25――　同上、一五〇‐一五一頁。

26――　柳田國男、一九九九年、「口承文芸史考」、『柳田國男全集一六』、筑摩書房、四五二頁。

27――　柳田國男、一九九八年、「郷土生活の研究法」、『柳田國男全集八』、筑摩書房、三四五頁。

我々の神話といふのは、それを語る者は言ひ伝へた其内容を堅く信じて居り、神の祭の日の如き最も改つた機会に、必ず之を信じようとする人々の耳へ、厳粛に語り伝へようとするもので、あらゆる方法を以て其忘失を防ぐべく努力する種類の口碑である。即ち信仰の純一な時代の、熾烈な帰依信仰を表現したものであつた筈である。従うて今日一般に考へられて居るやうな、さう何でもない機会に、漫然たる採集家の手帳に載るやうなものが、神話と呼ばれる道理はないのである。今日普通に神話と呼ばれて居るのは、其特徴の推究によつて、曾て存在した神話の実質を髣髴し得るものが、稀には文明国の説話の中にも潜んで居る神話式説話とでもいふべきものであつて、所謂神話学なるものも、此種の説話を研究の対象として居る学問であるといはざるを得ない。▼28

例えば、一般的に日本最古の神話と考えられている記紀神話も、それまであった口頭伝承としての神話の不完全な記録、すなわち神話式説話であると柳田は見なしている。柳田にとって「神話」とは、語りごと、昔話（説話）、伝説という「三筋の道」を辿ってはじめて接近できる対象として想定されている。

記紀の神代巻の如き古い記録に上らなかつた、民間の今は絶えて了つた神話は、辛うじてこの三筋の道を辿つて、次々に本の姿を突き止め、之と古来の慣習や所謂心碑の幽かなる証跡とを照し合せて、始めて固有信仰の実状などが知られると考へられる。諸国の太子講の由来、巨人が力強く踏みつけた足跡に就いての話、山と山との背比べ競争等、それらを辿つて行くと、その由つて来るところが皆古い。伝説の研究によつて、上代人の生活、古信仰が窺はれるのである。もとより伝説がそれらのものを全体として保存して居る筈もないが、破片として大事に持つて来て居ることは確かだ。民間伝承の研究が、やゝもすると古代文化の研究に傾かうとする傾向の根本は実はこゝにあるのである。[29]

ここで柳田が、「次々に本の姿を突き止め」と述べていることに注意されたい。柳田が説いた固有信仰が、決して起原としての固有信仰でなかったのと同様に、彼の言う神話も方法論上の到達目標として想定された概念である。[30] 大本の神話はあくまでも「今は絶えて了った」のであり、それゆえに、現在に残る神話式説話もその破片でしかないのである。

28――柳田國男、一九九八年、「民間伝承論」、『柳田國男全集八』、筑摩書房、一六四頁。

29――同上、一六五頁。

30――三浦佑之は、柳田の神話概念はあくまでも想定されたものとしてしか存在しないのであり、言うなれば、幻想としての神話を定義づけるために昔話と伝説を截然と区別する必要があったのではないかと述べている。三浦佑之、一九九八年、「神話」、野村純一ほか編『柳田國男事典』所収、勉誠出版、一〇六－一一一頁。

# 神話へのもう一筋の道

前節で取り上げた神話への道を辿る際に、柳田が里程標としたのが「古来の慣習」と「心碑の幽かなる証跡」である。見たり聞いたりできる太子講(たいしこう)などの「古来の慣習」に対し、「心碑の幽かなる証跡」、すなわち、心意現象を無意識的に形づくる痕跡を捉えるためにはどうしたらよいのか。そこで柳田が注目したのが夢であった。「広遠野譚」の執筆後に柳田は、『民間伝承論』『郷土生活の研究法』にて、心意現象の項目で夢を取り上げる。[31] さらに一九三六年一月、「初夢と昔話」[32]と題しラジオ講座を行い、続けて前年発足したばかりの「民間伝承の会」機関誌『民間伝承』第六号（二月発行）「会員通信」にて、次のような宣言を行うことになる。[33]

気をつけて見ると特に日本的なものがまだ幾らも残つて居るやうである。たとへば信州の上伊那(かみいな)で、田植の夢を見ると近親の者が死ぬといふなどは、支那の夢の書からの訳でないことは判(わか)つて居るが、その動機はまだどうも考へ付かぬ。斯(こ)ういふのを成(な)るだけ多く集めて見たい。[34]

そもそも、この「日本的なもの」を探究するにあたり、夢という対象に柳田が注目するようになった背景には、当時の民俗学、民族学における国際的な潮流がある。「初夢と昔話」によると、柳田が夢研究に取り組むきっかけとなったのは、「今から五六年前に、セリグマンといふ英国の有名な学者がやつて来まして、日本人は一体どんな夢を見て居るか、研究したいから参考書を捜してくれ[35]」と頼まれたことにある。この「セリグマン」とは、一九二九年に来日したイギリスの人類学者、チャールズ・G・セリグマンであると考えられる。また、早く一九二五年に、柳田は講演にて次のように述べている。

31――　柳田國男、一九九八年、「民間伝承論」、『柳田國男全集八』、筑摩書房、一七九頁、一八八頁。柳田國男、一九九八年、「郷土生活の研究法」、『柳田國男全集八』、筑摩書房、三五七－三五八頁。

32――　柳田國男、一九九八年、「昔話と文学」、『柳田國男全集九』、筑摩書房、四一一－四一七頁。

33――　なお、それに先立つ第五号「会員通信」では、ラジオ放送を聞いた鈴木棠三が夢の民俗に関する報告を呼びかけ、第七号以降会員からの報告が相次いでいる。この経緯については以下の論考に詳しい。小田富英、二〇〇二年、「解題　昭和十一年（一九三六）」、『柳田國男全集二九』、筑摩書房、六〇四頁、六〇六頁。

34――　柳田國男、二〇〇二年、「夢合せと夢の種類」、『柳田國男全集二九』、筑摩書房、三五四頁。

35――　柳田國男、一九九八年、「昔話と文学」、『柳田國男全集九』、筑摩書房、四一三頁。

日本の今の人類学で遣（や）つて居るやうな、骨格其他（そのた）生理諸相の比較研究、それから外部に現はれた生活技術器具材料、挙動言語の容易に観測し記述し得るもの以外、更（さら）にその今一つ底に潜む民衆心理の動きと影響、例へば宗教の最初の刺戟（しげき）となつた夢やマボロシの色々の変化といふやうな、至（いた）つて取留（とりと）めの無い種族現象の痕跡までが、調べて行く方法があり、調べて見れば追々に何物か至つて大切なる社会法則を説明するといふ見込が立つた。リバース去つて後一時此（この）方面の研究に中心が無くなつたやうな感はあるが、兎（と）に角（かく）従来は単に成行（なりゆき）である、偶然の変化であるとのみ考へて、人の些（スコ）しも比較を試みようとしなかつたものが、段々にある一貫した法則の片端であつたことを、認められようとして居るのである。▼[36]

ここで言う「リバース」とは、イギリスの人類学者、ウィリアム・H・R・リヴァーズのことである。先のセリグマン、リヴァーズはともに、イギリス人類学へ精神分析、心理学を導入した立役者であった。外部に現れた文化現象の「更にその今一つ底に潜む民衆心理の動きと影響」を探究する際に、精神分析を参照することによって見いだされた分析対象が「夢やマボロシ」である。夢や幻を分析することによって、各々の文化の諸相に通底するある種の「社会法則」、すなわち、無意識にも及ぶ法則が明らかになる。このような人類学の先行研究が、柳田の心理学への関心の背景にあり、ここから夢や幻を視野に入れた彼の方法論が練られていったと考えられる。[37]

この方法論をもとに柳田は、「民間の今は絶えて了った神話」の手がかりとして、巫女による神憑り時の託宣、いわゆる「神語」を見いだすことになる。[38] つまり柳田は、神語りを「宗教の最初の刺激となつた夢やマボロシ」という視点から捉え直したのである。

---

36―― 柳田國男、一九九八年、「青年と学問」、『柳田國男全集四』、筑摩書房、二四頁。

37―― 前章［⬇59頁］で述べたように、柳田の思想的転換点としてしばしば話題に挙がるのが、一九二六年出版の『山の人生』である。この著作を境に柳田は、山に潜む異人である「山人」の実在を追い求めることをやめ、それを人々が抱いた幻想や幻覚の問題、すなわち、心意現象として取り上げる方法論の構築へと転換したと言われている。このような思想的流れの背景に、ここで取り上げた先行研究の強い影響を確認できるであろう。そして、万人が見る幻覚（まぼろし）として、心意現象解明のために柳田が目をつけたのが夢である。夢と幻を同じく見るこの視点は、編者を務めた早川孝太郎の解説文によるものではあるけれども、一九三二年出版『女性と民間伝承』では、以下のように示されている。「今日では想像の動物であり、又は世界であつたものも、見得られたことが、軈て説話の生命を力づけるものでありました。この観念上の、即心の所産を眼に見る順序は、一つには心理上の現象である幻であります。幻と共に夢があります。然し幻にしても夢にしても、之を見るには予め下地となる要素があつた訳であります。之をその時の人々が共同に貯へて居れば、一人の先達の啓示に依つて、直に承認し得る事も決して不可能ではなかつたのであります」（早川孝太郎、一九九八年、「女性と民間伝承」、『柳田國男全集六』、筑摩書房、一一二頁）。

38―― この視点から柳田の神話論を捉え直した先行研究として、川田稔の『柳田国男「固有信仰」の世界』（一九九二年、未來社、二二三－二三七頁、二八七－三二八頁）が挙げられる。

一九三五年掲載の「国史と民俗学」において、柳田は次のように記している。

> 史学は大昔とても決して宗教ではなかつたが、其知識を掬む泉は偶然に下に行き通うて居た。村の長老の賢明なる者ですら、既に色々の大切な古い事を知つて居る。ましてや神様ならば必ず尚一段と遠い過去の事を、知り悉して居られるに相違ない。人が好意を以て一門子弟の為に、告げ教へるものが精確ならば、神の言葉は更にそれ以上に誤りの無いものでなければならぬ。斯ういふ様な信頼は今の我々には往々にして欠けて居る。神の御言葉はモーゼが砂漠の声に聴いたやうな例もあるが、我邦では主として霊媒を介して居た。だから冷かなる批判の眼から見れば、巫覡の夢見た事が厳正なる史実と、交錯して編をなすとも解せられるのである。〔…〕一つの珍らしい国柄としては、神に託を受けて神話を宣するの任務が、往々に定まつた或家の女性に相続せられて居たことである。▼39

信仰が色濃く活きていた時代は、巫女の見た夢が神託と見なされ史実と交錯し歴史となったという。この習俗の担い手が、職業的伝承者へと移っていくことによって、神話は文芸化していくことになる。続けて柳田は次のように述べている。

> 家は他の原因からも盛え又は衰へる。さうして是が活計の主たるたつきになると、無

意識にもせよ少しづゝは世に媚びざるを得なくなるのである。たとへば伊勢で天鈿女命と猿田彦との婚姻によつて、始まつたといふ宇治土公氏、その同族で女を主にしたらしき猿女君氏などは、幾分かその語りごとに滑稽可笑の分子が多過ぎた。是が後々地方に分散して行くと、次第に其方面に潤色する所が多くなり、歴史は少しづゝ文芸化せざるを得なかつたかと思はれる。一つの混乱は聴く者が素朴で、この語りの全部を過去の真実と解し、一方語る者は技術として之を練修し又伝受する場合に起る。我々の中古の伝説が、大体に民衆のさうであれかしと望んで居る通りに展開しつゝ、しかも歴史として土地の者に信ぜられて居た原因は、言はゞ職業的伝承者の巡歴生活、即ち智能のやゝ異なる者の接触に在つたらしいのである。[40]

今日もてはやされて居る大衆小説の如きも、何かといふと英雄と佳人で、殆ど皆其フォルミュールを是から採つて居るのである。私はこの歴史の文芸化の、踏固められた

そして、この歴史の文芸化は現代へといたることになる。

39―― 柳田國男、一九九八年、「国史と民俗学」、『柳田國男全集一四』、筑摩書房、一一二－一一三頁。

40―― 同上、一一三－一一四頁。

る路とも名づくべきものを、前代女性が神語に参与した名残だらうと思つて居る。[41]

柳田はここで、夢語りとはかつて女性が関わっていた「神語」へと通じ、そこから神話（信仰された歴史）が形成され、さらには現代へと続く文芸が発生すると主張している。ここで言う「踏固められたる路」こそが、前節で見てきた伝説、昔話、語りごとという三筋の道に分類されるような神話への道ということになろう。

口承文芸に関しては、この「踏固められたる路」に沿っていけば、理論上は追分節のように、その伝承経路を辿ることは可能である。しかし、夢に関してはどうであろうか。この道の出だしに想定される夢と、現在、個々人が見る夢とのつながりを、今まで見てきた柳田のテクストをもとに解説するとなると、先に見たように「無意識に遺伝してゐた」ということになってしまう。しかし、一九三七年掲載の「伝統について」では、もう一つの解説がなされている。ここで柳田は、「日本人には太古より継承してきた日本人らしさ、日本人らしい考へ方、日本人らしい生き方といふものが、遺伝して」[42]おり、それは「精神的遺伝、社会的遺伝ともいふべきもの」[43]と述べている。しかし、重要なのはそれに続く次の記述である。

これが若し遺伝でないとすれば、それは何代もの間吾々の先祖から次々に感化されて伝はつて来たものだと云へる。けれども感化といふも遺伝といふもその関係は極めて密接で、感化されるのには、感化され易い傾向が多少とも遺伝してゐなくてはならない。全然関係のない赤の他人同志は互ひに感化を及ぼすことはない。〔…〕こんな風に感化されるには、感化され得る素質と感化される機会といふか機縁といふかさういふものがなければならない。親子兄弟、親分子分といつた間柄には、何かそこに共通的な因子がある。多くの場合に、かぶれさせようとする積極性と、それに押されて行く弱さといつた様なものが両者の間に存在して居る。民間伝承といふは、先祖から遺伝してきたもの乃至は無意識のうちに感化してきたものである。▼44

民間伝承は「先祖から遺伝してきたもの」か「無意識のうちに感化してきたもの」のどちらかであるという。ここで柳田が重視しているのはもちろん後者である。なぜなら、感化をもたらす「親子兄弟、親分子分といった間柄」とは、何よりも民俗学が注目すべき伝承関係に他ならないからである。柳田は感化という概念を用いて、無意識の伝承を、遺伝学の領域から民俗学の領域へと移し替えているのである。▼45

41——同上、一一四頁。
42——柳田國男、二〇〇三年、「伝統について」、『柳田國男全集三〇』、筑摩書房、四六頁。
43——同上、四六頁。
44——同上、四六 - 四七頁。

この続きの段で柳田は、「この感化といふことを意識的に行つたのが所謂教育である[46]」と述べている。柳田は、教育とは現在の学校教育へとつながっていく文字教育と意識的に行われる民間伝承（伝承的教育）に大別され、後者が「民謡となり伝説となり或はタブーとなつて子々孫々に伝はつて来た[47]」と考えていた。つまり、この論考での柳田の考えを整理すると、民間伝承には意識的なものと無意識的なものがあり、前者は「意識的な感化（伝承的教育）」によって伝承され、後者は遺伝でないのであれば「無意識的な感化」によって伝承されると考えていたことになる。

この「無意識的な感化」を捉えるべく、柳田が注目したのが夢語りであり、それが引き起こす「共同幻覚」である。一九三八年掲載の「夢と文芸」において柳田は次のように述べている。

> 夢の神秘の最も究め難い部分は、一家一門の同じ悩みを抱いた人々が、時と処を異にして同じ夢を見、それを語り合って愈々其信仰を固めるといふ場合である。是は近世に入つて一段と稀有の例になり、僅かに文筆の間に稍おぼつかない記録を留むるのみであるが、現実には却つて之に似た遭遇が多い。自分は夙くから是を共同幻覚と呼んで居る。たとへば荒海の船の中で、又は深山の小屋に宿して、起きて数人の者が同じ音楽や笑ひ声を聴き、又はあやかしの火を視ることがある。それを目耳の迷ひだと言はうとしても、我も人も共にだから容易にはさうかなアと言はない。似よつた境涯に生きて居ると、同

じやうな心の動きが起るものか。もしくは甲の印象は鮮明で強く、乙丙は弱くして漠然たる、稍近い感じを受けて居るに過ぎぬ場合でも、一人が言ひ出すと自然に其気になり、又段々にさう思ふやうになるのか、是は遠からず実験をして見る人があるであらう。夢が文芸に移つて行く経路を考へると、或は後の方の想像が当つて居るのではないかと思はれる。▼48

45――柳田の「遺伝」への言及は、当時の遺伝学の隆盛が大きく関わっている。大塚はこの時代背景に注目して、柳田へと流入した遺伝学の影響力の大きさについて論じている(大塚英志、二〇〇六年、『「捨て子」たちの民俗学　小泉八雲と柳田國男』、角川書店)。しかし、ここで注目すべきは、そのような時代背景にもかかわらず、「感化」へと向けられる柳田の視線である。また大塚は、千葉徳爾の民俗学を柳田の心意研究の継承物という視点から捉え直している。大塚によると、千葉は心意と本能的な心理や肉体的な智能を明確に分け、前者は教育に代表されるような「環境」によって規定されるもの、後者は「遺伝」によって決定されるものと定義しているという(大塚英志、二〇一七年、『殺生と戦争の民俗学　柳田國男と千葉徳爾』、KADOKAWA　八八–九〇頁)。千葉の「遺伝と環境」という対概念は、柳田の「遺伝と感化」にある一面では重なりあっている。しかし、これから見ていくように、柳田はさらに「感化」を意識的なものと無意識的なものへと分割する。

46――柳田國男、二〇〇三年、「伝統について」、『柳田國男全集三〇』、筑摩書房、四七頁。

47――同上、四七頁。

48――柳田國男、一九九九年、「口承文芸史考」、『柳田國男全集一六』、筑摩書房、五〇二頁。

ここで重要なのは、各々が同一の夢を見たかどうかではなく、各々に同一の夢を見たという信仰を与える「語らい」の効果である。この効果を顕著に示している例が共同幻覚という心意現象である。ここで柳田は、心意現象、すなわち集団的な心理は、「語らい」における無意識的な感化によって、そのつど形成・伝承される可能性を示唆している。同一の夢や共同幻覚をもたらしたかもしれない遺伝という要因は、柳田の取り扱いの外にある。

このように柳田は、夢を見ること以上に、どのような関係において夢が語られ、それがどのような効果をもたらすのか、ということに注目する。同論考では次のような記述もある。

> つまり我々の共同の夢は発達したのである。さうして世と共に変遷し、又不純にならざるを得なかつたのである。一族一門の大きさは加はつても、之を組立てゝ居る個々の小家にも力が出来て、到底或一人の主婦の夢解きを以て、利害を統一することが六つかしくなつて来たのである。彼女等の夢みる能はざる人事世事が、段々に増加して来たのである。それ故に地方の最も能く夢み、又最も美しく夢を語り得る者を推薦して、公衆の為にその見る所を叙説せしめ、更にさういふ人も無力になつて来ると、旅の職業の女性が聘せられて遠くから渡つて来た。▼49

夢語りは共同体構成員の利害を統一する効果を持つ。夢は語り合われることによって、共同の夢として発達、変遷していく。そしてそれは、一族一門から端を発した感化をもたらす影響関係、「語らい」の共同体の発達、変遷をも伴うことになる。その共同体は、神託の名（神意）のもと、構成員の利害を統一しながら共通の心意を形成・伝承していく。[50]結果、柳田がその研究範囲と定めた、日本という共同体を構成する網の目が張りめぐらされていくことになる。このように、柳田の民俗学には、口承文芸などの意識的な感化による伝承モデルに加え、夢語りに代表されるような無意識的な感化による伝承モデルも想定することができる。

一九八七年、柳田の未公表のカードが書籍化された。一九五二、三年頃、新たな民俗学教本の必要性を感じた柳田は、弟子の千葉徳爾（ちばとくじ）に教本案を記述したカードを手渡し、その取りまとめを指示したという。[51]カードに記されていた教本案には「夢」という項目があり、次のような内容になっている。

---

49――同上、五〇三頁。

50――一九二二年に柳田は、塩竈（しおがま）神社で起きた神輿（みこし）荒れ騒動について分析している（柳田國男、一九九七年、「祭礼と世間」、『柳田國男全集三』、筑摩書房、一八九－二一三〇頁）。この論考で柳田は、神輿の動き（神意）に、神輿を媒介とした舁（か）き手の共有された心意を見いだしているが、その視点は夢語りにおいて、夢の託宣（神意）に、巫女を媒介とした聞き手の共有された心意を見いだしたものと同一である。このような現象が起こるのは、神輿の舁き手が村の「若い衆」、すなわち、普段習慣をともにする親しい青年たちで構成されていることが原因である、と柳田はこの時点で看破している。

○夢

人間生活の最も宗教的な部分。多分は今日の宗教の芽である。詩よりも古い。しかも社会的で社会事情の拘束をうける。夢みる筈のことしか夢には見ない。夢の告をまつ。これは起きてゐては得られぬ啓示である。巫道の真髄はこの点にあるか。古くからあつて偽作との差はわかりにくい。しかも人は信ずることを欲する。夢の構成分子は無意識の経験である。

一人称の物語のうちにはこれがある。[52]

また、次のような記述もある。

まぼろしを説明することは、民俗学の範囲外である。精神病理の問題。
まぼろしの結果をみてゆくこと。これは民俗学で扱ふ。
まぼろしのあることは事実。これをみた人が言ふことも事実。共同の幻覚がある。昔はさういふ人が多かつたことも事実。今でも土地によつて、さういふ人が多いことも事実。それらの事実だけはほぼ確かにいへる。数が多いといふだけも一つの証拠といへる。[53]

結局、このカードをもとにした教本が作成されることはなかったが、晩年にいたるまで柳田が一貫して、夢、幻覚に注目しながら、民俗学理論を組み立てていったことが確認できるであろう。

## 無意識の感化

現代に生きる我々は、夢を純然たる個人的経験と考えがちである。しかし柳田は、かつて夢は民俗であり、口承文芸と同様に「民間の今は絶えて了(しま)つた神話」へとつながっていると考えていた。その上で柳田は、夢の伝承の仕組みとして「無意識的な感化」を見いだした。本章では、「心はいかに伝承されるのか」という問いに対して、親しい間柄における「語らい」を通じた「無意識的な感化」によって、集団的な心理は形成・伝承される、という一つの解答を柳田のテクストから導き出した。

51――千葉徳爾、一九八七年、「第二部解説　二つの「民俗学教本案」について」、柳田為正ほか編『柳田国男談話稿』所収、法政大学出版局、二二九－二四一頁。

52――柳田國男、二〇一四年、「民俗学」、『柳田國男全集三四』、筑摩書房、八三三頁。

53――同上、八三一頁。

最後に、本章で取り上げた「広遠野譚」の成立過程について確認しておきたい。この論考は、一見、喜善が夢を見たことに起点があるように思えるがそうではない。柳田は喜善の夢を分析したのではない。喜善から柳田への伝承、すなわち夢語りそのものを分析したと捉えるべきである。柳田がこの夢語りに興味を持ったのは、彼自身の山と詩句をめぐる経験と、喜善の夢を基軸とした一連の経験との間に、個人の心理を超えた共通性を感じたためであった。つまり、喜善の夢語りに感化されたのである。この感化を手がかりにして、イダコが持ち伝えた追分節や遠野の伝承、日本各地の伝承を比較検討することにより、柳田は、自身と喜善、そして日本人に共通して伝承されている集団的な心理の一端を解明することになった。柳田は、この語りによって山と口承文芸をめぐる一つの印象を具体化し、心意現象という無形の文化へと迫る一歩を踏み出したのである。

言葉、それも語りという言語活動に注がれる柳田の視線が、もう一人の日本民俗学の創始者である折口信夫へと受け継がれた時、そこに何がもたらされるのか。次の章にて考察していきたい。

第3章

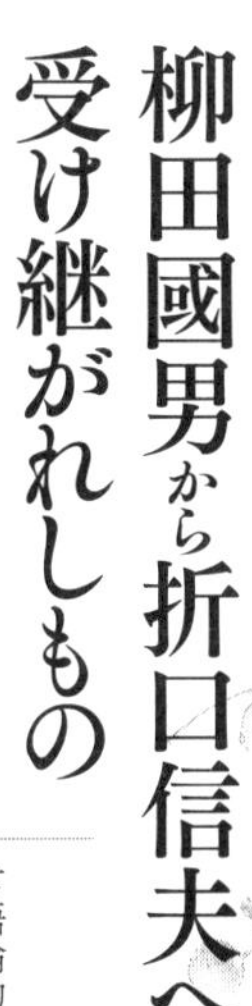

# 柳田國男から折口信夫へ受け継がれしもの

言語論的民俗学の展開
民俗学の研究目的
柳田國男の方法論
生活の古典としての民俗
起原としての古代信仰
民俗に通底する古代論理
民俗学から構造人類学へ

# 言語論的民俗学の展開

我が国の歴史において、民衆の習俗から彼らの持つ思想を解明するにあたり、日本民俗学の果たしてきた役割は大きく、その功労者として柳田國男と並んで折口信夫の名が挙げられる。しかし、折口の名が広く知られ、存在の重要性が認められているのに対し、その方法論についての現代に即応した再検討は立ち後れてきた感がある。その理由としては、折口独自の用語からなる論考の難解さが挙げられるが、それに加えて、彼の思想を詩人肌の天才にしかなしえない直観力の賜(たまもの)として評価する一方で、あまりに文学に傾倒していると見なし、実証性に欠けたものとして敬遠する傾向があったからだとも言える。

本章で論じるところの方法論とは、研究目的と研究方法という、学問が成立する際の前提として必要な理論的手続きのことである。この手続きを踏まえれば、近代科学の条件として、理屈上は誰でもその学に参与することが可能になるのだが、折口の思想を語る際には、その方法論が万人に継承可能な理論的手続きとして論じられることはまれである。それは論者が折口に否定的である場合だけではなく、彼の業績を肯定的に捉え、その学を継承しようと志す者である場合にも同様である。

例えば『日本民俗学のエッセンス』は、日本民俗学の成立、展開にあたって、重要な役割を担った研究者を選んでその研究と方法を示すことを目的として編まれたものであるが、[1]そこでは当然のことながら折口も取り上げられている。しかし冒頭、「他の論文にくらべて、少々型破りかも知れないが、型破りでなくて、折口信夫を論じることができるとも思えない」[2]との一文より始まる井之口章次による「折口信夫　その研究と方法」は、本人の弁の通り、本章で論じるところの方法論を扱った論文の体裁を成しているとは言いがたい。しかし、この論文における井之口の飾らない姿勢は、折口の方法論を論じる際の難解さを、「型破り」という言葉を

1——　瀬川清子・植松明石、一九七九年、「あとがき」、瀬川清子・植松明石編『日本民俗学のエッセンス　日本民俗学の成立と展開』所収、ぺりかん社、四〇五頁。

2——　井之口章次、一九七九年、「折口信夫　その研究と方法」、瀬川清子・植松明石編『日本民俗学のエッセンス　日本民俗学の成立と展開』所収、ぺりかん社、一七二頁。

通して率直に我々に伝えている。

この論文では、第一章にて折口の生涯を簡潔に紹介し、第二章にて「依り代」、第三章にて「まれびと」に関する彼の学説をまとめ、[3] 柳田との関わりについて言及している。

論文「髯籠の話」より始まる、神霊が依り憑く「依り代」の研究は、折口の民俗学の事実上の出発点に位置する。柳田は、同時期に同様の主題に関心を寄せていたこともあり、自らが編集する雑誌『郷土研究』に送られてきた「髯籠の話」を、自身の論文「柱松考」の後の号に掲載した。この出来事は、学術的なプライオリティーをめぐる問題を提起しながらも、両者の学説が互いの影響を受けながら展開していることを示すものであると井之口は述べている。

また、折口が「まれびと」を本格的に取り上げた「国文学の発生（第三稿） まれびとの意義」は、本来、柳田が編集を担当していた雑誌『民族』に投稿されたものであり、彼によって掲載を拒否された来歴を持つ。さらに井之口は、柳田と折口の対談「日本人の神と霊魂の観念そのほか」を取り上げ、日本人の神観念、他界観念に関する両者の考え方を比較している。

このような論の展開から読み取れることは、井之口は折口の学を語る際に、柳田の学の影響力に注目するとともに、それとの比較をもってその特徴を明示しているということである。[4]

そして、結びである第四章を「研究法と表現」と題し、折口の研究を支えてきたものとして、古典の知識と沖縄での調査の成果に加え、原始文化や原始信仰に対する関心を指摘している。ここで、折口の研究法の特色を「原初的・古代的・発生的なものに対する関心が強く、まず根

3―― この「まれびと」に関する学説をまとめたものが、いわゆる「まれびと論」として現在広く流通している。これは、折口亡き後に、その思想の中核を担う概念を、来訪する神人である「まれびと」と見立て、整理、再構成した論考に依っている。その集約点の一つは、折口の弟子である池田彌三郎の『折口信夫 まれびと論』(一九七八年、講談社)にある。池田はその「まえがき」で、折口の錯雑する思考を「まれびと」に焦点を絞り、整理し排列することによって、その学の生成と確立に迫った一つの試みであると述べている。つまり「まれびと論」とは、折口思想を解釈するための一つの視点を提示したということであって、彼の方法論の解明を直接目指したものではない。にもかかわらず、ここで言及をしたのは、この「まれびと論」を「マレビト」というモデルをもとにした、日本における文化、信仰を分析するための方法論と捉える見方があるからである。この見方による「マレビト論」の集約点は、鈴木満男による『マレビトの構造』(一九七四年、三一書房)にあるが、それをもとにしながら、クロード・レヴィ＝ストロースを引き合いに出し、分析モデル「マレビト」を明確にしたのは村井紀だと言えよう。村井は、折口は「マレビト」を「発明」したけれども、彼自身はそれをモデルとして認識していなかったと述べている(村井紀、二〇〇四年、『反折口信夫論』、作品社、五四－七二頁)。この見方には二つの問題がある。一点目は、仮に折口が無自覚にモデルを構築し、日本文化を分析していたとしても、何を目的としてこのような研究を行っていたのかがわからないことである。結局のところ村井は、折口の方法論について論じているのではなく、彼の思想の一側面である「まれびと」に関する学説を、構造論的研究方法の文脈において取り上げただけだということになる。二点目は、村井はレヴィ＝ストロースの方法を、分析モデルを構築し、文化を読み解くものという形で提示しているが、それは極めて表層的な理解に留まっていると言わざるを得ないことである。次章にて論じるが、レヴィ＝ストロースの方法論と折口のそれとの間には強い類似性が見られる。しかし、それは村井が言うような意味においてではなく、レヴィ＝ストロースの方法論が「ランガージュ(言語活動)を文化の条件として論じる」ことを前提として組み立てられているからである。本章で論じる折口の方法論を先取り的に提示すると、彼は日本人の生活変遷の要因を明らかにすることを目的とし、そのために言語伝承を研究対象として、そこに働く言語法則を探究していたということになる。

本をおさえて、そのあと、のちのちの流れを見ようとする態度である」[5]と表現している。また井之口は、ジェームズ・フレイザーの『金枝篇』や、エミール・デュルケムの『宗教生活の基本形態』などを取り上げ、その影響を示唆していることから、当時の民族学や社会学などの方法論と折口のそれとの間に何らかの関連性を見いだしていると忖度することはできる。[6]しかし井之口は、具体的な方法論は明示してはいない。[7]最後に井之口は、折口の論文は幾度読んでも難解であり、そのほとんどが着想メモと言うべきものと述べているところからも、折口の学を取り上げることに苦心している様子がうかがえる。これは、同書の牧田茂による柳田の項が、[8]その生涯の紹介と著書解題の後に、民俗の変遷過程を明らかにする方法として、重出立証法、方言周圏論、民俗語彙を取り上げる構成を採っていることからしても、やはり「型破り」だと言わざるを得ない。

筆者が考えるに、折口の方法を論じる際に「型破り」だと言わざるを得ないのは、そこに必ず比較対象として柳田が現れるという論の立て方にある。すなわち、柳田の学が「型」なのである。折口なしで柳田の学を語ることはできるし、現に牧田はそうしている。しかし、柳田なしで折口を語ることは困難に見える。継承困難な「型」なき折口の学は、柳田の学からの照射でしか語ることができない、という人々の認識が、「型破り」の正体なのではないだろうか。

「依り代」や「まれびと」をめぐる折口と柳田の緊張関係、折口の古典を用いる手法や古代への志向性、これらに見られる彼の「型破り」さは、柳田の学からの、そして（おそらくそれと

4——　柳田と折口の思想的交錯をもって、その学の特徴と影響関係を探究するという手法は井之口に限ったものではない。例えば、小川直之も「まれびと」と「依り代」を取り上げ、両者の学の特徴と影響関係に迫ろうとしている（小川直之、二〇一二年、「柳田國男と折口信夫　民俗学の交錯」、『日本民俗学』二七一号、九一－一一九頁）。また松本博明は、柳田の学の継承者という視点から、折口の思想を見直す必要性を説いている（松本博明、二〇一三年、「柳田國男・折口信夫と国文学研究」、『文学・語学』二〇七号、四六－五六頁）。しかし、両者ともにその主なアプローチは思想史的研究であり、本章で論じるような方法論の解明を目的としたものではない。

5——　井之口章次、一九七九年、「折口信夫　その研究と方法」、瀬川清子・植松明石編『日本民俗学のエッセンス　日本民俗学の成立と展開』所収、ぺりかん社、一八七頁。

6——　折口思想における民族学、社会学の影響については、以前よりしばしば言及されてきたが（例えば、松本信広、一九六八年、「故折口信夫博士と『古代研究』」、池田彌三郎ほか編『折口信夫回想』所収、中央公論社、一五－二一頁を参照）、方法論の解明に道筋を示すような、本格的な思想史的発見にはいたっていない。また、一九八〇年代に起こった記号論の流行の際は、折口の思想と記号論、殊に構造主義との親和性が見いだされたことが再評価の契機となっている。「まれびと」は分析概念「マレビト」と姿を変え、「異人（ストレンジャー）」や「トリックスター」など文化人類学（民族学）、社会学的概念との比較検討の対象として注目された。ただし先ほど論じたように、これらの一連の作業は、折口の論考を研究対象として文化人類学、社会学的に取り上げたということであって、折口の方法論の解明を目的としてはいないことに注意すべきである。小松和彦が述べているように、ここで取り上げられている「マレビト」は、折口のそれからは遠く離れた、改修された「マレビト」概念である（小松和彦、一九九五年、『異人論　民俗社会の心性』、筑摩書房、一六八－一七九頁）。

7——　ただ、ここで井之口が「まず根本をおさえる」ための手段として、いわゆる折口の直観や天才性にその一切を帰するのではなく、語原感覚にそれを求めるべき、と述べている点には注目しておく必要がある（井之口章次、一九七九年、「折口信夫　その研究と方法」、瀬川清子・植松明石編『日本民俗学のエッセンス　日本民俗学の成立と展開』所収、ぺりかん社、一八七頁）。言葉、特に語原への着目は、本章の展開にも大きく関与してくる。

同義であった）日本民俗学からの逸脱性に帰されるものとして立ち現れてくる。日本民俗学会は、一九七九年に学会誌『日本民俗学』第一二三号にて「折口信夫の民俗学」と題し、折口の方法に焦点を合わせた特集を組んでいる。しかし、そこに掲載されている論文の一つとして、折口の研究目的と方法について、継承可能な理論的手続きとして論じられているものはない。このことは、日本民俗学会が折口の業績を受け継ぐ正統な団体であると衆目に認められている現状を考慮すると、これもまた、型破りな特集の組み方であると言わざるを得ないであろう。

一例として、ここに掲載されている西村亨による「民俗学と古代学」を取り上げると、この論文は、折口名彙であり折口の論文のタイトルでもある「水の女」をキーワードとして構成されている。[9] 西村が「この論文において、折口信夫は古代文献の解釈に民俗を援用し、女性の宗教的生活を通じて古代の信仰習俗の一端を解明することに成功した」[10] と述べていることから、彼が折口の研究目的を「古代の信仰習俗」の解明と見なし、そのための研究対象として「古代文献」を挙げ、その解釈に民俗を用いるという方法を想定していると見なすことができる。そして、その具体的な方法として、折口が言葉の変遷に注目していたことも、西村は指摘している。

この西村の言及には、折口の方法論を解明するために本章で取り上げるべきポイントが、大まかながらも押さえられている。しかし西村は、「事実柳田国男との出会いがなかったならば折口信夫の学問は成り立たなかったかも知れないけれども、その学問のあり方はすこぶる自由である。少なくとも、万人が試みて同じ論理の過程を踏み、同じ結論に到達するというような学問的方法はとろうとしていない」[11]と見なし、折口の方法が柳田に負っていることを認めながらも、「それが折口信夫個人の資質によって特殊化せられ、他人の学ぶことあたわぬ独自のものになしとげられている」[12]と論じている。そして西村は、このような折口独自の方法を、結局は「断片的な微細な資料からその背後にある大きな事実を看取」[13]する能力、いわゆる「直観」に帰してしまうのである。[14]

本章にて疑問を呈するのは、このような折口の方法論の解釈である。[15]誤解を与えぬように述べておくが、折口の方法に直観を持ち出してくること自体を疑問視しているわけではない。折口の方法に直観が何らかの役割を果たしていたとして、それを無根拠に継承困難な独自の能力に帰してしまう論の展開に疑問を呈するのである。ここで西村の言う直観は、折口の主著『古

8――　牧田茂、一九七九年、「柳田国男　その研究と方法」、瀬川清子・植松明石編『日本民俗学のエッセンス　日本民俗学の成立と展開』所収、ぺりかん社、五七－八五頁。

9――　「まれびと論」の隆盛は、折口思想の読解に際し、「まれびと」をはじめとする折口名彙をキーワードとした整理、再構成という潮流をも生み出した。この潮流は、『折口信夫事典』に一つの結実を見ることになるが、この点については後に触れよう。

10――　西村亨、一九七九年、「民俗学と古代学」、『日本民俗学』一二三号、二二頁。

11――　同上、二五頁。

12――　同上、二五頁。

13――　同上、二五頁。

14――　西村は「その能力は若い時分の厖大な読書量と抜群の記憶力によって養われたものであろう」（同上、二五頁）と述べている。

代研究』の「追ひ書き」にて言及されている。[16] この「追ひ書き」は、折口の方法論の表明文とも言えるものであるから、直観が折口の方法論の解明に何らかの手がかりを与えてくれることは期待できる。しかしこの「追ひ書き」で、折口が何よりも強く主張しているのは、自身の研究に与えた柳田の学の影響の大きさである。[17] 我々がまず行うべきことは、この折口の言に率直に従い、彼が継承したという柳田の学に目を向けることである。

これまで我々は「型破り」の人として折口信夫を論じてきたが、じつは折口は、柳田という「型」の継承者であり、その「型」を発展させた先駆者である可能性がほのかに見えてくる。これから先、本章では「型破り」としての折口信夫ではなく、「型の発展的継承者」としての折口信夫を見いだす作業に取りかかることになる。柳田の方法論を前提として、折口の方法論がどのように形成されていったのか。実証と直観、現代と古代、民俗と文献など、類似点よりも相違点を指摘される傾向のある柳田と折口であるが、両者をつなぐ手がかりをまずは見つけださなければならない。

そこで注目すべきは、前章で取り上げた「心意現象」という概念である。折口の弟子である加藤守雄は、従来の折口評価に対して疑問を投げかけ、心意現象を梃子にして、その方法論を発掘しようと試みている。[18] 折口が民俗学の対象として、文献資料、特に文学史を取り上げた理由とは、伝承の意義内容のみならず、その表現様式をも視野に入れるべきであると考えたからであり、折口はそこから、日本人のものの考え方を左右する「古代的な論理[19]」「近代化されぬ

15――『日本民俗学』第一二三号の特集で取り上げられている論文は以下の五本である。一本目は、三谷栄一の「異郷意識と「まれびと論」私見　折口信夫先生の方法」（一一一四頁）。この論文は「折口信夫先生の方法」との副題が付けられているが、研究目的にも方法にも触れられておらず、「まれびと論」を前提とした「異郷論」について論じられている。二本目は、三隅治雄の「折口信夫の芸能史研究の方法　早川孝太郎との対照」（一五―二一頁）。この論文で三隅は、花祭り採訪時の折口の態度を例に挙げ、「こうした歌舞の元のすがた、そして、それを今日に伝承せしめた力の根源が何であったかを、祭の興奮の中に身を沈めながら、肌身に感得しようとした」（同上、一六頁）と述べているところから、折口の研究目的を、歌舞の「元のすがた」や「伝承せしめた力の根源」の探究においているると見なすことができる。しかし三隅は、その目的達成のための折口の研究方法としては、「ただちにそのものの根本の要素を直覚し、その要素と類似の事象を次々に連想しながら元のすがたをいち早く察知する能力」（同上、一七頁）、すなわち、ずばぬけた「類化性能」という折口の能力に、一足飛びに帰してしまっている。三本目は本文にて取り上げた西村亨。四本目は、小島瓔禮の「折口信夫の方法と琉球学」（二九―三五頁）。小島によると、折口の学は「読み取り作業の学」（同上、二九頁）と呼べるものであり、言語の論理、人生の論理、民俗の論理などを読み取ることを目的としている。ここで言う論理の意味するところはいささか不明であるが、小島が「折口先生は、琉球文化の層序についても、すぐれた読み取りをしている」（同上、三四頁）と述べているところから、各々の項目における「層序の見通し」（同上、三四頁）というものであるだろうと推測できる。そして小島は、「実感こそが、読み取り作業の学の方法の基盤をなしている」（同上、三一頁）とし、「一つのことがらに実際に対し、それが、そこで、他のあらゆる要素と有機的にかかわっている事実を、多角的に感じ取るということ」（同上、三〇頁）、すなわち「実感」に折口の方法を帰している。五本目は、野本寛一の「焼畑系芸能論」（三五―四七頁）。この論文における折口への言及は僅かであり、そもそも彼の方法論の解明を目指したものではない。この野本と三谷の論文は別にして、三隅も小島も西村同様に、折口の方法を継承困難な資質や能力に帰してしまっている。

以前の論理[20]」を追求したというのである。この加藤の論は、文学への傾斜が実証性と両立しないとする先入観をただし、文学的に表現されたものもまた、民俗学へと連結させうることを指摘して、折口の方法論の特徴をつかみだそうとしている。

先に見たように、「心意現象」という概念は柳田由来のものである。柳田は一九三五年、『郷土生活の研究法』において、民俗資料を「有形文化」「言語芸術」「心意現象」と三分類することを提案しているが〔➡64頁〕、民俗学の目的とは結局「心意現象」を明らかにすることであると述べている[21]。この心意現象の分析を通じて、民衆の思想とその変遷を探ることへと柳田の目は向けられていくが、ここで注目すべきことは、この心意現象とは無形の文化であるのだから言葉による比較によってでしか明らかにできないと彼が述べている点である[22]〔➡88頁〕。この資料分類法の解説を通して柳田は、心意現象への着目とともに、民俗と言語との関係性に関心を向けるのであるが、一方、その関係性について早くに注目していた折口は[23]、柳田が心意現象概念を提示するとすばやく反応し、それを「心意伝承」と言い換えた上で、一九三六年から三七年にかけて丹念に講義を行っている[24]。そこで折口は、「心意伝承」の出発点は神の意志に背くまいとする宗教的なものにあり、それが現在は道徳的なものになっていると述べ、この神の意志に基づいた生活を保持していこうとする傾向性が、民俗の特性や民族性格を規定していると主張するのである[25]。

このように考えていくと折口は、自らが獲得した認識を柳田の方法論につなぐことによって

16―― その箇所は以下の通りである。「ある事象に遭うて、忽、類似の事象の記憶を喚び起し、一貫した論理を直観して、さて後、その確実性を証するだけの資料を陳ねて、学問的体裁を整へる、と言つた方式によらない学者が、ないであらうか」（折口信夫、一九六六年、「追ひ書き」、『折口信夫全集三』、中央公論社、四九九頁）。

17―― 例えば、次の引用からも柳田の影響の大きさがわかる。この引用における「先生」とは、柳田のことである。「先生の表現法を摸倣する事によつて、その学問を、全的にとりこまうと努めた。先生の態度を鵜呑みして、其感受力を、自分の内に活かさうとした。私の学問に、若し万が一、新鮮と芳烈とを具へてゐる処があるとしたら、其は、先生の口うつしに過ぎないのである」（同上、四九五頁）。また、次のようにも述べている。「唯、柳田先生の表現方法から、遠ざかつて行く事を憂へながらも。私は、自身の素質や経験を、虔しやかな意義において、信じてゐた。だから、私のぷらんに現れる論理と推定とが、唯、資料の陳列に乏しい事の外、そんなに寂しいものとは思はなくなつた。虚偽や空想の所産ではないと信じて、資料と実感と推論とが、交錯して生まれて来る、論理を辿る事に努めた」（同上、五〇〇頁）。柳田から折口が何を受け継ぎ、どのように己の方法を発展させたのかが本章で問うべき課題である。

18―― 加藤守雄、一九七二年、「折口信夫の方法」、日本文学研究資料刊行会編『折口信夫』所収、有精堂出版、七八―八九頁。

19―― 同上、八四頁。

20―― 同上、八七頁。

21―― 柳田國男、一九九八年、「郷土生活の研究法」、『柳田國男全集八』、筑摩書房、三四七頁。

22―― 同上、三四九頁。

23―― 一九三四年に「週期伝承」「階級伝承」「造形伝承」「行動伝承」「言語伝承」の五分類法を提示した際にも折口は、「要するに、各伝承はその根柢として、言語がこれを繋いでゐたものと言はれる」と述べている（折口信夫、一九六七年、「民俗学」、『折口信夫全集一五』、中央公論社、一一五頁）。

具体化させようとした可能性が見えてくる。折口の目は、柳田への参照を通じて、厳密に、そして具体的に、文学的に遺されたものを民俗学につなぐことのできる場所を見いだしているのではないだろうか。折口は、日本人の生活変遷は日本語の変化に影響されると考え、それを丹念に追い続けていったが、やがてその変化そのものを引き起こす要因として、無制限に連想を生み出す「口頭伝承」という表現様式に突き当たる。そして、この「口頭伝承」の重要性を支えるために、彼は大きく「言語」という概念を前景化させるが、先述のように、ここに折口が見いだした柳田との接点が生じる。終生、折口は柳田の追随者であることを公言し続けるが、この「言語」という視点も柳田から継承したものだとはっきりと述べている。[26] 以下の引用は、折口が柳田の学問について論じた一九四六年における講演筆記からの抜粋である。なお、引用中の「先生」とは柳田のことである。

> 祖先の我々に残したものは、きびしく言へば、言語しかない、と言つてもよいのです。考へ方も考へたものも、何もかも言語が留めてゐるのです。言語を大切に、厳粛な態度を持つ以外はないのです。先生の場合、神に対する態度の如く、言語に対する愛も深いのです。それが、我々の民族現実の上に、はつきり投じる問題は国語問題となつて現れるのです。あなた方の中に、幾人もの次の代のふおくろりすとを期待してもよいでせうが、ひよつとすると、言語に対する愛がない人が出て来るかもしれません。それでは根

本から違つてゐる。先生が沢山出された民俗語彙の意味はそこにあるのです。其よりも、先生の他の学者との差別ある点は、言語に対する愛情の深さです。

先生の学問は、すべてわれ〳〵の体に生かして行くべきで、排除するものと採用するものとを選択すると言ふ態度は、先生の学よりも、低位にある我々の場合、明らかに間違ひです。先生の学問は、日本の民俗学と他国の民俗学とを分ける特異点を、示すものなのです。日本民俗学を、此から固めて行く我々は、こゝにしつかりした自信ある根を据ゑねばなりません。決して、此は、盲目的な態度ではないのです。[27]

24――講義にて用語が混乱している箇所も見受けられるが(折口信夫、一九七一年、「心意伝承」、『折口信夫全集　ノート編七』、中央公論社、一五一頁)、一九三八年の講義にて折口が、「柳田先生は心意現象と名づけられたが、これは伝承という名がつかぬので、私は心意伝承という」と述べているように(折口信夫、一九七二年、「芸能伝承の話」、『折口信夫全集　ノート編六』、中央公論社、一五六頁)、その概念が柳田由来であることを明言するとともに、伝承という側面に注意を促している。柳田、折口をつなぐ心意伝承概念を取り上げた先行研究として、以下を挙げておく。上原輝男、一九八七年、『心意伝承の研究　芸能篇』、桜楓社、一五－四九頁。

25――折口信夫、一九七一年、「心意伝承」、『折口信夫全集　ノート編七』、中央公論社、九八－一〇三頁。

26――ただし保坂達雄が論じるように、学生時代からの言語学への傾倒が、柳田の学との出会いによって開花したという見方もまた真実であると考えられる。保坂達雄、二〇〇六年、「新しい折口信夫へ」、『國文學　解釈と教材の研究』五一－一〇号、四四－五三頁。

従来両者の研究は、同じ日本民俗学を専門分野としているものの、柳田学、折口学などと呼ばれているように、一括りにはできない独自性を持つものと見なされてきた。しかし、ここで折口が力説していることは、方法論の発展的継承の意図であることがはっきりと読み取れる。そして、民俗学者（ふおくろりすと）が注目すべき対象とは究極的には「言語」であり、それは柳田の学の継承にもつながると言うのである。[28] この第3章では、折口が柳田から「言語」への着眼を通じて何を継承し、何を加えたかを考察することによって、折口の思想を言語論的な民俗学理論という形で提示することを目的とする。まずは、折口自身の言を重視して、柳田との方法上の比較から考察を進めたい。

## 民俗学の研究目的

折口の論考が難解であるとされる理由については様々に述べられているが、そこには一つの単純な理由が見落とされているように思われる。それは、日本民俗学が学問として成立する際に前提とされている研究目的と方法が、折口の場合にはどういうものであったのかが必ずしも明確にされてこなかったという点である。民俗学者・折口信夫の論考は、当然のことながら民俗学の方法論を念頭においてはじめて理解されうるものである。[29] ここで言う民俗学とは、折口の言を率直に受け取れば、柳田の思想に基づいた学問体系であるはずのものだが、折口が柳田から何を受け継いだかということになると、それは一見して明らかにはいかない状況である。まずは民俗学の研究目的について、折口と柳田のそれぞれが述べるところを見てみたい。次の文章は、折口の一九三五年の講演筆記である「民俗研究の意義」からの抜粋である。

> それで、此(この)学問の目的をどこに据(す)ゑていゝかであるが、精神的な学問の上では、そんな大胆な事は言へないのが本道だと思ふ。学問でも芸術でも、どん〱進んで、形も変へて行くのが普通であるから、その窮極が訣(わか)らなければ、目的なんて事は言へない筈(はず)だ。しかし、仮りに極低い意味の目的を立てゝ見ても差し支(つか)へない。永久に縋(すが)るものでなくとも、多少もちこたへる事の出来るものならばいゝ訣(わけ)だ。つまり、ふおくろあの目的は、結局、我々の民族性を窮(きわ)める事になる。換言すると、民族から出て民族に還るものである。

27―― 折口信夫、一九五六年、「先生の学問」、『折口信夫全集一六』、中央公論社、五二三-五二四頁。

28―― もう一つの主題である「神」についても、結局は言語問題に集約されることになる。この点に関しては次章以降で取り上げる。

今までの経験によつて言ふと、此学問の弱味らしいところは、歴史的にものが言へない事だ。雑駁な咄しだが、世間の人は何でも歴史的に位置をきめる事が一番いゝと思つてゐる。ところが、ふおくろあでは、さういふ様に、年代的に位置をきめる事が出来ない。田舎へ芸能の見学などに行くと、必、此は何時頃のものかと聞かれる。折角見せて貰つたのだから、何とか答へなければ悪い様な気がするが、どうにも言へないので困る。が、此は言へないのが本道だと思ふ。実際中には、此国が成立したかしないかといふ様な大昔のものがあるかと思へば、極近代のものがあつたりして、其がごつちやになつてゐるのである。で、此学問は、それがいつ起つたかを知る為よりも、どうして起つたか、又、どうして形を変へたか、更に進んでは、どういふ点で現在及び将来に交渉するかを知る上に役立つものだと思へばいゝ。[30]

ここで折口は、前段の「民族性を窮める」と言った抽象的なものに加えて、後段では、民俗である芸能が「いつ起つたか」を知るためよりも、「どうして起つたか」「どうして形を変へたか」「どういふ点で現在及び将来に交渉するか」を問うことが、この学問の営為であるとしている。

折口がここで指摘している通り、土地の人々は、その芸能について、起原を通史的に把握しないままそれを実践しているが、それは思考の怠慢ではない。もし、その芸能が神代から伝え

29――　例えば、折口の論考の難解さについては、西村亨、高梨一美によって次のように表現されている。「折口の論文を初めて読むとき、人はそれらの用語の特殊性に苦しむことが多い。折口の論文が難解なのは、ひとつはその種の用語が頻出することによるが、もうひとつ、その学問の体系の複雑な構造が全貌を捉えがたくしていることにもよるであろう。折口の学説は、個々の要素がAからBへ、BからCへと展開してゆくという単純な形では理解することができない。AがBと関わり合い補い合っていると同時に、CやDとも関わる。またBがEやFとも関わり合うというように、個々の学説が相互に補い合い、支え合い、その全体が網の目のように結び合って学説の宇宙を構成しているのである。その網の目の結び目に相当する、いわば学説の要所要所に配されているのが、折口によって独特の意味づけをされた用語の一群、すなわち折口名彙（めいい）である」（西村亨・高梨一美、一九九八年、「折口学への道」、西村亨編『折口信夫事典〔増補版〕』、大修館書店、七－八頁）。ここで言う折口名彙とは、「まれびと」や「発生」など彼独自の用いられ方をされた概念である。従来、折口思想の読解に際しては、この名彙からアプローチする方法が多くを占めてきた（上記事典もその視点から編まれている）。ここからあげられた成果が、折口の思想を読者にとって身近なものにしたことについては異論の余地はないが、筆者が考えるに、折口の論考が難解な理由の大部分を占めるものは、彼が「民俗学者」であり、折口名彙と呼ばれる概念を用いて「民俗（民間伝承）」を研究していた結果、AやBの学説が提示されたということを読者が失念していることにある。ゆえに、個々の論考は理解できても全体を見ると折口が何を言いたいのかがわからなくなるのである。しかし、この方法論にまつわる認識の稀薄さは、読者に因（よ）るものと言うよりも、フォークロアまたはエスノロジーから離脱した「日本民俗学」という新たな学問の創始に由来するものだと考えられる。この点については後に触れよう。

30――　折口信夫、一九六七年、「民俗研究の意義」、『折口信夫全集一六』、中央公論社、五〇五－五〇六頁。

られていると人々が認識していたとしても、そういう神話的要素は、その芸能の構成要素の一つ、言い換えれば、先述の「心意伝承」の一部であると言える。ここで郷土史と言われるものが問題になっているのであれば、学者の務めは、残存する資料を歴史学的に構成することに他ならないということになるだろうが、民俗学者として折口が前景に出そうとするのは、その構成の重要性である以上に、その不可能性なのである。

もちろん、折口は郷土史の記録の根本的な重要性を忘れているわけではない。しかし、我々が目を向けなければならないのは、歴史的に把握しようとしたときに没科学的だと見えて捨象されてしまいがちな、人々の意識の内容である。おそらく、普段は無自覚なまま無意識の領野にて慣習的に作用している「心意伝承」は、それが単に空想的なのではなくて、人々の生活の中に組み込まれ、生活の動態の圧縮された反映であるからこそ、この内容自体を研究することが重要性を帯びてくる。こうした目的意識は、じつは同時期の柳田のものと相違ないと言える。「郷土研究の第一義は、手短かに言ふならば平民の過去を知ること」[31]であり、「主として日本人が今の様に変る迄、即ち「国民生活変遷誌」を以て、日本民俗学の別名の如く心得」[32]ていた柳田にとって、そもそも民俗学の目的は自らを含む日本人の生活変遷の探究にあったと言える。さらに言えば、その歴史を知ることそのものが目的なのではなく、それを通して現在及び将来に向けての日本のあり方に思考をめぐらすことこそが民俗学の目指すところとなる。[33] この点を柳田が言う「心意現象」という側面から考えると、各々の時代の知識・社会観・道徳などから民衆の生活目的を明らかにすることがこの学の目指すところとなる。このことを視野に入れて初めて「現在のさうした事実の基礎となつてゐたものは何か、如何にして何故にさうなつたか」が明らかになるのである。[34]

郷土史という学のあり方から独立して、何か別のものを目指すこうした意識に、対象と基礎的手法を与えて学問の輪郭を形づくることが、折口と柳田にとって大事なことであった。

では、柳田の「心意現象」という概念を継承した折口の理論の中で、「言語に対する愛」が果たしていた役割はいかなるものであったのか。両者の方法論を比較しながら、その問題を考察していきたい。

31―― 柳田國男、一九九八年、「郷土生活の研究法」、『柳田國男全集八』、筑摩書房、二〇二頁。

32―― 柳田國男、二〇一〇年、「日本民俗学研究」、『柳田國男全集二二』、筑摩書房、四二〇頁。

33―― この点に関する柳田の考えは、以下の論考も参照されたい。柳田國男、一九九七年、「郷土誌論」、『柳田國男全集三』、筑摩書房、一五一－一五二頁。

34―― 柳田國男、一九九八年、「郷土生活の研究法」、『柳田國男全集八』、筑摩書房、三六七－三六八頁。ここで柳田は、民衆の生活目的について「大体に人は幸福とか家を絶やさぬといつたやうなことを、目あてに生活したのではなからうか」と述べている［➡65頁］。

# 柳田國男の方法論

まずは、折口に着想を与えた柳田の方法論について、折口自身の言によりながら確認していきたい。彼は、柳田によって示された学究の道について、主著『古代研究』の「追ひ書き」にて次のように述べている。

其は、新しい国学を興す事である。合理化・近世化せられた古代信仰の、元の姿を見る事である。[35]

続けて、柳田以前の民間伝承研究の不完全さを指摘した上で次のように述べている。

私は、柳田先生の追随者として、ひたぶるに、国学の新しい建て直しに努めた。爾来(じらい)十五年、稍(やや)、組織らしいものも立つて来た。今度の「古代研究」一部三冊は、新しい国学の筋立てを摸索した痕(あと)である。[36]

この文章で折口は、いまだ輪郭のはっきりしない、柳田から受け継いだと自認する学的方法を、国学に軒を借り強い調子で表現している。折口は「個々の知識の訂正よりは、体系の改造」[37]を促すような学的方法を柳田によって示されたのであり、その目的は「古代信仰」を明らかにすることであると述べている。[38]このことについては、一九四七年に書かれた「新国学としての民俗学」を参照すると、折口の真意が見えてくる。すなわち、民俗学とは補助科学と言うべきものであり、一種の方法論として考えることができること、[39]その民俗学の方法を用いて「古代存続の近代生活様式の所由を知らうとする」のが柳田の目指した学問であること、それは倫理運動的側面を持つ従来の国学と異なり、古代宗教生活へと目を向ける新国学と言うべき

35――折口信夫、一九六六年、「追ひ書き」、『折口信夫全集三』、中央公論社、四九六頁。
36――同上、四九七頁。
37――同上、四九七頁。
38――ただし、この文章の直前に折口は、現在の民俗学が新しい展開を見せている旨を述べている。「発足点から知つた私自身は、一次・二次のものに、固執してゐるかも知れない。使徒の中、最愚鈍な者の伝へた教義が、私の持する民俗学態度かも知れない」（同上、四九六頁）と述べる折口の言からは、柳田が目指した民俗学の本義を理解している者は己だけであるという自負がうかがえるとともに、現在の柳田との距離を感じ取っているようにも見える。ちなみに柳田は、かつては古代信仰の闡明こそが郷土研究随一の目的と考えていたと述べている（柳田國男、一九九八年、「郷土生活の研究法」、『柳田國男全集八』、筑摩書房、二五六－二五七頁）。

ものであることが述べられている。[40] 先述したように、「心意伝承」は宗教から発し、道徳へといたると折口は考えていたが、柳田の学的方法を用いてこの経路を明らかにすることにより、論理的に近づき得る対象として「古代信仰」は提示されたのである。「新国学」はそのような伝承の経路を辿る学として構想されたと言える。

ここで柳田の方法論をもう少し詳しく検討してみる。先述したように、柳田の目的は民衆の過去を知ることにあった。しかし、従来の歴史学が文献資料をもとに歴史を説いてきたように、ある種の証拠主義だけでは、民衆の日常生活を考究する際に、かえって誤りに導かれてしまうこともある。柳田は次のように述べている。

> 歴史は本来誰でも知る通り、毎一回の出来事を精確にする為に、教へ又学ぶを目的として世に生れた。其真実は書伝に誤謬が無く、筆執る者の心が正しい限り、なほ万年も永続することであろう。たゞ一たびその指定の区域を出でゝ、曾て企てられなかつた周囲の空気、乃至は時代の趨向を詳かにしようとすれば、如何なる緻密の文書学も、往々にして蹉跌を免れないことは、なほ石斧の一片にコロボックルの昔を談らしめる様なものである。当代史学の峻厳主義が、個々の資料の素性を窮追して、書字を重んじ、耳を経、又噂を通つて来たものを危ぶむのは、一つの目的の為には安全なる用意と言つてよいが、もしも一方の証拠力の余りを、第二の道即ち書いても無いことの上にも及ぼさう

といふ下心ならば、冒険は却(かえ)つて我々のものより大きい。我々が知りたがつて居る歴史には一回性は無い。過去民衆の生活は集合的の現象であり、之を改めるのも群の力によつて居る。それをたゞ一つの正しい証拠によつて、無闇(むやみ)に代表させられては心もとなくて仕方が無い。斯(こ)んな問題こそは実例を重ねて見なければならぬ。古く伝へた記録が無ければ、現に残つて居る事実の中を探さなければならぬ。さうして沢山の痕跡を比較して、変遷の道筋を辿るやうな方法を設定すべきである。以前の記事本末体は起原論に偏して居たのみならず、文献を重んじた結果、少なくともそれから以後の変遷を解説する力が無い。▼41

柳田の文献資料に対する疑念は、「歴史は元来我々の足跡のやうに、無意識に後に残された

39――　折口の業績は民俗学のみならず、芸能史、宗教史、そして特に国文学の分野などにまたがっている。ここから、そもそも折口の研究を一括して民俗学として取り扱ってよいのかという疑問が提示されるかもしれない。しかし、上記のごとく折口は、補助科学として民俗学を捉えていた以上、どの分野においてもその方法論を念頭において研究を行っていたと言える。

40――　折口信夫、一九六七年、「新国学としての民俗学」、『折口信夫全集一六』、中央公論社、五〇七－五一〇頁。なお、従来の国学と民俗学がどのような関係を持ちうるかについては改めて検討する必要があるであろう。その先駆的研究としては以下が挙げられる。内野吾郎、一九八三年、『新国学論の展開　柳田・折口民俗学の行方』、創林社。

ものではなかつた」[42]という記述に凝縮されて提示されることになる。つまり、文献とは、何らかの意図をもって後世に残されたものだということを肝に銘じる必要がある、と柳田は説くのである。この文献資料に対し、柳田が新たに注目したのが、「現に残つて居る事実」としての「民俗（民間伝承）」である。[43]この民俗は「民間即ち有識階級の外に於て（もしくは彼等の有識ぶらざる境涯に於て）、文字以外の力によつて保留せられて居る従来の活き方、又は働き方考へ方」[44]と定義することができるであろう。さらに、「文化は継続して居るので、今ある文化の中に前代の生活が含まれて居る」[45]ことが、民俗という資料の理論的な前提となっている。「都市の生活が始まつてからは、新らしい文化は通例其中に発生し、それが漸を以て周囲に波及して、次々に一つ前のものを、比較的交通に疎い山奥や海の岬に押込める」[46]と認識した柳田は、今に残る前代の生活の「沢山の痕跡を比較して、変遷の道筋を辿るやうな方法」、つまり、「比較研究法」を用いて各地の民俗を比較し、遡源的に配列し直すことによって、日本人の生活変遷を明らかにしようと試みたのである。[47]

## 生活の古典としての民俗

『古代研究』の「追ひ書き」にて折口は、この柳田の方法に加えて新たな方法を用いることが民俗学の発展に必要であると述べている。以下に主要箇所を抜粋する。

私の研究の立ち場は、常に発生に傾いてゐる。其が延長せられて、展開を見る様になつた。かうする事が、国文学史や、芸能史の考究には、最適しい方法だと考へる。文学芸術の形式や内容の進展から、群衆と個人、凡人と天才との相互作用も明らかにすることが出来る。

41――　柳田國男、一九九八年、「国史と民俗学」、『柳田國男全集一四』、筑摩書房、一〇六‐一〇七頁。

42――　柳田國男、一九九八年、「郷土生活の研究法」、『柳田國男全集八』、筑摩書房、二一一頁。

43――　この文献資料に対する疑念が「無意識伝承」という概念を生み出すきっかけとなる。柳田の言を引用しておこう。「未だ文字に表はされない民間の伝承、録して新たに採集記録の列に加ふべきもの、即ち我同胞が偶然に又は無意識に、古くから持ち伝へて居てくれた言葉なり癖なりには、まだ〳〵多くの消えた事実の痕跡が有り得る。殊に無意識の伝承には少なくともウソは無い」（柳田國男、一九九八年、「国史と民俗学」、『柳田國男全集一四』、筑摩書房、一五六頁）。

44――　柳田國男、一九九八年、「民間伝承論」、『柳田國男全集八』、筑摩書房、二〇頁。

45――　柳田國男、一九九八年、「郷土生活の研究法」、『柳田國男全集八』、筑摩書房、二〇五頁。

46――　柳田國男、一九九九年、「婚姻の話」、『柳田國男全集一七』、筑摩書房、六三二頁。

> 私の態度には又、溯源的に時代を逆に見てゆく処も交つてゐる。これは、民俗学の方法である。同時に、文芸の歴史を見るには、此順逆両途を交々用ゐねばならない場合が多い。[48]

このうち後段が柳田、前段が折口の方法である。すなわち「遡源」の方向性のみならず、「発生」の方向性を加えるのが折口の用いる方法である。従来、両者の学問的異質性が強調される由来は、この方法上の違いによるところが大きいと言われてきた。[49]すなわち、現在から過去へとその生活の変遷を遡る方法を用いる柳田に対し、古代日本人の生活を仮定しそれを後代の生活へ延長させるという方法を折口は用いるというのである。後に見ていくように、実際に折口が構想した方法論はこれだけで単純化してしまえるものではなく、引用にあるように「順逆両途を交々用ゐ」ることがその民俗学の眼目であったが、この学問的性質の違いという評価は、じつは柳田に端を発している。

> たゞ折口君は、古典に対する理解が人よりもずつと図抜けて進んで居ります為に、古典から日本の古い姿が分り、それが頭の中に沁み込めば後世の生活にも解釈がつくといつた気持、上から下へ下らうといふ考へ方。私どもの方は、それも出来るといつたことは決して否認したわけではありませんけれども、出来ることなら現在から遡つて昔の姿

を見ようといふので、どこか途中で出合ふには違ひないのですけれど、この出合ふのはなかなか容易でないんです。端（はし）と端とですからね。[50]

これは、折口亡き後、一九五三年に行なわれた柳田の講演筆記の抜粋である。この講演で柳

47―― 先に、折口の研究目的と方法が明確にされてこなかった旨を述べたが、これは一人折口だけの問題ではなく、かつては柳田にも当てはまることであった。よって、柳田亡き後の日本民俗学における最大の課題は、その研究方法を確立するために、創始者である柳田の論考の読解を進めることにあったといっても過言ではないであろう。そこで見いだされたものが、先に挙げた民衆の生活変遷を明らかにするという歴史研究の新たな方法論としての日本民俗学である。また折口同様、日本人の「民族性」を明らかにするという目的も柳田の論考からうかがうことができる（柳田國男、二〇〇三年、「女性生活史」、『柳田國男全集三〇』、筑摩書房、三七七頁）。現在の日本民俗学においては、おおむね柳田由来のこの二つの考えが研究目的として提示されているが、これらの関連性については議論が尽くされたとは言いがたい。折口は、この変遷（彼の用語では発生・展開）の原因、もしくは独特の変遷の仕方を日本人の「民族性」であると考えていたと思われるが、この「民族性」の概念については大きな問題であるため、早急に結論を下すのは控えたいと思う。なお、上記の柳田の方法論については、以下の論考に依るところが大きい。福田アジオ、一九八四年、『日本民俗学方法序説　柳田国男と民俗学』、弘文堂。折口の方法論に関する研究が停滞した理由の一つは、その前提としてこの福田が行ったような、柳田の方法論の体系的な理解を目指した研究が必要だったからである。

48―― 折口信夫、一九六六年、「追ひ書き」、『折口信夫全集三』、中央公論社、五一二頁。

49―― 例えば以下の論考を参照されたい。村井紀、二〇〇四年、『反折口信夫論』、作品社、四九頁。

50―― 柳田國男、二〇〇四年、「郷土研究会の想ひ出」、『柳田國男全集三二』、筑摩書房、五四〇頁。

田は、己は帰納的、折口は演繹的と、両者の方法が異質であることを強調している。そして、その方法は折口という一人の天才において花開いたものであって、他の者が安易に手をつけるべきものではない旨を述べている。この講演での発言は、柳田が終生持ち続けていた折口評を吐露しているように思われる。上記のように柳田は、古典から読み取れる日本の古い姿をもって後世の生活を解釈することが折口の方法論と見なし、その点を批判したのである。もちろん、柳田は文献資料を用いること自体を否定してはいない。先に見てきたように柳田は、一般に文献資料における民衆の生活の記述は微々たるものである点を問題視し、さらに過去の一時期に書かれた資料のみを用いて民衆の生活を説く歴史研究を批判したのである。また、過去に遡れば遡るほど文献資料そのものが少なくなるため、比較研究を行うことが困難であると認識していた。[51] このような立場からすれば、文献の中でもとりわけ古典に関しては、その活用に慎重であることが、まず、第一の要諦となる。古代への志向性そのものは、柳田の中にも内在しているると言えるが、それはあくまでも現在から過去へ遡るという方法論として提示されたものである。もし折口の言う「古代」が単純に古典的世界を指すのであれば、それは現在から遊離した空想的産物であり、その古代をもって民俗を説こうとするやり方は民俗学として認めることはできないということになる。[52] ここでは、先に見たような折口の側からの情熱的な視線にもかかわらず、彼と柳田との間に深刻な方法論的亀裂があるようにさえ思われる。

だが、ここで注意しなければならないことは、折口は単純に古典をもって古代を定義したのではないということである。そもそも折口は、その古典が書かれた時代を古代と見なしたわけではない。折口は古典それ自体も、民俗として処理可能であると考えたのである。『古代研究』所収「古代生活の研究」にて、折口は次のように述べている。

> 私どもはまづ、古代文献から出発するであらう。さうして其註釈としては、なるべく後代までながらへてゐた、或は今も纔かに遺つてゐる「生活の古典」を利用してゆきたい。[53]

ここで言う「生活の古典」こそ、学の対象である「民俗」のことである。折口はこれを通常の文字に残された古典になぞらえて説明する。

> 古典とは、古い書物の事である。我々の生活が、生きて行くだけのものであつたら、

51――ゆえに柳田は、同期文書の揃っている近世に、より注意を向けるべきであると提言している。柳田國男、一九九七年、「郷土誌論」、『柳田國男全集三』、筑摩書房、一五八頁。

52――柳田は『郷土生活の研究法』にて「根源の偏重」と小見出しをつけて、安易な起原論に陥りがちな古代の研究について批判を行っている。柳田國男、一九九八年、「郷土生活の研究法」、『柳田國男全集八』、筑摩書房、二一九頁。

53――折口信夫、一九六六年、「古代生活の研究　常世の国」、『折口信夫全集二』、中央公論社、一九頁。

古典などはなくてもすむ。しかし、此がないと大変淋しい。譬へば、古事記・日本紀・万葉集などを読んでも、気分の上の影響を問題にしなかつたら、直接の利益と言ふ様なものは何もないかも知れない。しかし、此を読む事によつて何となく、背景のある、うるほひのある生活が求められる。此と、ちようど同じ様な事が、実際生活にもある。民俗は、即、生活の古典である。

　我々の生活は、常に二つのものを持つてゐる。今の生活に切実なものと、一見何の関係もないもの――くらしつくな方面とを持つてゐる。さうして、此が共に、等しく今の生活なのである。くらしつくな方面は、直接関係はないが、やはり生活の要素に入つてくるものである。即、我々の生活は、現在だけでなく、過去との繋りをもつてゐる。比喩が説明描写を超越してはつきり人の心に印象されるのは、此過去の生活が背景になつてゐるからである。我々は、此過去の生活を思ふ事によつて慰めを感じる場合が多い。又、かういふしきたりがなぜ起つたかを調べたい気持ちになつて過去に遡り、さうして、成程と合点の行く事がある。此意味で、過去の生活が、現実の其に切実な関係を持つ事になる。[54]

折口が民俗を「生活の古典」と呼ぶ時、そこには先述の柳田の認識、「文化は継続して居るので、今ある文化の中に前代の生活が含まれて居る」と同様のものが見て取れる。人々はこの

「生活の古典」を通して、より古い時代を理解（合点）することができるのである。そして折口は、他の民俗と同様に古典の中にも前代の痕跡が残されているとの認識のもと、研究の対象を古典にまで拡張することによって「古代」を明らかにしようと考えたのである。次の文章は、そんな折口の考えをよりよく表している。

フォークロアは一口にいうと、古代生活の総合せられたものだ。それがいろんな形にあらわれて、そしてわれわれまで、あるいはわれわれの前代まで伝わってきたのだ。つまり、フォークロアのなかにはいっているものは、広い意味での古代生活だ。いま扱っている日本文学は、そのなかに大なり小なり古代——前代生活がはいっている。だから、フォークロアがわかれば、根本的に日本文学の理解ができるわけだ。[55]

このように、古典を記録として見るのでも、空想の産物として排するのでもなく、それ自体を民俗に含めるという点が、柳田とは異なる折口の方法である。しかし、折口の言う「古代」

54——折口信夫、一九六七年、「生活の古典としての民俗」、『折口信夫全集一六』、中央公論社、四八三‐四八四頁。

55——折口信夫、一九七一年、「国文学概論」、『折口信夫全集　ノート編一』、中央公論社、二八六頁。

が、このような視点から見いだされたものだとしても、過去へ遡るにつれて文献資料が限定されるという柳田の批判に完全に答えたことにはならないし、文献上の古典と生活の古典とを同列に扱ってもよいのかという批判も起こりうるであろう。

しかしながら、民俗の変遷に何らかの法則性があると仮定すれば、その法則について思索をめぐらすことは民俗学の研究目的に合致するはずである。発生的な方法論に関しては、確かに、何らかの意味での起原をどこかに想定しなければならず、その作業自体に恣意性が入り込んでしまえば、柳田の言うように、古代は空想でしかなくなるであろう。しかし、折口もこのような警戒心に欠けていたわけではなく、己の方法論に対して大変危ういところに臨んでいることを自覚していた。それでもなお折口は、文献、特に従来は警戒されていた文学資料を持ち込むことによって、変遷の法則を明らかにすることができると考えたのではないだろうか。この点に関しては後に検討を行うが、ひとまず、こうした作業によって、折口自身がどのような起原を「発生」という概念を通して想定し得たのかということを探ってみることにしよう。そこから、発生に焦点を合わせた折口独自の方法の検討に進むことにしたい。

# 起原としての古代信仰

発生を説く折口独自の方法を端的に表すものとして挙げられるのが、「国文学の発生」「日本文学の発生」にて展開された「文学の信仰起原説[56]」である。この説の骨子は、「まれびと」という概念で代表される来訪する神人が発した「詞章（ことのは）」から国文学が紡ぎ出されたということだが、言い換えれば折口は、「まれびと」という起点から一つの歴史を演繹的に捉えているのである。[57]

ここでは、折口はあえて国文学に焦点を絞って論を展開しているが、この視点は、先に述

56―― 折口信夫、一九六六年、「国文学の発生（第四稿）唱導的方面を中心として」、『折口信夫全集一』、中央公論社、一二四頁。

57―― 池田の「まれびと論」は、単に「まれびと」の存在を強調するに留まらず、芸能史に注目し、「まれびと」がもたらす言語伝承から文学の発生を説く「文学の信仰起原説」を前景化させた点において評価されるべきであろう。池田彌三郎、一九七八年、『折口信夫　まれびと論』、講談社、一二四－一二七頁。

べてきた生活様式や「生活の古典」といった概念全般にわたって考えることができる。折口は「日本文学の発生　その基礎論」にて次のように述べている。

> この彼此（ひし）両岸国土の消息を通じることを役とする者が考へられ、其齎（そのもたら）す詞章が、後々、文学となるべき初めのことばなのであつた。週期的に、この国を訪れることによつて、この世の春を廻（めぐ）らし、更（さら）に天地の元（ハジメ）に還す異人、又は其来ること珍（マレ）なるが故に、まれびとと言はれたものである。▼58

「まれびと」のもたらす「詞章」を起点とし、人々は今年も去年同様の春を迎えるとともに、来年も同じ理（ことわり）の中でその生を営んでいくであろう。このことは、信仰・生活様式であると同時に、一つの言語活動でもあり、言い換えれば、「まれびと」の訪れとそれを迎える者との関係性は、その場所に生を営む人々にとって「生活の古典」となる。

先に指摘したように、「古代存続の近代生活様式」の由来を知るために、これまで折口によって、心意伝承、あるいは古代信仰として、民俗学の目指すべき対象とされてきたものが、ここで一つの明確な概念として現れている。すなわち「まれびと」をめぐる関係として始まった何かが、民俗の発生の起原として想定されるのである。この関係は、前のものを後のものが包み込む入れ子のような形で反復されており、これをもとにして社会生活が規定されることになる。

「古代生活の研究」において折口は、「神道」について次のように述べている。ここで言う「神道」とは現代のそれではなく、古代人が持っていた信仰、すなわち「古代信仰」のことである。[59]

> 素朴な意義は、神の意思の存在を古代生活の個々の様式に認めて言ふのであつた。併し、畢竟は、其等古代生活を規定する統一原理と言ふ事に落ちつく様である。其を対象とする学問が、私どもの伝統を襲いで来てゐる「国学」である。だから、神道の帰する所は、日本本来の宗教及び古代生活の軌範であり、国学は神道の為の神学、言ひ換へれば、古代生活研究の一分科を受け持つものなのである。
>
> 神道の意義は、明治に入つて大に変化してゐる。憲法に拠る自由信教を超越する為に、倫理内容を故意に増して来た傾きがある。出発点が宗教であり、過程が宗教であり、現にも宗教的色彩の失はれきつて居ぬ所を見れば、神道を宗教の基礎に立つ古代生活の統一原理と見、其信仰様式がしきたりとして、後代に、道徳・芸術、或は広意義の生活を規定したと見て、よいと思ふ。[60]

---

58――折口信夫、一九六六年、「日本文学の発生　その基礎論」、『折口信夫全集七』、中央公論社、三頁。

59――この引用の前に折口は、古代信仰のことを「古義神道、或は「神道以前」とも呼んでいる。折口信夫、一九六六年、「古代生活の研究　常世の国」、『折口信夫全集二』、中央公論社、一七頁。

古代人の生活は信仰によって規定されていたとの仮説の上に立つと、その後継である現代の生活様式は、その信仰的側面を失っても、何らかの形で「古代信仰」を留めているはずである。ゆえに、現代の日本人の生活を理解するためには、そこに端を発するであろう古代を理解しなければならない。現代から元の、すなわち古代の信仰・生活様式へと遡源的に考察する方法と、逆に古代からどのように後世の生活様式が発生・展開したのかを考察する方法、これらをもって折口の研究は進められることになる。古代信仰や生活様式を「まれびと」の来訪に還元することは、折口の民俗学の方法における、一つの雛形となっているのである。

それでは、なにゆえ折口は、柳田の批判を受けてまでもこの「古代研究」を提示する必要があったのであろうか。ここでは、折口が提示した研究目的と方法との関わりが再度問われなくてはならない。「まれびと」との関係性が社会の起原であるとしても、その歴史的年代は特定できない。そして特定することが目的なのではない。「まれびと」との関係性という雛形は、この場にすでに臨在すると考えられる「古代」なのである。このような古代を発見するという折口の目的意識が、何を目指していたのかということについて次に考えてみたい。

## 古代論理
### 民俗に通底する

先に見てきたように柳田は、折口はある特定の年代に書かれた古典をもとに古代を導出したと考えていた。柳田にしてみれば、折口の方法は、先述した「文献を重んじた結果、少なくともそれから以後の変遷を解説する力が無い」という危惧を抱かせるものとなる。つまり、古い時代になるほど文献資料も少なくなるため、そこにいたるまでの生活様式を遡ることは困難になる。よって必然的に、この方法を用いて以後の変遷を解説すると論理に飛躍があるということになる。

しかし、「いつ起つたか」を知ることが目的ではないと述べる折口の「古代」とは、当然のことながら、年代的な古代を指し示すものではない。[61] この点に関して、折口が説くところを見て

60―― 同上、一八―一九頁。

61―― この点は、折口民俗学における基本認識として強調されている。例えば以下の論考を参照されたい。伊藤好英、一九九八年、「古代・古代研究」、西村亨編『折口信夫事典〔増補版〕』所収、大修館書店、三〇七―三二〇頁。

みよう。

斯学の目的は、民間生活に於ける古代的要素を研究するにあり。即、伝説・風習・文献等によりて、信仰並びに行事の方面より、その基礎をなせる古代人の精神的発達を考察せむとするものにして、引いては、各国の民間伝承の間に存する関係・差異を判定せむとするものなり。▼62

これは、「民俗学（民間伝承学）」の研究目的として折口が述べたものであるが、ここで言う古代とは、あくまでも現代の生活に残っている「古代的要素」のことであり、民俗学とはそれを研究対象にすることによって、古代から現代へと続く「古代人の精神的発達」を考察する学問だということになる。民俗に残る前代の痕跡とは基本的に年代不明のものである。しかし、どの民俗を遡っても見いだせる痕跡があるならば、それは古代的要素と言えるであろう。では、折口が見いだした古代的要素とは何か。先に「祖先の我々に残したものは、きびしく言へば、言語しかない、と言つてもよいのです。考へ方も考へたものも、何もかも言語が留めてゐるのです」と述べていたように［⬇150頁］、折口が突き当たった古代は、やはり言語活動のある種の本質的特徴にあるだろう。そして、ここまで論じてきたように、それはまた、民衆の習俗を規定し存続させているものでもある。それがすなわち、次に述べるような「言語伝承」に当たると考えられる。
　じつは、古典を民俗として用いる方法の眼目は、そこに記されている生活様式を直接取り上げることにあるのではない。それを記している「言語」の規定性そのものを民俗として取り扱うことにある。「言語は書物で調べていけるが、言語以外のものは、ほんの偶然に書物に書かれているにすぎぬ[63]」と言い切る折口にとって、生活様式そのものを文献資料から遡ることの困難さは明白であった。しかし、内容の如何を問わず、必ず書物に書かれている言語は、語形変化を伴いながらなされている言語伝承の産物であるので、その変遷に注目すると、言語の古代に相当する「語原」へと遡れる可能性がある。次の引用に見られるように、いわば、「民俗（民間伝承）」の純粋型は、突き詰めれば「言語伝承」であり、前者はそのつど後者に還元される可能性を秘めていると折口は考えたのである。

62――　折口信夫、一九六七年、「民間伝承採集事業説明書」、『折口信夫全集一五』、中央公論社、四八〇頁。なお、この論考の末尾には、「これは、大正十一年啓明会へさし出した物の写しです。当時柳田國男先生は、国際連盟日本委員としてじゅねいぶに居られました。出発に臨んで、私に含め置かれた旨を、書き綴つたものです」（同上、四八五頁）という文章が付されている。

63――　折口信夫、一九七一年、「国文学概論」、『折口信夫全集　ノート編一』、中央公論社、二七七頁。

最後に言語伝承である。非文学・文学を通じて、ともかくも、伝承自体、言語によって成立してゐるのが、通例なのであるから、概して程度問題として、日本文学と民俗学との関係とを直接に示すものである。要するに、各伝承はその根柢として、言語がこれを繋(つな)いでゐたものと言はれる。言語は偏(ひとえ)に原始思考（信仰）を伝承する機関である。だから造形伝承が物品によつて、古代精神とそれから展開せられて来たものとを伝承したことの対照として、言語伝承があるので、思考の持続があり、その発達があつたのだと言ふことが出来よう。▼64

このように、折口は言語伝承に注目する。折口はさらに、言語が習俗という行動の型ばかりでなく、行動を導く我々の思考をも規定すると考えていた。この点を次の引用によって確認しておこう。

ことばというものがあって、はじめてものを考えることができる。われわれは型をもたずに何も考えることはできない。人間の考察はすべて型を運用することである。言語なしに、ものを考えていくことはできぬ。その点で、言語は思想よりもむしろ先だといってもよいくらいである。パラドックスのように聞こえるかもしれないが、思想は言語によって固定してくる。形ができあがってくるのだ。言語を離れて空な思想というものは、実際はない。だから、言語は人生にとって重大なものである。哲学めいたことの場合だけでなく、すべてのわれわれの考え、あるいは行動でも、それを一度よく考えようとする場合には、言語の型を通ってでなければ、思い浮かべることができない。われわれが行動するときは、言語から離れるが、それを考えるときは、言語の型にはまってこなくてはならぬ。言わない、書かない言語の形をとってくる。言語の投影のようなもの、いわば言語の仮象として考えられてくる。口で言うことば、書くことば、それから非常に抽象的になったことば、この三段階の言語がある。[65]

現代人へと続く古代人の精神的発達、また、その反映たる生活様式の変遷を理解するためには、言語の成り立ち、折口の言う言語の発生・展開を探究する必要がある。これが折口の辿りついた結論である。このことは「追ひ書き」における次の文章からも確認できる。

私の学問は、最初、言語に対する深い愛情から起つたものであるから、自然言語の分解を以て、民俗を律しようとする傾きが見えぬでもない。一時は、大変危い処(ところ)に臨(のぞ)んで

64——折口信夫、一九六七年、「民俗学」、『折口信夫全集一五』、中央公論社、一五頁。

65——折口信夫、一九七一年、「国文学概論」、『折口信夫全集 ノート編一』、中央公論社、一一九－一二〇頁。

居た。併し、語原探究と、民俗の発生・展開との、正しい関係を知る様になつた。だから、言語の分解を以て、民俗の考察の比較の準備に用ゐ、言語の展開の順序を、民俗も履んで居るかを見る様になつて来た。唯、古代生活は、言語伝承のみに保存せられ、其が後代の規範として、実生活に入りこんだから、古代における俗間語原観を考へる語原研究が、民俗の考察に棄てられない方法である事がやつと訣つて来てゐるのである。[66]

ただし、折口の言う語原とは、個々の語の一番古い意味といった一般的なものではない。折口の言う語原とは、はっきりと一つの方向を指し示している。その先には「まれびと」の来訪という信仰の場の情景が浮かんでいる。すなわち、折口が語原に据えたのは、「古代信仰」である。先ほど文学の発生について、折口は信仰起原説を唱えていると述べたが、これは単純に何らかの語が神に由来すると説くようなものではない。古代の生活においては、実際に共同体に伝わる言語を「まれびと」によってもたらされた「詞章」であると信じる、こ、と、が、現実の民間伝承を促してきたと折口は言いたいのである。[67] また、「祖先神」は「まれびと」概念に包含されると折口が述べている点にも注目されたい。[68] つまり折口によれば、古代の共同体が成立するのは、信仰の名のもとに父祖の言語とそれに担われた生活様式を伝承しているからだということになる。[69] やがて、ここから宗教的側面が失われることになるが、「民間伝承（民俗）」には「一つの「道徳に似た権勢力[70]」」が残り続け、過去の知識をできるだけ留めておこうとするのである。

しかし、その意義は変化することになる。

> 過去の知識は、時代の経つに従つて段々意識を失ふ。併し、或点までは、時代々々の合理解で意義を見出して行かうとするので、次の時代には、また、別の解釈が下されるやうにもなる。さうして、どうしても解釈が出来なくなると、本道ならば滅びねばならぬのであつたが、其でもまだ残つてゐるものがある。併し大抵は、其が絶対の規範にな

66—— 折口信夫、一九六六年、「追ひ書き」、『折口信夫全集三』、中央公論社、五一一頁。

67—— そもそも折口の思索は「音声一途に憑る外ない不文の発想が、どう言ふ訣で、当座に消滅しないで、永く保存せられ、文学意識を分化するに到つたのであらう」という問い、すなわち、現に伝承を行わせている動力は何かという問いから始まり、「口頭の詞章が、文学意識を発生するまでも保存せられて行くのは、信仰に関聯して居たからである」と結論づけるにいたったのである。折口信夫、一九六六年、「国文学の発生（第四稿） 唱導的方面を中心として」、『折口信夫全集一』、中央公論社、一二四頁。

68—— 柳田との対談でもこの点をはっきりと述べている。折口信夫、一九九九年、「日本人の神と霊魂の観念そのほか」、折口信夫全集刊行会編『折口信夫全集　別巻三』、中央公論新社、五五四頁。

69—— ゆえに、「かみ（神）」とは「かみ（上の世代）」でもある。折口によれば、古代村落共同体における祖先神（国つ神）を大和朝廷の神（天つ神）へと挿げ替え、それと並行してその生活様式を「おかみ（上の階級）」の用いる「やまとことば」に担われたものへと変えることが、「祭政一致」を旨とする大和朝廷の国内平定事業の核となるのである。この点については次章にて改めて論じよう。

70—— 折口信夫、一九七一年、「民俗学への導き」、『折口信夫全集　ノート編七』、中央公論社、六七頁。

つて、説明を超越し、即、祭り上げられる処まで行くので、実質的には滅びたと同じである。[71]

折口によると、この時代時代の解釈のもとになるものこそ、その時代の思想を形成する言語法則、すなわち文法である。折口は次のように述べる。

民族精神などといふ問題も、実は、この言語の理会を外してゐては考へられぬ。昔使つてゐた意味が的確に訣らずに、昔の人の気持の理会が出来る筈はない。近代の論理で昔の人の気持を忖度してゐる、といつた誤解はかなり多くして居ると思ふ。今は、文法的に何と解してゐようと、昔は、其通りに解してゐたのではなかつたかも知れぬのである。[72]

折口の言う「発生」とは、「一つ一つのことばについて発生して行く経路」を調べ、「綜合して、日本語の変化していく法則」を見いだすこと、いわば「国語史」を形成することにつながるのである。[73] さらに折口は、古典に残っている平安朝、奈良朝以前の語原へと探究の歩を進めていく。そこで見いだしたものが、先述の「古代信仰」、すなわち古代の「民間伝承（民俗）」である。この古代の民俗は「口頭伝承」という表現様式をとる。

顧みて恥ぢないものがあるとすれば、語原の解釈法である。口頭伝承による詞章ばかりが、存続性を持つた時代には、用語例の理会が、常に変化してゐた。聯想が無制限にはたらくのである。ある一語の語義の固定した時代は、その言語の可なり発達を遂げた後であつた。後世、語原と見做されてゐるのは、わりに、整然とした論理を具へたものである。さうした時代の用例を出発点としてゐる語原説は、発足地に誤謬がある。其以前の自由な時代の形式・内容の変化が、固定した推移の過程は、一向に顧みられないでゐた。品詞や文法の発生を考へる時、我々は常に、ある完成を空想してゐる。[74]

古典を突き詰めて折口が見いだした「古代」、それは文字以前の口頭伝承の世界である。この口頭伝承という様式に基づいた伝承行為の反復が、「説話者の言語情調や、語感の違ひによつて、意味が分れて行く」[75]ことにより、様々な「発生」を促すことになる。

71――折口信夫、一九六七年、「生活の古典としての民俗」、『折口信夫全集一六』、中央公論社、四八九頁。

72――折口信夫、一九六七年、「古代中世言語論」、『折口信夫全集一九』、中央公論社、二一一頁。

73――折口信夫、一九八七年、「言語伝承論」、『折口信夫全集　ノート編追補二』、中央公論社、二〇一頁。

74――折口信夫、一九九五年、「追ひ書き」、折口信夫全集刊行会編『折口信夫全集三』、中央公論社、四七八頁。

この、一見無軌道に見える口頭伝承に働く文法以前の文法を探究するために、折口が丹念にその変遷を追っていったものが、文学の発生で展開した「のりと」「よごと」などの表現様式である。[76]「伝承内容」は口頭伝承の様式に則り変遷するものの、口頭伝承という「伝承行為」そのものには、文学史に系譜として連ねることのできる表現様式の連続性があること、つまり、そこにある一定の言語法則が存在することを折口は見抜いたのである。そして、その生きた実例は、同時期に日本の村々において柳田が見いだした世界でもあった。説話者に対峙する口頭伝承という様式は、現在も色濃く息づいていたのである。

このようにして取り出されうる口頭伝承は、再び「まれびと」の来訪をモデルにして考えることが可能である。[77]すなわち口頭伝承を、来訪する「まれびと」と迎える者との間の言語活動として捉えるのである。「まれびと」はどのような様式で言葉を発するのか、言葉を受け取った者は、それに対しどのように答えるのか、もたらされた言葉は何を生みだすのか、そういった力動の場で注目すべきは、個々の対話者というよりも、言語活動に働く基本的な論理である。[78]ゆえに折口は、それを「古代論理」[79]という名で呼ぶことができたのである。[80]

本章での議論は、中身を削ぎ落とし過ぎた抽象論のように聞こえるかもしれない。しかしながら、このように論理を抽出してみてこそ、折口の方法論が、具体的な民俗をどのように捉えているのかをよく描き出せるのではないかと思う。

折口の民俗学研究方法を用いた成果の一つの頂(いただき)は、その方法論の表明文とも言える「追ひ書

75――　折口信夫、一九六六年、「大嘗祭の本義」、『折口信夫全集三』、中央公論社、一七八頁。

76――　折口の述べる「のりと」概念は、現代の神道で用いられる祝詞とは厳密に対応しない。それは「よごと(寿詞)」も同様である。折口の論考からは、神と精霊、天皇と臣下、神人と巫女などが、この「のりと」と「よごと」の応酬をもって詞章の伝達・伝承を行う様子が見てとれる。折口によると、上から下へ言い下す命令の言葉が「のりと」であり、下から上へ申し上げる誓いの言葉が「よごと」になる。上(神)から下された「のりと」に対して「なるほどわれわれはこういうふうにして、あなたさまにお仕えしてきました」というような由緒、本縁を説く部分が「よごと」には加わり、物語的な要素を発生させるのである。折口信夫、一九七一年、「祝詞」、『折口信夫全集　ノート編九』、中央公論社、一一二-一一五頁。

77――　もちろん、他の折口名彙を用いて考えることも可能である。例えば安藤礼二は、折口の学における主題が「言語」であることを強調するために、あえて「まれびと」に拘泥することを避け、「ほかひびと」、「みこともち」概念をもって彼の思想の展開を追っている(安藤礼二、二〇〇四年、『神々の闘争　折口信夫論』、講談社)。後述するように、折口が探究していたものは日本という共同体を規定するある一貫した論理、「古代論理」と呼ばれるものである。折口名彙とは、この論理を明らかにするために彼が採用した思考ツールであり、その組み合わせにより、多角的にその論理を浮き彫りにするのである。ただし、読者がこのことを認識するためには、本章で述べてきたように折口の方法論の解明が必要となる。

78――　この点についてさらに理解を深めるために、中村生雄の論考を参照しよう(中村生雄、一九九五年、『折口信夫の戦後天皇論』、法藏館、七七-一〇七頁)。中村は、折口の思想を神と精霊の対立というパラダイムをもとに捉え直すよう提言している。その際、両者の関係性を実体概念から切り離し、「ことばの応酬」(同上、九八頁)をめぐるモデルとして捉えることが重要だと主張する。中村のこの視点をもってはじめて、神と精霊に扮する神人と巫女、または神楽における人長と才男、さらには天皇と臣下という一見異なる二者間で行われる問答、すなわち言語活動に共通する論理が見えてくるのである。

79――　折口信夫、一九六六年、「追ひ書き」、『折口信夫全集三』、中央公論社、五一二頁。

き」が付された『古代研究』（一九二九年から一九三〇年にかけて全三巻刊行）にあることは間違いないが、「国文学の発生」をはじめとする所収主論文の多くは、大正の末から昭和の初めにかけて一気呵成に書き上げられたものである。その原動力となったのは、一九二〇年の三河・信濃・遠江にわたる旅路にて噂を聞きつけ、一九二六年にようやく参加がかなった信濃の雪祭りと三河の花祭りの体験にあることは折口の言からもよくわかる。▼81 折口は「追ひ書き」にて、例えば「はな」という言葉の発生・展開は、己が研究方法をもってはじめて捉えることができるのだと力説している。

又、はなと言ふ語にしても、我々は、咲く花を初めから表したものと見て、合理的に語原を考へる。だが、その前に既に、兆象の意義に用ゐられた。農作の豊かなるべきを示すものとして、野山に咲くものを、はなと名づけた。兆象の永続せぬ事を見て、脆い（もろ）ことの形容にも、予期に反し易い処から、信頼し難い意にも転用して、はなもの・はなになどが用ゐられた。而（しか）も、神物のしるしとも見る処から、神聖な禁制の義を表して、はなづまの手触れ難きを表す用語例をも生じてゐる。かうして見ると、木草の花から説き出して、はな一類の語原を解説する旧説は考へ直さねばならぬ。はなの語原は、まだ解する事が出来ない。だが、尚溯（さかのぼ）ると、聖役に仕へる者の頭につけた服従のしるしであつた事もある。土地の精霊の神に誓ふ形式と考へられたものが、神人・巫女（みこ）の物忌（ものい）みの

80――　このような折口の理論は、柳田の民俗学の弱点を補うものとして機能している。言語に注目する柳田民俗学の名高い成果の一つとして「方言周圏論」が挙げられる。一九三〇年、『蝸牛考』（一九九八年、『柳田國男全集五』、筑摩書房、一八九―三三〇頁）にて柳田は、カタツムリの方言を調査することによって、その方言がおおよそ、近畿地方の「デデムシ系」を中心に同心円状に「マイマイ系」「カタツムリ系」「ツブリ系」「ナメクジ系」と分布していることを明らかにした。そしてまた、文化の中心地であった京都においては、現在の「デデムシ系」から「マイマイ系」「カタツムリ系」「ツブリ系」「ナメクジ系」へと向かうにつれ、古い時代に用いられていた名称になる可能性が示唆されている。つまり柳田は、京都における通時的な言語変遷を、共時的な距離の遠近における方言の差として対応させ、先述の「都市の生活が始まつてからは、新らしい文化は通例其中に発生し、それが漸を以て周囲に波及して、次々に一つ前のものを、比較的交通に疎い山奥や海の岬に押込める」という仮説を裏づけたことになる。京都から遠く離れた東北や九州の果てに、最も古いカタツムリの名称である「ナメクジ」が残留しているのはこのような理由からとなる。しかし、この「方言周圏論」に対して福田は二つの問題点を指摘している。それは「中央で発生した文化が各地に波及して行くときに、それに対応した各地方が選択したり、拒否したり、あるいは変化させたりしたという視点がないこと」と「民俗が特定の地域に分布することの意味、理由を明らかにしようとする視点がないこと」である（福田アジオ、一九八四年、『日本民俗学方法序説　柳田国男と民俗学』、弘文堂、一九七頁）。この視点の欠如は、地方の主体性、創造性を無視したものとして、単なる中央文化の歴史研究に収束してしまうおそれがあり、結果的に柳田は、自らが立ち上げた民俗学の理念に反する立場に立ってしまっていると福田は指摘している（同上、一九八頁）。このような柳田の立場に対して、言語活動に働く論理を導出しようとする折口の立場は、福田が指摘した地方の主体性、創造性にも鋭い視線を投げかけている。「のりと」として下された「みこと」に対し、受け取った者がそれをどのように取り扱うかが折口の最大の関心事であり、さらには受け取っただけではなく、「よごと」として中央へと言葉は返されていくことも想定している。この「古代論理」に則った言語的実践については、次章にて詳しく見ていくことになる。

標（しるし）となつたのである。さうすると、兆象以前に、御貢（ミツキ）・魂献（マツ）りの義があつたらしくも見える。[82]

折口は「はな」の発生・展開を考えるにあたって、古典である『万葉集』などを参照しているだけでなく、[83]雪祭り・花祭りで実感した、村に恵みをもたらす神と土地の精霊との問答、すなわち「まれびと」の来訪をもって始まる一つの言語論的なモデルをも念頭に置いている。神は「のりと」をもって精霊に従うよう命令を下す。精霊は「よごと」をもって誓約し、その服従の証として豊年を予祝する稲の「はな」をささげる。「古代」においてこの神事は、神に扮する神人と精霊に扮する巫女との問答として演じられるが、この神人と巫女は成年戒（かい）を受けた村の「をとこ」と「をとめ」であるので、「をとめ」の頭にかざされた「はな」は、成女の徴（しるし）としての意義へと展開するとともに、神のものとして神聖な禁制の意義も帯びる。また、春に先立って降る雪は、その白きはかなき姿より稲の「はな」に見立てられ神へと献上され……このように「まれびと」の来訪に伴う「口頭伝承」の効果によって言葉の意義が展開し、それに担われた信仰・生活様式が多様化していくのである。[84]折口は、豊根村三沢で花祭りに参加した際の思い出を次のように語っている。

其頃（その）の三沢の花には、顔整うた、舞ひぶり優な若い衆が揃うて居ました。三つ舞ひ・

湯ばやしなど、若衆の役になつてゐるものは、旅人の私どもにも訣り易く、味ひよかつた、と記憶します。絵巻物に見る下人の直垂から法被に、さうして、近代のはつぴ・絆天の出て来る道筋の明らかに見える上衣に、山袴をつけた姿は、新しい時代の上に、古い姿の幻を、濃く浮べてゐました。舞ひ処に焚く榾のいぶりに、目を労し乍ら、翁の語りや、あるかなしの瞳を垂れて歩く巫女上﨟や、幾らとも知れぬ鬼の出現に、驚きつゞけて居りました。これが、ある時代、神遊びの一つとして、広く行はれた時代を思ひ浮

81――折口は新野の雪祭りについて次のように述べている。「私が、日本の芸能の歴史を考へようとした最初に、非常な興奮を催してくれたのが、此雪祭りの田楽の話を聞いた事でありました」(折口信夫、一九六七年、「信州新野の雪祭り」、『折口信夫全集一七』、中央公論社、三六三頁)。

82――折口信夫、一九六六年、「追ひ書き」、『折口信夫全集三』、中央公論社、五一〇頁。

83――「はな」という言葉の発生・展開については以下の論考に詳しい。折口信夫、一九六六年、「花の話」、『折口信夫全集二』、中央公論社、四六七－四九三頁。

84――ここに働く文法以前の文法とは、突き詰めれば、中沢新一が述べるように比喩の能力、またはアナロジーの思考法とも呼ぶべきものであるが(中沢新一、二〇〇八年、『古代から来た未来人　折口信夫』、筑摩書房、一六－二〇頁)、折口自身はそれを「類推作用」と呼んでいる。「結局、文法は世間の人のもっている論理から出てくる。あらかじめ論理をもっているのではなく、ことばを使っているうえに、漠とした論理を感じていて、その論理に従って自然にことばを整理していっている。この力が文法を生じるもとの力である。言語学では、それを類推作用といっている。それがないと文法は成り立たない」(折口信夫、一九七一年、「国文学概論」、『折口信夫全集　ノート編一』、中央公論社、二一八頁)。折口における「直観」とは、この「類推作用」を分析する視点に基づいたものだと言える。

べようとする努力感が、心を衝き動かさずには居ませんでした。[85]

折口の目は、「現代」の信仰・生活様式の中に伝承されている、言語活動によって紡がれてきた「古代」の姿を確実に捉えている。我々は、このような言語的構造論的なモデルを念頭に民俗に接することによって、そこに通底する「古代論理」を確認することができるのである。

## 民俗学から構造人類学へ

柳田の学問を受け継ぐ民俗学者は「言語に対する愛」を持つべし――折口は、民俗と言語の関係性を探究することこそ、日本民俗学が進むべき道であるとし、その研究対象として「言語伝承」に注目した。この「言語伝承」という概念には「口頭伝承」という、連想の中で言葉の意義を展開させる言語活動が見据えられていた。そして、この「口頭伝承」が日本人の生活変遷を引き起こす要因であるとし、そこに働く法則を「古代論理」として提示することこそ、折口の民俗学方法論の眼目だったのである。

この第3章では、柳田の方法論を前提とし、折口の民俗学理論が構築される流れを辿ってきた。次章では、折口が明らかにした「古代論理」を日本文化分析のためのモデルとして提示することによって、その方法論の有効性を探っていきたいと考える。その作業にあたって、折口と同時代にすでに始まっていた言語論的な民族学、すなわち構造人類学との比較方法論的検討を視野に入れていくことになる。

85―― 折口信夫、一九六七年、「山の霜月舞　花祭り解説」、『折口信夫全集一七』、中央公論社、三一七頁。

第4章

# 構造人類学の導入

構造人類学の方法論
言語伝承の図式
「天」の図式
「国」の図式
共同体の連結
言葉と翻訳者
口頭伝承の特性

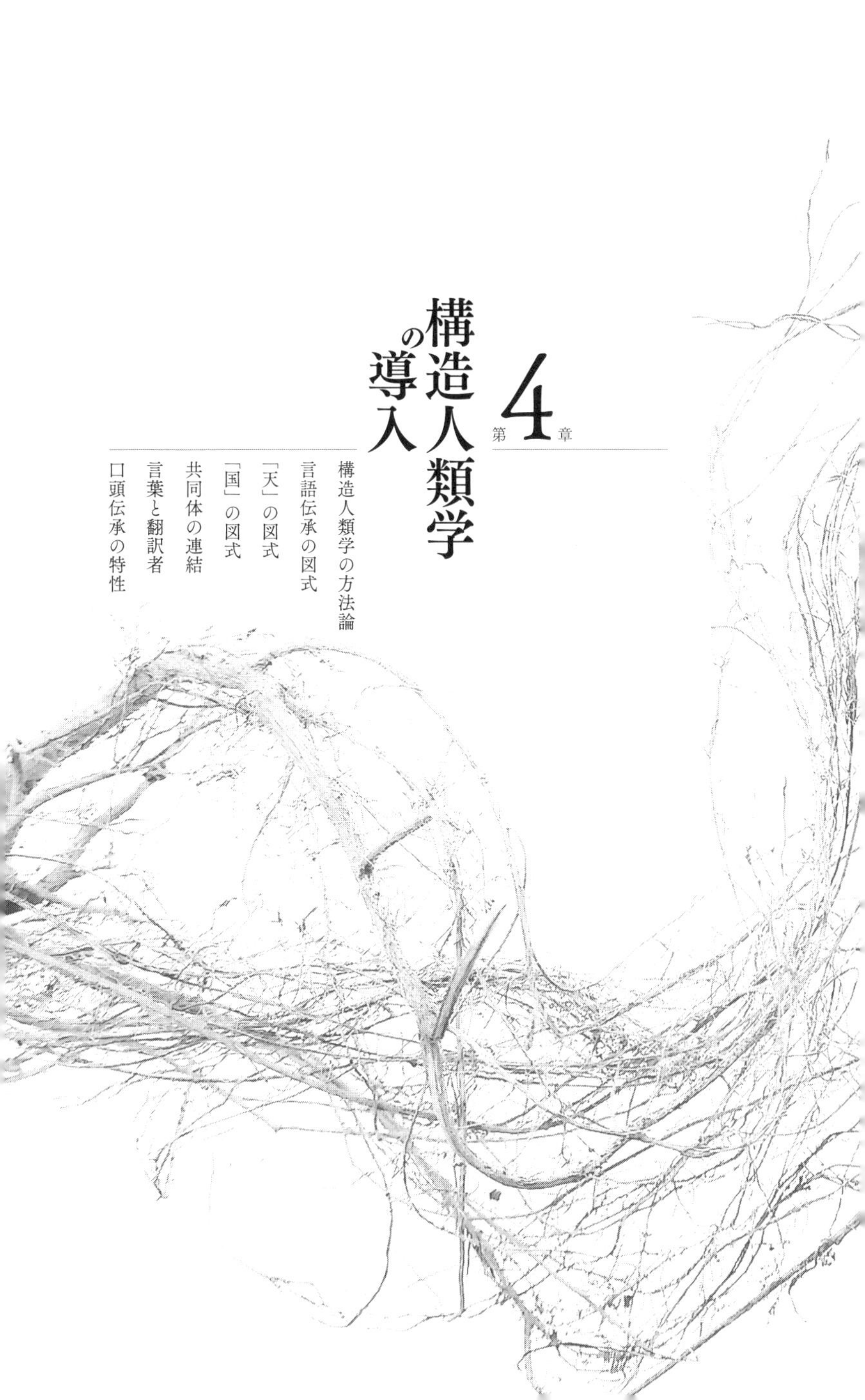

# 構造人類学の方法論

前章では、折口信夫が民俗研究の鍵を「言語伝承」と捉え、そこから「口頭伝承」に由来する法則を見いだしていった経緯を辿った。本章では、この言語伝承、さらには口頭伝承を構造主義で言うところの「ランガージュ（言語活動）」として位置づけ、折口が日本文化の特性をどのように理解していたのかについて明らかにしていきたい。

そもそも、偉大なる業績を残しながらも、日本民俗学の系譜においては決して主流とは言えなかった折口の思想に光を当て、再評価の道を拓（ひら）いたのは構造主義の洗礼を受けた記号論的観点によるところが大きい。民俗学のみならず言語学、国文学、宗教学、果ては創作活動にまでいたる彼の横断的な知のあり方が、記号論に親和的であると注目を浴びたのである。[1] しかし、なぜ折口の思想が記号論的示唆に富むのかという問いに対して、彼のテクストに準拠した議論は、なお十分に尽くされていないように思われる。[2]

本章では、構造論的観点から折口のテクストの読解を行うことによって、彼の方法論が構造主義のそれと類似していることを示すことになる。そして、古代日本文化の諸側面に通底する論理が「パロール」の交換（コミュニケーション）形式をモデルに提示できることを確認する。さらにこの論理は、古典の中の古代日本のみならず、現代日本文化にも見いだすことができると

1——例えば、磯谷孝は「ここには幸いなことに言語論あり、詩的言語論あり、日本文化論ありで、まことに記号論的豊穣を眼の当たりにしている思い」と折口を評している（磯谷孝、一九八七年、「方法論的概念としての「越境者」マレビト　折口名彙の用語論」、『現代思想』一五－四号、六六頁）。なお磯谷は、折口の『言語情調論』を取り上げ、ロシア・フォルマリズムとの比較思想的検討を試みている（磯谷孝、一九八一年、「折口信夫の〈詩的言語理論〉における存在のヴィジョン」、高橋徹編『折口信夫を〈読む〉』所収、現代企画室、七－二七頁）。

2——この理由の一つとして、記号論の文脈においては、折口の思想が無条件に「まれびと論」として語られる傾向が強いことが挙げられる。前章［⬇141頁］で述べたように、本来「まれびと論」とは、折口の思想の中心を成すものを、来訪する神人である「まれびと」と見立て、彼の業績を整理、再構成した池田彌三郎の論考に基づいた言説である（池田彌三郎、一九七八年、『折口信夫　まれびと論』、講談社、三－四頁）。このことに自覚的でないと、気づかぬうちに折口のテクスト読解に制限をかけてしまい、その「まれびと」概念を用いて折口が何を明らかにしようとしていたのかについて見逃すことになる。

考えられる。なぜならこの論理は、世代間の言葉の交換、すなわち、「言語伝承」という現在も行われている「言語活動」をそのモデルとしているからである。ここで言う論理とは、前章で取り上げた「古代論理」のことである。

また、本章における構造主義とは、「ランガージュを文化の条件として論じる」[3]と述べるクロード・レヴィ＝ストロースのそれである。この前提のもと、言葉、女性、財の三交換形式の相同性を探究することを端緒とし、言語活動と文化の諸相に相関関係を見いだしていくことが構造人類学の基礎的な方法論である。[4]本章では、レヴィ＝ストロースを導き手として、「古代論理」を「象徴論理」に重ね合わせて、折口のテクスト読解に臨みたいと思う。

# 言語伝承の図式

最初に、本章の肝となる日本文化に通底する古代論理について確認しよう。折口はこの論理を古代の神道（古神道）に見いだしている。前章で述べたように、ここで言う古神道とはいわゆる現代の神道とは異なる。

古神道ということばを出したが、長い間に合理化されてきたような形でなしに、できるだけ清純な古い神道の形というものを考えてみたい。そうすれば、その神道から、いろんなわれわれの生活の規則が出てくるということが考えられる。そこまで延ばしてみなければ、われわれのやっていることの本がわからない。それで古神道ということをいったのである。漠然と古神道ということばを使っているわけではない。古い神道には、すべてわれわれのもっているものの芽ばえをみることができる。▼5

折口は、古代人の生活はこの古神道に規定されていたと述べる。しかし、時代を経るにつれて、宗教的色合いを失った諸側面は別個の文化現象と見なされるようになる。

だから、簡単に言つてしまへば、神道は、日本古代の民俗であるといふことになる。それがいろいろな要素を備へてゐるために、――道徳的であつたり、宗教的であつたり、政治・法律的な表現をとつたり、民俗的な領域において、範囲を広めてきて、まるで各

3―― Claude Lévi-Strauss, 1958, *Anthropologie structurale*, Paris: Plon, p. 78.

4―― *Ibid.*, pp. 93-110.

5―― 折口信夫、一九七二年、「郷土と神社および郷土芸術」、『折口信夫全集　ノート編六』、中央公論社、三四八頁。

最初から意識してうち立てられた、別々の文化現象のやうに考へられるやうになつたのです。[6]

このような主張を折口自身の用語で簡潔に表現すれば、日本という共同体は古神道から「発生」した、と言えるであろう。ここに働く古代論理が「言語伝承」に依拠しているがゆえに、現在にいたる日本文化全体に大きな影響を与えていると考えられるのであるが、まず先取り的に古代日本共同体の発生を折口に従って素描しよう。

古代村落共同体は、その構成員が、生活・信仰様式（文化）を司る「かみ（神）」の「みこと（言葉）」を伝え、その「命（みこと）」の通りに共同体を運営することで成り立っている。そして、その神とは共同体外の「常世（とこよ）」から来訪する「まれびと」であり、共同体の「祖先神」とも考えられている。[7] このことは言い換えれば、共同体の構成員は信仰の名のもとに父祖の、すなわち上の世代の文化を「言語」を媒介にして伝承し、今度は己自身が「かみ（上）」として下の世代に「みこと」を伝達していると言える。この一連の図式が「まつり」であるが、これには二通りの意味がある。すなわち「政（まつりごと）」と「祭（まつり）」である。このうち「まつりごと」とは、「かみ」の「みこと」の伝達者、すなわち「みこともち（御言持ち）」として、その「みこと」を下の者へ実施させることであり、その「みこと」に従い「まつりごと」が滞りなく実施されたことの結果報告のための式が「まつり」である。このように「かみ（神、上）」からの「みこと」

に従い「政・祭」を行うことが、古代論理に則った「祭政一致」となる。

この古代論理は、古代における一村落共同体にだけ働くわけではない。共同体間の連結が起き、日本という共同体が形成される過程においてもこの論理を見いだすことができる。本来は他の共同体同様、一村落にすぎなかった「やまと」という名の共同体が複数の村落の頂点に立つことにより「大和朝廷」を統治機構とする「日本（やまと）」が成立する。このことを宗教的側面から考えると、信仰の対象が村落共同体の祖先神から異族の神（宮廷にとっての祖先神たる天つ神）へと挿げ替えられることを意味する。それは政治社会的側面においては、その共同体が父祖以来の言語を棄て、日本（やまと）の共同体構成員に成ることをも意味する。つまり折口に従うと、村落共同体における古代論理に則った上で、「お上（かみ）」の言葉である「やまとことば」を通して「やまと」の生活・信仰様式を地方に伝播し、その共同体の構成員を「やまと」

6――　折口信夫、一九六七年、「神道」、『折口信夫全集二〇』、中央公論社、一九五頁。

7――　柳田國男と折口が最後まで理解し合えなかった点が、この「まれびと」と祖先神の概念的差異であるが、折口は一貫して「まれびと」の中に祖先神の姿を見ている（折口信夫、一九九九年、「日本人の神と霊魂の観念そのほか」、折口信夫全集刊行会編『折口信夫全集　別巻三』、中央公論新社、五五〇－五五六頁）。折口名彙に代表される諸概念を、狭義の歴史概念から解き放つ必要性はしばしば唱えられてきたことではあるが、共同体に在駐せず、他界である「常世」から時を定めて来訪すると信仰されている「祖先神」は、十分に「まれびと」概念に包含されるものである。

の言語、文化の担い手にすることこそが日本という共同体の形成原理なのである。ゆえに折口は、日本と呼ばれる共同体とは、その連結された共同体の頂点に座する天皇（天つ神）の「みこと」である「のりと」[8]の下る範囲内であると述べる。[9]つまり、祭政において天皇の「みこと」が効力を発揮すると、その共同体は日本という図式に組み込まれることになる。

　このように古代論理は、古代日本の共同体形成に働いた原理となるわけであるが、それは時代を超えて現代日本においても影響を及ぼし続けていることを説明する仮説とも言える。なぜなら、折口が古代論理として抽出したものは「言語伝承」の仕組みに他ならないからである。先の引用で折口は「神道は、日本古代の民俗である」と述べていたが、「唯、古代生活は、言語伝承のみに保存せられ、其が後代の規範として、実生活に入りこんだ」[10]と指摘している点にも注目されたい。常に主体に先立って伝承されるべきものとしてあらわれる言語、このような折口の構想を構造論的に整理したものが「言語伝承の図式」である。この図式が、古代と現代をつなぎ、日本という共同体を発生させていると考えることができる。つまり、共同体が存続する前提として、上の世代と下の世代をつなぐ通時的な「言語伝承の図式」が、共同体間において上部共同体と下部共同体をつなぐ共時的な言語コミュニケーションの図式へと転用されるのである。[11]

　この図式に則ると、「かみ（上）」から「みこと（言葉）」を受け取った者（中）はその「みこと（命令）」に基づいて「まつりごと（下へ伝達）」をし、そして「まつり（上へ伝達）」をしなければならない。すなわち、その図式には「中」の者を媒介とし、「上」の者と「下」の者という三項が必然的に配置され「みこと（言葉）」が交換されることになる。次節では、この「言語伝承の図式」に基本的な交換の原理を見いだした時に、日本文化の特性についてどのようなことが明らかになるのか詳しく見ていこう。

## 「天」の図式

即、日本の国の生活法といふものは上（カミ）から段々と下（シモ）に及ぶ型をとり、宮廷の御生活が大貴族の生活に及び、それが更に下の貴族、それから更に下の低い者へと、高い生活が低い生活に移行する性質が存するのである。この理論を説明する為（ため）には、みこともちと

8――前章でも述べたように、ここでは折口に従い、上から下へ言い下す命令の言葉が「のりと」であり、下から上へ申し上げる誓いの言葉が「よごと」であると定義しておく。

9――折口信夫、一九六六年、「高御座」、『折口信夫全集二』、中央公論社、一六八－一七三頁。

10――折口信夫、一九六六年、「追ひ書き」、『折口信夫全集三』、中央公論社、五一一頁。

いふ言葉に就いて考察しなければならない。[12]

先に述べたように、折口は日本人の生活に古代論理を見いだした。「みこと」はこの古代論理に則り、「みこともち」を媒介に上から下へと伝達されることになるが、そんななかで、必然的に折口の関心を集めたのが、その言語伝達の頂点に位置する宮廷、すなわち古代における皇室（尊貴族）の生活・信仰様式である。折口に基づけば、必然的にここに古代論理が見て取れるはずである。

現に、宮廷という共同体は「天つ神」の「みこと（命）」を遂行することで成り立っている。折口の言う「天つ神」とは、「天照大神」によって地上に遣わされた「ににぎのみこと」以来、先帝まで続く皇室の祖先神であり、その「みこと」の内容において核を成すのが「食国（をすくに）のまつりごと」である。天皇は、天つ神の最高位のみこともちという意味で、「すめらみこと」と呼ばれる存在であり、天つ神の食（を）す米を作れとの「みこと」をその代理として発することになる。そして、その命に従い稲を刈り上げ神に奉納することが「まつり」である。このように、下の者にこの生活・信仰様式を伝達することこそが国を治（をさ）めることにつながるのである。[13]

しかし、宮廷においては本来この伝達は、「天つ神」と「天皇」の二項だけでは成り立たず、その二項を媒介する「中つすめらみこと」を必要とすると折口は述べる。

即、すめらみことは、「最高最貴の御言執ち」の義であつて、其処に、すめらみことの尊い用語例も生じて来たのだが、同時に、天皇に限つて言ふばかりの語とは限らなかつた。中つすめらみこととは、すめらみことであつて、而も仲に居られるすめらみことと言ふことであつた。その「中」であるが、片一方への繋りは訣る。即、天皇なるすめらみことと、御資格が連結してゐる。今一方は、宮廷で尊崇し、其意を知つて、政を行はれようとした神であつた。宮廷にあつて、御親ら、随意に御意志をお示しになる神、又は天皇の側から種々の場合に、問ひたまふことある神があつた。その神と天皇との間に立つ仲介者なる聖者、中立ちして神意を伝へる非常に尊い聖語伝達者の意味であつて見れば、天皇と特別の関聯に立たれる高巫であることは想像せられる。[14]

11—— ただし逆に、共時的な言語コミュニケーションの図式が、通時的な「言語伝承の図式」に転用されているとも見なせる。この両極性は構造論的観点の特徴であり、時代の移り変わりに伴って、この両極は相互に入れ替わりながら作動することになる。

12—— 折口信夫、一九六七年、「古代人の信仰」、『折口信夫全集二〇』、中央公論社、一一一‐一一二頁。

13—— 折口信夫、一九六六年、「大嘗祭の本義」、『折口信夫全集三』、中央公論社、一七五‐一八〇頁。

14—— 折口信夫、一九六七年、「女帝考」、『折口信夫全集二〇』、中央公論社、一一頁。

この「中つすめらみこと」は天皇の近親者であり、主として皇后のことを指している。この天皇と神との間の媒介者である「中つすめらみこと」について折口は、**図式**1を提示して次のように解説している。

a天つ神。a'は其御言詔持ちなる地上の神。bは介添への女性。a'に仕へねばならない尊貴族、最高位にいらつしやる方に当るbと言ふものは、信仰的にはaの妻であるが、現実的には、a'の妻の形をとる。祭りの時も、此形式をとるものである。[15]

つまり折口は、b「中つすめらみこと」は「身体」としてはa'に当たる「すめらみこと（天皇）」の妻であり、「信仰」の上ではa「天つ神」の妻であると説いたのである。そして「中つすめらみこと」は「天つ神」との関係性において「神の嫁」と呼ばれる。「天皇」とは、本来この「中つすめらみこと」と関係を結ぶことによってはじめて、「すめらみこと」として「現神（あきつかみ）」と見なされる。[16] この**図式**1こそ本章で言う「言語伝承の図式」に他ならない。折口に基づけば、この図式をもとに日本という共同体は発生するのであるが、さらに彼の述べるところを見ていこう。

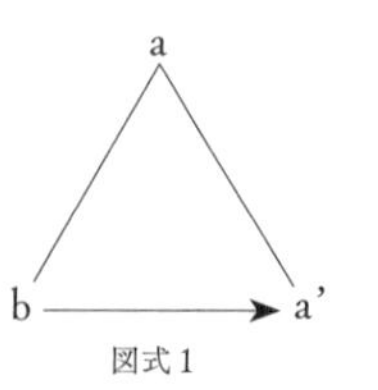

図式1

## 「国」の図式

上記のような図式が見いだされるのは、宮廷だけに限らない。古代国家を築き上げた大和朝廷も、本来は「やまと」という名の一村落に過ぎず、古代においては周辺の村落も「やまと」同様、天皇と同じような神聖首長を頂点とする共同体を形成していたとして[17]、そのような村落共同体を「国」、神聖首長（宗教的には「神主」とも呼ばれる）を「国造」、その共同体の神を「国つ神」、そしてその国つ神に仕える巫女（みこ）（国造の近親者）を「神の嫁」と位置づけることができる。これを先の図式に当てはめるとa＝国つ神、b＝神の嫁、a'＝国造となり、神の嫁を媒介に、国造が

15――　折口信夫、一九六六年、「古代人の思考の基礎」、『折口信夫全集三』、中央公論社、四二七頁。

16――　ここで言われる「あきつかみ」は神そのものではなく、「神と認められる人、今や神の位に立つ人」となった存在である。折口信夫、一九六七年、「宮廷生活の幻想　天子即神論是非」、『折口信夫全集二〇』、中央公論社、五一頁。

17――　折口信夫、一九六六年、「最古日本の女性生活の根柢」、『折口信夫全集二』、中央公論社、一四七－一五〇頁。

国つ神の「すめらみこと」として、共同体の頂点に君臨している図式を描くことができる。

しかし、このような「国」のあり方に大きな変化が訪れることになる。それが大和による国内平定事業である。ここでの大和の国内平定の主なやり方とは、服属させたかつての「国」の首長（国造）を朝廷の官吏たる郡領に任じ、間接統治を行うというものである。しかし、ここでの重要な点は武力的な制圧というよりも、その後の宗教改革の方にあったと折口はみている。

> 古代からの社会組織は、既に天智・天武の両帝御宇の剛柔二様の努力で、ほゞ邑落生活の小国の観念が、郡制の下に国家意識に改まりかけて来たし、小国の君主たる国造は、郡領として官吏の列に加へられ、国造が兼ねて持つてゐた教権は政権と取り離され、国家生活の精神の弘通を妨げる邑落時代からの信仰は、宮廷の宗教に統一せられようといふ意図の下に、国造近親の処女は采女として、宮廷に徴されて其信仰儀礼に馴らされた。▼[18]

このように折口は、尊貴族の生活・信仰様式である宮廷の神道の地方への伝播が、国内平定の核であると説いたのである。つまり、ある国が大和に服するのは、その国造が天皇に服するとともに、その国の国つ神が天つ神に服することをも意味する。引用にあるように、上記の平定過程において、重要な機能を果たしたのが采女制度である。采女とは、一般的には天子の召使と見られているが、大和に服属前の「国」においては、「神の嫁」たる巫女に当たる。また、先に「国造」とは宗教的には「神主」と呼ばれると述べたが、この「神主」とは祭りの間一時的に「神」に扮する「神人」の座長であり[19]、その際に土地の「精霊」に扮する「巫女」の接待をうける役である。[20]

折口が描き出した古代の「まつり」とは、この「神」と「精霊」の問答を中心としている。「まつり」に際して、「常世(とこよ)」から「まれびと」として来訪する神は、その「呪言」である「のりと」によって土地の精霊を圧伏する。[21] その「のりと」の内容とは、神が自身との関係性をもとに共同体の歴史を述べることである。それによって、この共同体が神の、そしてその神から発した民の領域であることを明らかにする。また、食物栽培などその国土で生きる術（生活様式）や神に接する方法（信仰様式）がその内容に含まれている。[22] そして、その圧伏された精霊が、「のりと」に従うことを表明する言葉が「よごと」である。これら「呪言」から叙事詩、諺(ことわざ)、歌など後の文学へとつながるものが発生するという、折口の著名な「文学の信仰起原説」[23]へと展開する

18―― 折口信夫、一九六六年、「叙景詩の発生」、『折口信夫全集一』、中央公論社、四三九頁。

19―― 折口信夫、一九六七年、「宮廷生活の幻想　天子即神論是非」、『折口信夫全集二〇』、中央公論社、五二頁。

20―― 折口信夫、一九六六年、「日本文学の発生」、『折口信夫全集七』、中央公論社、六八－六九頁。

21―― 折口信夫、一九六六年、「国文学の発生（第四稿）唱導的方面を中心として」、『折口信夫全集一』、中央公論社、一三一－一三二頁。

22―― 同上、一二五頁。

のであるが、ここで重要なことは、この「まつり」とは共同体における伝承の場であり、文学のみならず、その共同体における様々な生活・信仰様式の発生（伝承）がここに求められるということである。

先に述べたように、この「まつり」に際し、神と精霊に扮する者を折口は、「神人」と「巫女」と呼んでいるが、これらに選ばれる者とは村における特別な存在ではない。本来、これら一連の神事は、村の運営の中心である成人、つまり「成年式」を経た者の伝承行為に依っているのであり、また、この「まつり」そのものが成年式でもある。村の男は、「神主」や「宿老」などの先達から指導を受け[24]、村に伝わる神の「みこと」を伝承することによって成人と認められるとともに[25]、「まれびと」になる資格を得るのである[26]。そして、この神人が巫女たる村の処女に出会うと問答となり、「まつり」となる。

神と精霊との問答が、神に扮する者と、人との問答になる。そして、神になつてゐる人と、其を接待する村々の処女たちとの間の問答になる。[27]

このように、共同体に伝わる神の「みこと」を伝承した神人が、それを「のりと」として巫女に伝達し（まつりごと）、「よごと」を受ける（まつり）ことにより共同体の生活・信仰様式を伝承させ、共同体そのものを運営、存続させるのである[28]。先に述べた神に接する方法（信仰様式）

とは、まさにその「まつり」を行うための方法であり、その「まつり」で、食物栽培の方法（生活様式）により実った食物（大和の支配の後、徐々に米に一元化される）を神物として「まれびと」に差し出し、滞りなく「まつりごと」が行われていることを報告するのである。そして、その生活・信仰様式の息づく共同体で育った若者が、「まつり」によって次世代の神人、巫女になるという循環をみせる。

ここで、本来は祭りの間だけ首座の神をつとめる役目、すなわち「神主」が、その神の「みこと」を受け取る巫女を専有化することにより、その制限がはずされ、常時教権政権を有する国造となり、「現神（あきつかみ）」と見なされる存在となる。よって折口に言わせると、その国つ神の嫁を

23——　同上、一二四頁。

24——　この期間は「物忌み」と呼ばれ、山籠りなど共同体外で修練を積むことになる。折口信夫、一九六六年、「翁の発生」、『折口信夫全集二』、中央公論社、三九三頁。

25——　ゆえに、神の「みこと」の伝達者である「神主」との関係性から見ると、「神人」も精霊の位置に配されることになる。

26——　折口信夫、一九六六年、「日本文学の発生　その基礎論」、『折口信夫全集七』、中央公論社、一－七頁。

27——　折口信夫、一九六六年、「万葉集の解題」、『折口信夫全集一』、中央公論社、三四八頁。

28——　加えて指摘しておきたいことは、神人と巫女の出会いは、次世代を生み出すための性交渉をもたらすということである。そもそも、「成年式」を経るということは性交渉を許されるということであり、「まれびと」の「一夜づま」となってはじめて女性は真の成女と見なされる。折口信夫、一九六六年、「国文学の発生（第三稿）　まれびとの意義」、『折口信夫全集一』、中央公論社、四五－四七頁。

国造から取り上げる采女制度とは「神と現神とをひき離さうとする合理政策」[29]となる。

## 共同体の連結

今見てきたように采女(うねめ)とは、本来、異族の神々(国つ神)に仕える巫女(みこ)であり、「神の嫁」である。この巫女を「国つ神(国造)」から取り上げ、新たな「現神」である天皇に仕えさせることが采女制度の核心部である。これによって、宗教的には異族の神々は服属させられ、高下の区別がつけられることになる。

このことを先ほどの「まつり」に当てはめると「神」の位置を「天つ神(天皇)」が、「精霊」の位置を「国つ神」がしめることになる。[30]ここで、国つ神は国における最高神の地位を剥奪されるとともに、その最初の「みこと」の伝達者たる国造は祖先神と重なる形での「現神」ではなく、神たる天皇の言葉を伝達する「みこともち」となる。また、これを先ほどの**図式1**(➡204頁)に当てはめると、宮中におけるa＝天つ神、b＝神の嫁(中つすめらみこと)、a'＝天皇(すめらみこと)という図式の下に、「国」における、a＝国つ神、b＝神の嫁(国造の近親者)、a'＝国造という図式を描くためには、aをa'＝天皇に置き換えればよいことになる。こうすれば、各々の国における神の嫁が采女、国造が群臣（郡領）に切り替わり宮廷に連結されることになる。これを**図式**2として示しておこう。

　しかしここで重要なことは、采女は取り上げられたままではなく、「国」へ帰されることである。この采女とともに、本来、国造の子弟であり、その代理として天皇に仕えていた「舎人（とねり）」について、折口は次のように述べている。

> 采女達は、各国に帰れば、国ッ神最高巫女になり、舎人（とねり）は、郡領又は其（その）一族として、勢力があつた。此人たちが、都の信仰を、習慣的に身体に持つといふ事は、自ら日本宮廷の信仰を、地方に伝播（でんぱ）することゝなつた。古代にあつては、信仰と政治上の権力とは、一つであつた。宗教の力のある所、必（かならず）政治上の勢力も伴うてゐた。即、この舎人・采女

天つ神
中つすめらみこと → 天皇
采女 → 群臣

図式2

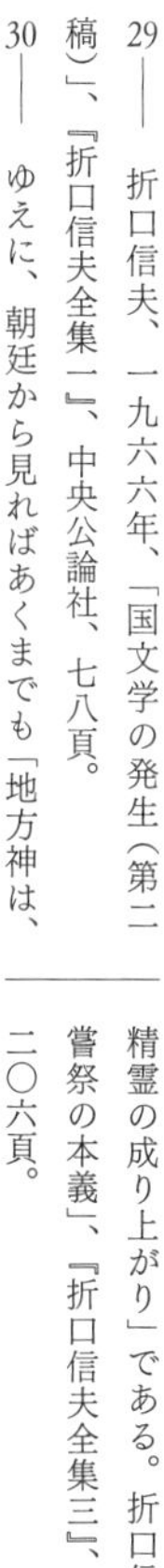

29―― 折口信夫、一九六六年、「国文学の発生（第二稿）」、『折口信夫全集一』、中央公論社、七八頁。

30―― ゆえに、朝廷から見ればあくまでも「地方神は、精霊の成り上がり」である。折口信夫、一九六六年、「大嘗祭の本義」、『折口信夫全集三』、中央公論社、二〇五－二〇六頁。

達が、宮廷の信仰を、地方に持ち帰つたと言ふことは、日本宮廷の力が、地方に及ぶ、唯一つの道であつた。[31]

国造の子息らが舎人、采女として宮廷に仕えるのは、宗教的な意味合いにおいては国つ神の代理として天皇から「のりと」をいただくことであり、同時に「よごと」を奉るためである。[32] それは同時に政治的側面においては、宮廷で天皇の側に仕えることによって、その生活・信仰様式を学び、後に各々の国に帰り、そこで次代の長となった際に己が民を教化するためである。

こうした過程を経て、各々の「みこともち」が天皇を頂点として、その発された「みこと」をいただき、各々の共同体へと伝達するようになる。そして、この図式は単に天皇と国造の関係に留まらず「外部に対して、みことを発表伝達する人は、皆みこともち」[33]であり、地方行政を預かる帥、国司さらにその下役の者たちへと順繰りに「みこともち」の資格が与えられることになる。[34] 各々の共同体は、この「みこともち」を「まれびと」として迎え、「食国のまつりごと」に従い稲を栽培し、米を奉納する「まつり」を行うのである。このように、通時的に上の世代と下の世代を結ぶ「言語伝承の図式」をもとに統治機構が成立することによって、共時的な共同体間の権力関係が明確化される。

ここで、采女制度を女性の交換という視点から見てみると、そこにはレヴィ＝ストロースが『親族の基本構造』で述べた首長が持つ複婚特権と、それに対応する首長と共同体を結びつける互酬体系を見いだすことができる。[35] 女性が並列的な共同体間において譲渡されることにより、個別の共同体を全体へと連結することと同様に、垂直的なそれも上下方へと共同体を連結することになる。また、米・舎人については、財・労力の交換として捉えることができる。本章では、言語、親族、経済の三体系に加え、古代日本における宗教、儀礼、政治などの文化の諸側面に論理的な連関があることを確認したが、ここで指摘しておきたいことは、この連関は「言語伝承の図式」をモデルとしなければ見いだせないということである。この視点に立ってはじめて、場所や時代によって変化する個々の形態（生活・信仰様式）に通底する交換原理の探究が可能になる。[36]

31――　折口信夫、一九六六年、「古代人の思考の基礎」、『折口信夫全集三』、中央公論社、三九八頁。

32――　折口信夫、一九六六年、「日本文学の発生　その基礎論」、『折口信夫全集七』、中央公論社、二三－二四頁。

33――　折口信夫、一九六六年、「神道に現れた民族論理」、『折口信夫全集三』、中央公論社、一五六頁。

34――　村落共同体において、神主が国造として君臨する段階ですでに連結が起こっていることを確認されたい。すなわち「国」の図式の下にb「巫女」, a'「神人」が描ける。

35――　Claude Lévi-Strauss, 2002, *Les structures élementaires de la parenté*, Berlin; New York: Mouton de Gruyter, pp. 50-52.

# 言葉と翻訳者

ここで一つ疑問が生じてくる。日本という共同体が、完全に「言語伝承の図式（図式1）」に則っているのだとしたら、各々の共同体の生活・信仰様式は均質化するはずである。前章で見てきたように、そもそも民俗学の目的は、日本人の生活変遷を問うことにあるのではなかったのか。これに対して、折口のテクストはどのように答えてくれるのだろうか。

先に見たとおり、大和の国内平定策は間接統治を旨とするものである。それは政治的に旧来の組織を利用すると同時に、宗教的には在地の神を否定するのではなく、高下の区別をつけることにより、信仰を上乗せするという形態を取る。折口は次のように述べている。

> 歴史家やその系統の人の考え方をする人は、日本の中にいろいろの人種の集まっていることを認めても、習慣は同じであると考えている。だが事実はことごとく違うのであり、それがしだいに一つに歩み寄るのである。被征服者は征服者を恨んで、征服者の習慣や宗教を遵奉（じゅんぽう）せないかと感ずるが、そんなものではない。村々の習慣などはすぐに変

化する。神の授受が盛んに行なわれ、前の神は非常に害のないかぎり認めはするが、同時に新しい村の信仰をそのうえにのせていく。だから村々の神の信仰が二重に重なっていくのである。社の神をえらいものであると考えてはいるが、これは自分たちの考えている神に、日本の神が重なったのである。すなわち、信仰の二元的なものができたわけで、ずぼらなものである。仏を拝んでまた、神まいりをする。これはいまでも平気でやっている。そのために日本のすべての社会を動かす原動力の信仰は、たえず中央の政治権力階級の信仰とどうしても一緒になるとともに、村々の信仰は中央のものとは全然

36―― ここで取り上げているレヴィ＝ストロースの理論が、マルセル・モースの『贈与論』の影響を強く受けていることはよく知られている。モースは未開と呼ばれる社会の諸側面に、互酬的な贈与という交換の仕組みを見いだし、それを手がかりに西欧社会の分析へと歩を進めていった。その際、贈与を行わせる力として、「マナ」に代表されるような非人格的な霊力に注目して論を展開している。じつは、折口はこのモースの理論を詳しく知っていたと考えられる。その上で折口は、日本における遊離する魂である「外来魂」、「威霊」を「まなあ」の訳語とし、結局日本における古代信仰とはこの「たま（魂・霊）」の交換であると主張するのである。折口に言わせれば、先に挙げた天皇と采女、舎人の「みこと」のやり取りもこの「たま」の交換という信仰を背景に行われていることになる。この「魂の贈与論」とも言うべき折口思想の一面については改めて次章で論じるが、周知の通り、レヴィ＝ストロースがマナ型観念を「浮遊するシニフィアン（signifiant flottant）」（Claude Lévi-Strauss, 1950, Introduction à l'œuvre de Marcel Mauss, Marcel Mauss, *Sociologie et anthropologie*, Paris: Presses universitaires de France, p. XLIX.）という概念を用いて言語活動へと回収したように、折口も言語伝承に注目し同様の作業を試みたのである。

同一になることもなく重なっていったのである。そういうわけで日本人の村々は、国のかたまる前から、小さな違いを含みながら、大きくは同じになっていった。[37]

各々の共同体において、信仰する神を統一しないことが、その神々に司られる各々の生活・信仰様式を残存させることと対応しているわけであるが、本章の主旨に沿うと、これらの二重性の背景には、「言語伝承の図式」がなければならない。

ここで「呪詞（呪言）」として、「のりと（祝詞）」「よごと（寿詞）」の他に折口が指摘する「いはひごと（鎮詞）」に注目してみよう。折口は**図式3**を提示し、「みこともち」として天皇の「のりと」を伝達する中臣氏と、[38]その「のりと」を「いはひごと」に翻訳して伝達する斎部氏の違いについて次のように述べている。

> 祝詞は、天皇の資格で、その御言葉のとほりに、中臣が云ふのであるが、鎮詞は、少し趣きが違ふ。氏族の代表者が、ほんとうに服従を誓うた後、其下に属してゐる者に、俺もかうだから、お前達も、かうして貰はなければならぬ、といふやうな命令の為方である。ちようど、掏児や博徒の親方が、其手下に、警察の意嚮を伝へるといつたやうな具合のものである。それ故、此は御言持ちでは無く、自分の感情に、翻訳して云ふのである。だから鎮詞は、祝詞の言葉の命令的なるに対し、妥協的である。其で鎮詞は、大

抵の場合は、土地の精霊が、自由に動かぬやうに、居るべき処に落ちつける言葉になつてゐる。即いはひ込めてしまふ詞である。此は、祝詞の意志を、中間に立つ者が、翻訳して云ふのであつて、多くの場合は、被征服者の中の、代表者が云ふ言葉である。これを司(つかさど)つたのが、山の神で、山の神は、土地の精霊の代表者であつた。[39]

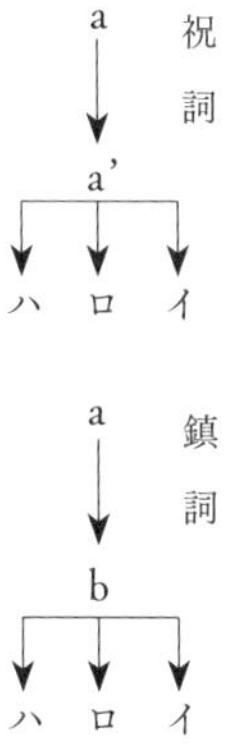

aは天皇、a'は中臣、bは斎部、イロハは中臣・斎部それぞれの命令をきくもの

図式3

37――折口信夫、一九七〇年、「日本文学史二」、『折口信夫全集 ノート編二』、中央公論社、一六八-一六九頁。

38――この中臣氏は後に藤原氏となるが、本来その職分は天皇と群臣の間に位置する「みこともち」であり、そのことが彼(か)の氏族が勢力を得た理由であると折口は述べる（折口信夫、一九六六年、「大嘗祭の本義」、『折口信夫全集三』、中央公論社、二〇四-二〇五頁）。天皇をめぐる女性の交換に関しては、采女制度は徐々に形骸化するが、それは女性の供給源が藤原氏に一元化されていくためである。しかし、形態は変わっても交換原理は変わらず、ここにも「言語伝承の図式」が見いだせる。

39――折口信夫、一九六六年、「呪詞及び祝詞」、『折口信夫全集三』、中央公論社、二五六頁。

折口は日本人の常世観は、海から天へと変化すると述べるが、[40] それは前節において、「国つ神」が「精霊」として「まれびと」である「天つ神」に圧伏され、その「みこと」に従う過程と対応する。これをもって、天皇を頂点とする「みこともち」の図式ができあがるのだが、さらに折口は民間においては、常世観は山上世界へも変化すると述べている。[41] それは上記のごとく圧伏されていた土地の精霊の復権へと対応することになる。

そして、このことが同時に「言語伝承の図式」としても捉えられるわけである。つまり、上記引用のように「上」と「下」をつなぐb「中」という媒介者が、各共同体の生活・信仰様式に適合させるように「みこと」を翻訳してしまうのである。「みこともち」となるためには、「かみ」に同一化する過程で、その「みこと」を「もどく」[42] ことになるわけであるが、それは同時に従来共同体で伝承してきた生活・信仰様式、そして言語を棄てることにもつながるので、多大な困難を伴う作業である。[43] 折口は、精霊が「いはひごと」を発するようになる以前の姿にも言及しているが、それはたって物言うまいとする「癋（べしみ）」の姿であり、ようやく口を開いたかと思ったら神の「みこと」に逆らう返答をする「あまのじやく」の姿である。[44] このような精霊の姿は、各共同体間の連結の度合いを表していると言えるが、「呪言」をもって精霊に口を開かせようとする「まれびと」との問答は、「みこと」の伝達の度ごとに「古代」を反復して繰り返され、多様な「民俗」を発生させることになる。

40―― 折口信夫、一九六六年、「古代生活の研究 常世の国」、『折口信夫全集二』、中央公論社、三四―三五頁。

41―― 前章までに見てきたように、この山をめぐる他界（常世）観は柳田が見いだしたものと同じであるが、折口はさらにその古層として、日本人は天や海の彼方に他界を思い描いていたと説いている。この他界観念の変遷については、晩年の論考「民族史観における他界観念」（一九六七年、『折口信夫全集一六』、中央公論社、三〇九―三六六頁）に詳しい。そして、じつは柳田も晩年に向かうにつれ、山から天へ、そして海へと日本人の他界観を遡っていくようになる。これは沖縄をはじめとする南島へと柳田の視線が移されていった結果であり、それは『海上の道』（一九九七年、『柳田國男全集二一』、筑摩書房、三七七―五八七頁）に結実することになる。柳田の他界観念、神観念に関する思索が折口へと接近していく経緯については、以下の論考に詳しい。梶木剛、一九八九年、「柳田学と折口学」、慶応義塾大学国文学研究会編『折口学と古代学』所収、桜楓社、三五―六六頁。

42―― 折口は「もどく」について次のように説明している。「もどくと言ふ動詞は、反対する・逆に出る・批難するなど言ふ用語例ばかりを持つもの丶様に考へられます。併し古くは、もつと広いもの丶様です。尠くとも、演芸史の上では、物まねする・説明する・代つて再説する・説き和げるなど言ふ義が、加はつて居る事が明らかです」（折口信夫、一九五五年、「翁の発生」、『折口信夫全集二』、中央公論社、四〇九頁）。

43―― ただし、その時点で各共同体に伝承されている言語が、父祖以来伝わったものだとは言えない点に注意されたい。以前の世代でも同様のことが起きていることは当然のように想定できる。ゆえに、折口は伝承内容の起原を問うてはいないのである。この折口の試みは、レヴィ＝ストロースが可能性としては論じたものの具体的に取り上げなかった「以前に別の言語を話していた社会が、外部の言語を採用するという、よく起こる事例」（Claude Lévi-Strauss, 1958, *Anthropologie structurale*, Paris: Plon, p. 81.）を問うものであると言える。

44―― 折口信夫、一九五五年、「国文学の発生（第四稿）唱導的方面を中心として」、『折口信夫全集一』、中央公論社、一三八頁、二一五―二一六頁。

# 口頭伝承の特性

「言語伝承の図式」が、形式として単純性を保ちながらそのように多様な産出性を有するのは、前章で指摘したように「口頭伝承」の特性を強く反映しているからである。折口が「普通には民間伝承は文字をもたぬものだから、いくらでも変化する」[45]と述べるように、この「口頭伝承」に基づいた伝承行為の反復が、現在もなお、異なった様式（伝承内容）の発生を促しているのである。

本章で取り上げた折口の概念である「のりと」「よごと」「いはひごと」とは、この「口頭伝承」の基礎方式に他ならず、これに基づいて言葉である「みこと」は交換されるとともに、人々は「言語伝承の図式」の各項に配されることになる。すなわち、人々は各項に対応するある種の演技を、言葉によって強制されながらも自発的に行うことになる。交換された言葉は、**図式1**〔➡204頁〕と**図式3**〔➡217頁〕を相互に入れ替わりながら、すなわち「もどく」という過程をはさみながら「みこともち」を産出していく。二重性と表現される日本文化の特性は、こうした「みこと」の交換という言語活動によって醸成されてきたと言えるであろう。

本章では、折口のテクストの読解を通して、言葉、女性、財の三交換形式の相同性を明示するとともに、日本文化の諸側面に論理的な連関があることを確認した。レヴィ＝ストロースを導き手にして整理したとはいえ、折口の理論がこうも構造主義に親和性があるのはどうしてなのか。じつは、両者の理論をつなぐ鍵となるのが「マナ」の概念である。次章では、折口、レヴィ＝ストロースに共通するマナをめぐる思索を取り上げ、日本における交換のあり方について、もう一歩踏み込んで論じてみたい。

45―― 折口信夫、一九七一年、「民間伝承学講義」、『折口信夫全集　ノート編七』、中央公論社、一九頁。

第5章

# 魂の贈与論

- マナの交換
- デュルケム＋モース理論
- マナをめぐる思想的系譜
- マナイズムとしての産霊
- 大嘗祭考
- 産霊を基盤としたトーテミズム
- 剰余としてのマナ

# マナの交換

構造主義の名がこれほど日本に広まっているのに対して、現代日本を対象とした構造分析の試みは驚くほど少ない。これには、文化人類学者（民族学者）であるクロード・レヴィ＝ストロースの方法の有効範囲という問題が少なからず影響している。構造人類学の方法を、現代日本社会の分析にそのまま適用することは困難なのである。

『親族の基本構造』においてレヴィ＝ストロースが提示した構造論的モデルは、交叉イトコ婚に見られるような、親族分類法に則って半ば自動的に配偶者を決定する体系から導出した「基本構造」である。これは、原則的に女性の交換のみに注目することだけでモデル化することのできる構造である。この基本構造に対してレヴィ＝ストロースは、現代の西欧社会などは配偶者決定にあたって、富の移転や自由な選択に基礎を置いている体系と見なし、そこから導出できるモデルを「複合構造」と名づけた。もちろん、現代日本社会は複合構造に分類される。

こうして見てみると、基本構造では、親族体系に働く法則を女性の交換から導き出すことができるけれども、複合構造では、女性の交換にだけ注目していたのでは、親族体系に働く法則を明示することはできない。複合構造化した社会の交換法則を導出するためには、女性、財、言葉など、複数の交換形式を視野に入れる必要がある。

本章では、前章に引き続き折口信夫のテクストを手がかりに、日本文化を構造分析していくが、ここで注目するのは「マナ」の交換形式とそれが形づくる体系である。折口が活躍していた時代、民族学や社会学において、非人格的な霊力を意味するマナの概念が注目されており、それを用いた交換理論が一大潮流を成していた。じつは折口もそれに影響を受け、マナの交換理論を展開し、日本社会への適用を試みている。

しかし、ここで思い起こさなくてはならないのは、マナとは、レヴィ＝ストロースによって、その取り扱いに注意するよう警告された概念だということである。よく知られているように、レヴィ＝ストロースは、マルセル・モースの『贈与論』の影響を大きく受けている。レヴィ＝ストロースは、「交換」に注目するモースの視点を高く評価する一方で、その交換の原因をマナに代表される神秘的な力に帰着させてしまったと批判している。モースは、交換を促すのはマナであるとの原住民の理論にとらわれてしまったと、レヴィ＝ストロースは指摘するのである。

もちろん、レヴィ＝ストロースの言うように、贈与交換の原因をマナに帰着させてしまうことは、科学的な分析だとは言えないであろう。しかし、モース、そして折口のテクストを詳細に見てみると、彼らの交換理論においてマナに注目することは、方法論的な必然性があったことに気づかされる。レヴィ＝ストロースの言葉を借りるならば、女性、財、言葉の三交換形式の相同性を明らかにするために、人々がそれらの交換の背後にあると信じたマナを取り上げたのである。この一見矛盾かつ遠回りに見えるマナへの経由が、日本社会に通底する構造を明確化することになるというのが本章のテーゼである。まずは折口のマナ理論の背景にあるモースの理論、そしてその土台となったエミール・デュルケムの理論の検討から考察の歩を進めていきたい。

## デュルケム＋モース理論

交換理論と言えば、その先駆けとして必ずモースの『贈与論』が挙げられる。ここから始まる贈与交換の研究は、文化人類学、社会学、民俗学など幅広い分野で主要な研究テーマとなっている。これは、『贈与論』が多様な可能性を秘めたテクストであることを示唆しているが、その後の研究の系譜を辿ると、必ずしもその成果が全面的に継承されているわけではない。最も閑却されてしまったものは、「マナ」を贈与交換の核としたモースの方法論である。

このことは少なからず、モースの論文集『社会学と人類学』に付されたレヴィ＝ストロースの「マルセル・モース論文集への序文」[1]が影響していることは間違いないであろう。この序文でレヴィ＝ストロースは、コミュニケーション、特に交換のあり方に注目し、そこに働く規則から象徴的な体系を描出しようとしたモースの業績を高く評価している。しかし、レヴィ＝ストロースは、モースがその交換を促進する原因をマナ型観念に据えてしまったことを批判している。そして現在、文化人類学、社会学を問わず、もはやマナが交換理論の中心にくることはなくなっている。つまり見方によっては、交換理論を論じる際に継承ないし批判の前提となっているのは、モースの交換理論ではなくて、モース＋レヴィ＝ストロースの交換理論であると考えられる。そしてそれによって、捨象されてしまったのがマナである。[2] しかし、一度レヴィ＝ストロースから離れて『贈与論』を見てみると、もう一つの交換理論が見えてくる。

モースの『贈与論』は「未開あるいはアルカイックといわれる社会において、受け取った贈

1――Claude Lévi-Strauss, 1950, Introduction à l'œuvre de Marcel Mauss, Marcel Mauss, *Sociologie et anthropologie*, Paris: Presses universitaires de France, pp. IX-LII.

り物に対して、その返礼を義務づける法的経済的規則は何であるか、贈られた物に潜むどんな力が、受け取った人にその返礼をさせるのか」[3]という問いから始まっている。その問いに対する答えとしてモースが持ち出すのが、ポリネシアのマオリ族で言うところの「ハウ」である。ハウは神秘的な力、すなわちマナ型の観念であり、贈与交換に用いられる品物（タオンガ）にはすべからくその力が宿っているという。

要するに、ハウは生まれたところ、森やクランの聖地、あるいはその所有者のもとへ帰りたがるのである。タオンガないしハウはそれ自体一種の個体であり、一連の保有者が祝宴、祝祭、贈与によって、同等あるいはそれ以上の価値の財産、タオンガ、所有物、労働、交易をお返ししない限り、彼らにつきまとう。そうしたお返しによって、その贈与者は、最後の受贈者になる最初の贈与者に対して権威と力を持つようになる。これが、サモアやニュージーランドにおいて、富、貢物、贈与の義務的な循環を支配している主要な観念である。[4]

よく知られているように、モースの贈与交換は、贈り物を与える義務、受け取る義務、返礼の義務の三つの義務を想定することにより成り立っている。そして、この贈与交換を促す原因、特に返礼を促す原因として、モースはマナに注目した。レヴィ＝ストロースは批判したけれども、当然、モースは何らかの神秘的な力が贈与交換を促したと考えていたわけではない。原住民が神秘的な力と見なしているものに、アルカイックな社会の未分化な法・経済規則を明らかにする手がかりがある、とモースは考えたのである。[5] この考えが、よく知られた「全体的社会的事象(fairs sociaux totaux)」という概念の提示につながることになる。[6] つまり、贈与交換によって描きだされるものは、社会における限定された一側面に見られる事象ではなく、法的、経済的、宗教的、美的、形態学的などの諸側面に通底するものということになる。

『贈与論』冒頭で、以上のような問いと答えを提示した上でモースは、次のような三段階に

2――　全てを「交換」に帰着させるレヴィ=ストロースを批判する一方で、譲渡不可能なものを視野に入れていたとして、モースを評価するモーリス・ゴドリエですら、贈与を論じる際にマナを介在させる必要はないと言っている(モーリス・ゴドリエ、二〇〇〇年、『贈与の謎』、山内昶訳、法政大学出版局、一四七-一五四頁)。この状況は、日本に目を向けても同様である。例えば、伊藤幹治による『贈与交換の人類学』(一九九五年、筑摩書房)は、民俗学、文化人類学、社会学における交換理論を整理した上で、日本社会の分析を展開するという、日本を対象とした交換研究の基礎文献とも言うべき著作である。ここでは、モースへの言及はもちろんのこと、供犠という文脈で、贈与の受け手としての神、精霊、死者の霊魂などを取り上げ、民衆が有する世界観にまで視野を広げている。しかし一方で、贈与交換の対象としてはあくまでも「ものやサービスなどの手段的な財」(同上、五一頁)に焦点が絞られ、マナ型観念の介在という視点は、もはや採用されていない。

3――　マルセル・モース、二〇〇九年、『贈与論』、吉田禎吾・江川純一訳、筑摩書房、一四頁。

4――　同上、三六頁。

分けて論を展開していく。

第一段階では、未開社会、アルカイックな社会での贈与交換のあり方を、具体的な事例を挙げて分析していく。その事例は、ポリネシア、メラネシア、アメリカの先住民と多岐にわたるが、そこで三つの義務と、それを果たすことによる名誉の獲得、果たせなかったことによる名誉の失墜と、贈与者に対する負債の発生などを詳細に検討している。

第二段階では、モースはこの贈与交換という図式を、アルカイックな社会から、文明社会の歴史的古層、すなわち古代社会へ敷衍(ふえん)することを試みる。古代社会におけるローマ法やゲルマン法、ヒンドゥー法などに見られる贈与交換のあり方をモースは詳しく分析している。そこでモースが手がかりにするのがマナ型観念である。ローマ法におけるネクスム、ゲルマン法におけるワディウム、ヒンドゥーのブラーフマナをめぐる規則の中に、モースはその片鱗をうかがっている。すなわち、文明社会においても少なくともある一時期には、アルカイックな社会と同じ贈与交換のメカニズムが働いていたことをモースは示したのである。

第三段階では、第二段階の結果を受けて、贈与交換のメカニズムが、いまだ現代の文明社会にも息づいている可能性を示唆している。ここでもいくつかの事例を挙げているが、第三段階に当たる部分は、『贈与論』の結論部分であり、いささか論の展開としては急ぎ足になっていることは否めない。しかし、古代社会におけるマナ型観念の機能から、近代社会に働く贈与交換のメカニズムに一連の論理的なつながりを見いだすことが『贈与論』の眼目だと言える。『贈与論』を持ち出す際に、交換理論の論者のほとんどが、第一段階の民族学・民族誌的記述への注目に留まっているが、第二段階を経て第三段階へいたる研究こそ、モースが民族学者ではなく社会学者である所以である。

しかも重要なことは、モースのこの論の展開は、デュルケムの『宗教生活の基本形態』での方法論に依っていることである。ここで、デュルケム社会学の集大成とも言うべき晩年の大著、『宗教生活の基本形態』の内容を簡潔に示すと次のようになる。

宗教は信仰生活を一にする道徳的共同体を単位としており、その基本形態として取り上げられるのがトーテム集団である。氏族組織であるトーテム集団の連結した集合体が部族社会となる。トーテミズムの基盤にはマナイズムがあり、マナ型観念は、物質的生活における生命力と見なされるとともに、集合力、道徳力の表れ、すなわち社会がその構成員に及ぼす力を表している。またこれは認識に反映され、思考の枠組みを形成する。結局、デュルケムが宗教生活の

5――　もちろん、この点についてレヴィ＝ストロースが理解していなかったわけではない。マナ型観念を諸体系に通底する構造分析の核と認識しながらも、それはあくまでも交換によって浮き彫りになる、象徴的機能の産物であることを強調することは、レヴィ＝ストロースをモースの継承者として位置づけつつ、構造主義の有効性を知らしめることになる。よって、中野昌宏が言うように「このレヴィ＝ストロースの批判は、批判というよりも宣言、すなわち〈構造主義〉宣言」なのである（中野昌宏、二〇〇六年、『貨幣と精神　生成する構造の謎』、ナカニシヤ出版、一三三頁）。

6――　マルセル・モース、二〇〇九年、『贈与論』、吉田禎吾・江川純一訳、筑摩書房、二八三頁。

基本形態から取り出したものは、古代社会のみならず近代社会にも通底する社会的機能である。この考えをもとに、道徳・芸術・法律・政治・経済などの社会的制度はマナによって駆動する宗教から発生したという結論にデュルケムは達する。

この『宗教生活の基本形態』でデュルケムが、未開拓な研究領域として挙げた、マナを媒介とした宗教と経済との関係性について、[7]彼の亡き後、モースが引き継ぎ答えた成果が『贈与論』である。[8]『贈与論』をフランス社会学の文脈に置くことによってはじめて、マナをキーワードとして構築されたデュルケム＋モースの交換理論が見えてくる。[9]

そして、このデュルケム＋モースのマナをめぐる理論は、一時期日本において大きな潮流を生み出した。その舞台が、柳田國男が創刊した雑誌『民族』である。

## マナをめぐる思想的系譜

第1章で見てきたように〔➡69頁〕、公職を退き、本格的に日本をフィールドにした新しい学問の構築を志していた柳田は、一九二五年、彼に私淑していた岡正雄や有賀喜左衛門、田邊壽利などの協力のもとに、人文学系総合雑誌『民族』を創刊した。この『民族』は、幅広い分野から論文を募るとともに、様々な民俗資料の提供を呼びかけ、さらに海外の民族学、民俗学の主要な理論を紹介していた。この柔軟な編集方針が、後に「日本民族学会」「民間伝承の会」の母体となる人的ネットワークを築き上げるのみならず、日本の歴史学、宗教学、言語学等を牽引していく若き俊英たちを集めることになる。そして、それらの学問分野を網羅する最新の学問として台頭してきていたフランス社会学（デュルケム学派）の日本における一大拠点ともなるのである。[10] 先に挙げた田邊に加えて、宇野圓空、赤松智城、古野清人、松本信広といった、現在では、日本におけるフランス社会学の先駆者として知られるそうそうたる面々がその執筆者として顔を並べている。[11]

早くも第一巻第二号には、田邊壽利の「デュルケム派の宗教社会学」の連載が始まる。[12] この論文は、そのタイトル通りデュルケム学派の宗教社会学理論を『宗教生活の基本形態』をもと

7——　エミール・デュルケーム、二〇一四年、『宗教生活の基本形態　オーストラリアにおけるトーテム体系〔下〕』、山﨑亮訳、筑摩書房、四四六頁。

8——　マルセル・モース、二〇〇九年、『贈与論』、吉田禎吾・江川純一訳、筑摩書房、二七二頁。

9——　山﨑亮は、『宗教生活の基本形態』はフランス社会学派（デュルケム学派）の宗教研究の総体の中に位置づけてはじめて真の意味がわかると述べ、従来そのような研究がほとんど成されてこなかったことを問題視しているが（山﨑亮、二〇一四年、「訳者解説」、エミール・デュルケーム著『宗教生活の基本形態　オーストラリアにおけるトーテム体系〔下〕』所収、筑摩書房、四八九頁）、同じことは『贈与論』にも言える。

に紹介するという構成をとっている。紙面を十分に取った上で、連続四回にわたって掲載されたこの論考は、デュルケムの宗教社会学理論のわかりやすい解説になっている。また、『宗教生活の基本形態』の前半の構成がそうであるように、当時の宗教の定義や起原に関する学説を網羅的に整理するという教科書的役割も果たしている。

また、第一巻第五号からは、宇野圓空の「呪術論の進んだあと」が二回連載される。この論文は、人類学、宗教学において、「呪術と宗教とその発生の歴史に於ける先後の関係がどうであるか、また性質上呪術と宗教との異同如何といったやうな点が、学界を賑はした論議の中心的な題目」[13]であることを指摘した上で、デュルケム学派における呪術・宗教論はもちろんのこと、ジェームズ・フレイザーの呪術先行論から最新の呪術論についてまで、丹念に紹介している。このように、この論文は呪術的側面から見た宗教の発生論の整理とも言うべき内容となっている。[14]

さらに注目すべきは、第一巻第三号からはじまる、赤松智城の「古代文化民族に於けるマナの観念に就て」である。この論文も四回の長期連載となるが、テクニカルタームとしてのマナ、及びマナイズムの解説に始まり、世界各地のマナ型観念を網羅的に紹介していくという構成をとっている。赤松はその際に、当時、観察可能であった「原始的自然民族」におけるマナ型観念のみならず、「古代文化民族」、すなわちエジプトやバビロニア・アッシリアのセム族、さらにはインド・ヨーロッパ語族に存在していたであろうマナ型観念の研究、すなわちモースとアンリ・ユベールを代表者とするフランス社会学の研究成果を紹介している。赤松は、最終的には中国、日本におけるマナ型観念について論じたい旨を表明していたが[15]、結局それは『民族』紙上では果たされなかった[16]。

一見してわかるように、彼らが関心を持ち論じていたのは、多彩な領域にて業績をあげているデュルケム学派の中でも、宗教社会学に集中しているということである。宗教社会学は、当

10―― 柳田は*Les formes élémentaires de la vie religieuse*をはじめとするデュルケム著作を有しており、先に述べたように、理論的対応関係も指摘されている。また、岡が述べているように、彼が出入りしていた時分には、東大社会学研究室にもなかったデュルケム学派の機関誌『社会学年報』を柳田は揃えていたという(岡正雄、一九八七年、「インタビュー　柳田国男との出会い」、後藤総一郎編『柳田国男研究資料集成一四』所収、日本図書センター、四五–四六頁)。デュルケム亡き後、学派の領袖(りょうしゅう)であったモースが民族学寄りの研究姿勢をとっていたこともあり、日本へのフランス社会学の浸透は、柳田を中心に行われた感がある。

11―― この時期パリに留学中の松本は、「学友書信集」の欄に、フランス社会学の最新の研究動向を報告している。

12―― 田邊によるとこの論考は、「余らが日本民俗学の創始者柳田國男先生を盟主として雑誌「民族」を編輯(へんしゅう)してゐた際、炯眼(けいがん)なる先生の命によつて同誌に執筆連載したもの」だという。田邊壽利、一九三一年、『フランス社会学史研究』、刀江書院、一〇–一一頁。

13―― 宇野圓空、一九八五年、「呪術論の進んだあと」、『復刻版『民族』一(下)』所収、岩崎美術社、八一〇頁。

14―― 第二巻第四号掲載の「ニアス人とクブ人の霊魂観念」にて、宇野はインドネシアにおける霊魂観念について論じているが、そこでは、後に取り上げる折口の論考「小栗外伝」が引用されている。宇野圓空、一九八五年、「ニアス人とクブ人の霊魂観念」、『復刻版『民族』二(下)』所収、岩崎美術社、六二五頁。

時のデュルケム学派の中核的な研究領域として位置づけられていたが、その大きな理由は、先に挙げたデュルケム晩年の大著『宗教生活の基本形態』にある。

このような学的潮流の中、折口は日本社会を分析するための手がかりとしてのマナに関心を寄せていく。一九二一年に国学院大学教授に就任し、すでに地歩を固めていた折口は、初期の頃から『民族』の主要執筆者として名を連ねていた。第一巻第二号に「小栗判官」をテーマにした論文「餓鬼阿弥蘇生譚（がきあみそせいたん）」を発表した折口は、前論文では論じ足りなかった旨を前置きし、第二巻第一号に「小栗外伝　魂と姿との話」を発表する。ここで折口は、外から寄り来る力、「外来魂」の概念を前面に押し出し、古代日本における宗教生活を論じるのである。そして一九二七年の「若水の話」では「柳田先生は、まななる外来魂を稜威（イツ）なる古語で表したのだと言はれたが、恐らく正しい考へであらう。いつ・みいつ・いつのなど使ふのは、天子及び神の行為・意思の威力を感じての語だ[17]」と述べている。これより早く一九二三年の「琉球の宗教」にも同様の記述があるように[18]、外来魂＝マナと見る視点は、柳田由来のものであることがわかる。その後、一九二八年六月には、国学院大学郷土研究会例会講演の筆記として残る「花の話」で折口は、「まな（外来魂）[19]」とし、その信仰について詳しく述べている。同年九月、「万葉集研究」では「此まな――外来魂――信仰[20]」、「威霊（マナ）[21]」、同じく十一月、「大嘗祭（だいじょうさい）の本義ならびに風俗歌と真床襲衾（まどこおふすま）」では「つまりは、稲が天皇陛下の威力の素（もと）なる外来魂（マナア）であったのである[22]」との記述がある。そして一九二九年、『民族』の後継雑誌とも言うべき『民俗学』第一巻第五号より三回連載された「古代人の思考の基礎」において「其は威霊——我々は、外来魂と言うてゐるが、其を威霊と代へて見た。まなあの訳語——である」[23]と記している他、第一巻第三号掲載の「霊魂の話」は、マナという用語こそ見られないものの、「たま（霊・魂）」の基本的な作用についての総合的な論文となっている。このように、『民族』が発刊してから短期間のうちに、外来魂＝マナの視点から古代信仰について考察が深められていることがわかる。

ここで『民族』の顚末について記しておこう。『民族』は一九二五年の十一月に第一巻第一号

15—— 赤松智城、一九八五年、「古代文化民族に於けるマナの観念に就て」、『復刻版『民族』一（下）』所収、岩崎美術社、一〇三四頁。

16—— この論考は、後に『輓近宗教学説の研究』に収録されたが、そこでは「支那及び我国の事例」として日本におけるマナ型観念についての記述がある（赤松智城、一九二九年、『輓近宗教学説の研究』、同文館、五二二－五二八頁）。しかし、この後に見る折口の学説についての言及はない。

17—— 折口信夫、一九六六年、「若水の話」、『折口信夫全集二』、中央公論社、一二三頁。

18—— 折口信夫、一九六六年、「琉球の宗教」、『折口信夫全集二』、中央公論社、四七頁。

19—— 折口信夫、一九六六年、「花の話」、『折口信夫全集二』、中央公論社、四八四頁。

20—— 折口信夫、一九六六年、「万葉集研究」、『折口信夫全集一』、中央公論社、三七七頁。

21—— 同上、四一〇頁。

22—— 折口信夫、二〇〇四年、「大嘗祭の本義ならびに風俗歌と真床襲衾」、安藤礼二編『初稿・死者の書』所収、国書刊行会、二五六頁。

23—— 折口信夫、一九六六年、「古代人の思考の基礎」、『折口信夫全集三』、中央公論社、四〇一頁。

を発刊して以来、隔月に刊行され、一九二九年四月に休刊となる。当初は、柳田も編者のみならず執筆者としてもかなりの数の論考を載せていたが、やがて編集の岡正雄と軋轢が生じるようになり、雑誌に対する熱意も薄れていったのか、一九二八年九月の第三巻第六号を最後に自らの文章掲載をやめ、それから第四巻を第三号まで出したところで休刊した。次いで創刊された雑誌『民俗学』は、『民族』の同人らが折口を担ぐ形で設立した「民俗学会」の機関誌であったが、『民族』の方針を引き継ぐ形で、その掲載内容は多岐にわたっていた。モースの論文翻訳である「無遠慮公認の縁戚（えんせき）」「エスキモ社会の季節的変動」が掲載されるなど、デュルケム学派関連の論考も継続して扱われている。折口のマナ理論の深化は、このような土壌から生まれてきたのである。▼24 大まかではあるが、思想史的背景を確認したところで、いよいよ折口の「外来魂（マナ）」の交換理論を検討していきたいと思う。

## マナイズムとしての産霊（むすび）

折口は、現在の日本の文化は古代人の宗教生活から発生したと考えていた。

古神道ということばを出したが、長い間に合理化されてきたような形でなしに、できるだけ清純な古い神道の形というものを考えてみたい。そうすれば、その神道から、いろんなわれわれの生活の規則が出てくるということが考えられる。そこまで延ばしてみ

24――安藤礼二も同様の指摘を行っている（安藤礼二、二〇〇四年、『神々の闘争　折口信夫』、講談社、一八一－二三二頁）。ただし現在のところは、デュルケム学派の直接的な影響というよりも、当時の折口を巻き込んだ学界の潮流が、彼の研究を促進させたということが堅実な指摘である。「一体柳田国男氏を始めとし、その衣鉢をつがれた折口信夫氏も外国の学風を当時の学者連の如く表てにひけらかすことが嫌いで、異国の学問の影響を受けられていてもそれをよくおし包んで外部にあらわすことを避けられていた。しかし之は外面だけで折口氏も外部の学問に就ては、随分敏感であったと云ってよい」と松本が述べているように（松本信広、一九六八年、「故折口信夫博士と『古代研究』」、池田彌三郎ほか編『折口信夫回想』所収、中央公論社、一六頁）、折口は意図的に学術的背景について言及しない傾向がある。これは、新しい国学の創設を考えていた柳田の意向が少なからず影響しているものと考えられる。新国学として、内なる視点から自文化を観察することを公是とした日本民俗学は、未開文化を外から観察する姿勢をとるエスノロジー（民族学）に反発することによって成立したという経緯がある。直接的な影響関係の裏づけは、新資料の発見等、今後の思想史研究の進展を待って行うべき課題となる。ただし、上記論考にて、松本が次のようにも述べていることは記しておかなければならないだろう。「此点私は折口さんの方法は或一つの民俗現象を深く精細につきこんで研究することによって事物の精髄につきこもうとした点に於て立場をことにしながら、フランス社会学の傾向に知らず知らず接近していたことを認めなければならない。折口氏は自ら意識せられずにフランスの社会学者の進み、また後に進まんとした道をその優れた天分により、我国の恵まれたフィールドを一人開拓されて先鞭をつけた観がある」（同上、一七頁）。

なければ、われわれのやっていることの本がわからない。それで古神道ということをいったのである。漠然と古神道ということばを使っているわけではない。古い神道には、すべてわれわれのもっているものの芽ばえをみることができる。[25]

折口は、古代人の生活そのものが、古神道とでも名づけるべき宗教行為の実践であると見なしている。言うならば「全体的社会的事象」である。

だから、簡単に言つてしまへば、神道は、日本古代の民俗であるといふことになる。それがいろいろな要素を備へてゐるために、——道徳的であつたり、宗教的であつたり、政治・法律的な表現をとつたり、民俗的な領域において、範囲を広めてきて、まるで各最初から意識してうち立てられた、別々の文化現象のやうに考へられるやうになつたのです。[26]

古神道とは古代の民俗であり、その痕跡は現在の文化の諸側面に見いだせるし、それを規定さえしていると折口は主張する。この、現在の生活の中に残る過去の生活の痕跡（民俗）をたよりに、それを比較研究によって遡上していく方法こそ、柳田が創始した日本民俗学の方法である。折口は、その柳田の方法に加え、古神道から抽出した原理を作業仮説として提示し、それに基づいて発生的に日本文化の特性を探究する方法を提唱したのである。

ここで、すでに『宗教生活の基本形態』の内容を確認した我々は、折口の理論がデュルケムのそれと類似していることに気づくはずである。そして、折口が日本における宗教生活の基本形態として目をつけたのが、マナイズムとしての「産霊信仰」である。

産霊（むすび）信仰とは、万物は「魂（たま）」と「容れ物」から成り立つということ、そして、物の発生する順序として、その容れ物の中に魂がある一定の期間籠（こも）った後に出現し、この世の姿を得るということ、さらに、容れ物は壊れてしまうこともあるが、その中に入る魂は不滅であり、新たな容れ物を得ることにより、復活することが可能であることを基本原理としている。[27] そして、この容れ物に魂が籠っている状態を「ものいみ」と言い、またその期間に容れ物に魂を付着させる（むすぶ）儀式を「鎮魂（たまふり）」と言う。この「たまふり」について折口は、言語の発生・展開を分析する彼の方法を用いて、以下のような意義変化を見いだしている。

25――　折口信夫、一九七二年、「郷土と神社および郷土芸術」、『折口信夫全集 ノート編六』、中央公論社、三四八頁。

26――　折口信夫、一九六七年、「神道」、『折口信夫全集二〇』中央公論社、一九五頁。

27――　この基本原理については以下の論考に詳しい。折口信夫、一九六六年、「霊魂の話」、『折口信夫全集三』、中央公論社、二六〇－二七六頁。

ふゆは触れること、ふゆとふるとは同じ事である。ふゆは物を附加する事であるが、もとは物を分割する意味である。ふるはまな（外来魂）を人体に附加する事で、冬になると総てのものをきり替へるので、魂にも、外から来る威力ある魂を附加するのである。発音がふるともふゆとも言ふ為に、それが次第に変化して、魂の信仰も変つて来、自分の体の魂を分割して与へる様になる。即、魂に枝が出来、自由に分岐するのである。ふゆは、分岐するから、増殖すると言ふ意味が出て来る。

魂を附加するのは、鎮魂祭である。此を魂ふりと言ひ、その儀式が厳冬に行はれる。魂ふりはまなを内部に附加密著して了ふ事であるが、支那の鎮魂は内の魂を出さない様にする事である。此が変化して来て、時の変り目に、内在魂が発散するから、此を防ぐ為の魂を鎮める行事となつた。此がたましづめである。▼28

「外来魂」を付着させる儀式としての「たまふり」に対し、付着した「内在魂」を定着させる儀式が「たましづめ」である。さらに定着した「たま」は増殖分岐すると折口は説く。

たまふりからたましづめに変る中に、ふゆなる増殖分岐を考へた。もとは人が魂を附加してくれる。此が、自分の魂の分岐増殖したのを、分けて与へる様になる。みたまのふゆは、此である。魂を祭る冬祭りと言ふ観念が、一緒にくつゝいて居る。御魂祭りは生人・死人の魂を祭る事である。平安朝時代は、専、御魂祭りをすると考へて居た。意味が固定して、古典的になつて居たのである。

以前は、みたまのふゆを「恩賚」と書いて居る。天皇の恩顧を蒙る事をみたまのふゆの義と考へて居るが、実は、天皇或は高貴の方の魂の分岐して居るのを貰ふ為に、恩賚と言ふのである。みたまのふゆは、魂の分岐したものを人に頒けてやる、其分れた魂、増殖した魂の事を言ふ。分割せられた魂を頒けて貰へば、自分も偉くなるので、其が、恩賚と宛てるやうになつた所以である。▼29

このような信仰は、宮廷のみならず、古代日本の村落共同体全般において存在したと折口は想定している。

此様に、威力あるたましひが、殆たましひ自身の意志によると思はれる形で、人の体に出入りする。此が、第二段になると、元来は、宮廷にばかりあるべき事実だと思はれるかうした信仰が、各邑落にも信ぜられる様になつて、其外来魂の間に、価値の高下

---

28——折口信夫、一九六六年、「花の話」、『折口信夫全集二』、中央公論社、四八四－四八五頁。

29——同上、四八五頁。

の考へが生じ、それに従つて、此たましひを以て守護霊とする理解が出来、次いで起つた形は、その交換であつた。即、服従を誓ふ場合には自家の守護霊を奉ると言ふ様になり、其と共に、其をお認めになられた宮廷の側からは、宮廷の御威霊の僅かな一部を分割して下さる、と言ふ風にもなつた。

単純に言つてしまへば、これだけになつてしまふ様式をば、いろ〳〵に複合したところに、様々な信仰が出来てゐるのだ。[30]

この信仰を背景に、日本中の「たま」が宮廷に集められることになる。そして、そこで増殖分岐された「たま」は、日本中に分配されることになる。折口は、古代日本社会を「外来魂（マナ）」の交換体系をもとに描き出したのである。

# 大嘗祭考

折口は「たま」の交換体系を、宮中祭祀である「大嘗祭（だいじょうさい）」を中心に論じている。大嘗祭とそれにまつわる儀式には未知の部分が多く、ここではその詳細に立ち入ることは避けるが、本章の流れにそった上で、大嘗祭についての折口の考察を簡潔に提示してみたい。

大嘗祭は、一般的には天皇の即位後に行われる初めての新嘗祭（にいなめさい）を指すが、折口は「元来、大嘗祭と、即位式と、朝賀（ちょうが）の式とは、一続きである」[31]と考えていた。そして、天皇として即位する貴人は、複数の「外来魂（マナ）」の「たまふり」を経て「みたまのふゆ」を行わなければならないという。折口は次のように述べている。

> 此魂は、外から来るもので、西洋で謂（い）ふ処のまなあである。此魂が来て附著（ふちゃく）する事を、日本ではふるといふ。そして、魂の附著を司（つかさど）る人々があつた。毎年、冬になると、此魂を呼んで附著させる。すると春から、新しい力を生じて活動する。今から考へると、一生に只一度つければよい訣（わけ）だが、不安に感じたのでもあらう。毎年繰り返した。新嘗（にいなめ）を毎年、繰り返すのと同じ信仰で、魂は毎年、蘇生するものだ、との考へである。此復活の信仰は、日本の古代には、強いものであつた。
>
> 古代信仰に於（お）ける冬祭りは、外来魂を身に附けるのだから、ふるまつりである。処（ところ）が後には、此信仰が少し変化して、外来魂が身に附くと同時に、此魂は、元が減らずに分

30―― 折口信夫、一九六七年、「古代日本人の信仰生活」、『折口信夫全集二〇』、中央公論社、二三六頁。

31―― 折口信夫、一九六六年、「大嘗祭の本義」、『折口信夫全集三』、中央公論社、二〇六頁。

割する、と考へて来た。此意味が、第二義のふゆまつりである。
日本紀の敏達(びだつ)天皇の条を見ると、天皇霊といふ語が見えて居る。此は、天子様としての威力の根元の魂といふ事で、此魂を附けると、天子様としての威力が生ずる。[32]

天皇が付着させなければならないマナの一つがこの「天皇霊」である。天皇霊と天皇の身体は、「魂」と「容れ物」の関係となる。

恐れ多い事であるが、昔は、天子様の御身体は、魂の容れ物である、と考へられて居た。天子様の御身体の事を、すめみまのみことと申し上げて居た。みまは本来、肉体を申し上げる名称で、御身体といふ事である。〔…〕此すめみまの命に、天皇霊が這入(はい)つて、そこで、天子様はえらい御方となられるのである。其を奈良朝頃の合理観から考へて、尊い御子孫、といふ風に解釈して来て居るが、ほんとうは、御身体といふ事である。魂の這入る御身体といふ事である。[33]

天皇は、この天皇霊を入れる容れ物という意味で「すめみまのみこと」とも呼ばれる。また、この「すめみまのみこと」とは次のような意味もあると折口は述べる。

古代日本の考へ方によれば、血統上では、先帝から今上天皇(きんじょう)が、皇位を継承した事になるが、信仰上からは、先帝も今上も皆同一で、等しく天照大神(あまてらすおおみかみ)の御孫で居られる。御身体は御一代毎に変るが、魂は不変である。すめみまの命といふ詞は、決して、天照大神の末の子孫の方々といふ意味ではなく、御孫といふ事である。天照大神との御関係は、にゝぎの尊も、神武天皇も、今上天皇も同一である。[34]

「ににぎのみこと」とは、天孫降臨の主人公であり皇祖神である。つまり折口は、天皇霊の付着をもって「ににぎのみこと」と天皇は信仰上の系譜としては、ともに天照大神の孫になると説いたのである。そして、この天皇霊を付着させるために、「鎮魂」を受けている際の次帝は「物忌み(ものいみ)」の状態にある。

先帝が崩御(ほうぎょ)なされて、次帝が天子としての資格を得る為(ため)には、此物忌(このものい)みをせねばならぬ。此物忌みの期間を斥(さ)して、喪といふのである。[…]
大嘗祭の時の、悠紀(ゆき)・主基(すき)両殿の中には、ちやんと御寝所が設けられてあつて、蓐(しきね)・

32——同上、一八九-一九〇頁。
33——同上、一九三-一九四頁。
34——同上、一九五-一九六頁。

衾（ふすま）がある。褥（しとね）を置いて、掛け布団や、枕も備へられてある。此は、日の皇子となられる御方が、資格完成の為に、此御寝所に引き籠（こも）つて、深い御物忌みをなされる場所である。実に、重大なる鎮魂（ミタマフリ）の行事である。此処に設けられて居る衾は、魂が身体へ這入（はい）るまで、引き籠つて居る為のものである。[35]

ここにおいて次帝は「も」に包まった状態である。この「も」とは、天孫降臨の際に「ににぎのみこと」が包まって降りて来た「真床襲衾（まどこおふすま）」[36]のことである。この「も」の中に「たま」がふられることになるのだが、ここで「たまふり」からすぐに「たましづめ」には移行せず、「たま」が増殖分岐する「みたまのふゆ」が起こる。

たまふりからたましづめに変る中に、ふゆなる増殖分岐を考へた。もとは人が魂を附加してくれる。此（これ）が、自分の魂の分岐増殖したのを、分けて与へる様になる。みたまのふゆは、此である。[37]

この「ものいみ」に続いて行われるのが「みそぎ」であるが、この際に奉仕する巫女（みこ）を折口は、その役割から「水の女」と呼んでいる。そして折口は「古代皇妃の出自が、水界に在つて、水神の女である事、並（なら）びに、其（その）聖職が、天子即位甦生（そせい）を意味する禊（みそ）ぎの奉仕にあつた」[38]と述べる。

これは、物忌み明けの禊ぎの折に、「ゆ」の中で天子を覆っていた「天の羽衣」の「みずのをひも」の結びを解き、[39] 湯あみの後、再び着せる役である。この「水の女」とは「誰一人解き方知らぬ神秘の結び方で、其布を結び固め、神となる御躬の霊結びを奉仕する巫女」[40] であり、本来は、前章〔➡203頁〕で取り上げた「神の嫁」たる「中つすめらみこと」がそれに当たる。

ここで「言語伝承の図式（**図式**1〔➡204頁〕）」を再度確認しておこう。この図式は、古神道における「みこともち」という思想を説くために折口が提示したものである。古神道は、天皇が天つ神の「みこと（命令）」を発する最高位の「みこともち（すめらみこと）」として、日本という場に降臨するという信仰のもとに成り立っている。しかし、この信仰が成り立つには、本来、両者を仲立ちする「中つすめらみこと」を必要とする。b「中つすめらみこと」はa「天つ神」に奉仕する巫女であり、信仰上ではその妻となる。同時に、b「中つすめらみこと」は身体としてはa'に当たる「すめらみこと（天皇）」の妻であるため、「中つすめらみこと」を媒介にして、天つ神と天皇は同一視され「現神（あきつかみ）」と見なされる。この三項の関係性は、「まつり」

35――同上、一九四―一九五頁。
36――同上、一九六頁。
37――折口信夫、一九六六年、「花の話」、『折口信夫全集二』、中央公論社、四八五頁。
38――折口信夫、一九六六年、「水の女」、『折口信夫全集二』、中央公論社、一〇〇頁。
39――同上、一〇二―一〇三頁。
40――同上、九八頁。

の形式として、a「客（まれびと）」、b「神の嫁」、a'「（神）主」と表すことができる。**図式**1に当てはめると、この段階でのa「客」は「天皇霊（天つ神）」、a'「主」は「すめみま（天皇）」となる。b「水の女（神の嫁）」の奉仕を受け「天皇霊」をむすばれた天皇は、天つ神の「みこともち」として地上に降臨することになる。

この「たま」の贈与交換はさらに拡大していく。次は上記の図式が一段下がることになる。天つ神の「みこともち」となった天皇は、朝賀の式にて群臣たちの前に姿を現す。その際、発するのが天つ神の「みこと」、すなわち「のりと」である。

> 元旦の詔詞は、後には書かれて居るが、元は、天子様御自分で、口づから仰せ出されたものである。だからして、天子様の御言葉は、神の言葉と同一である。神の詞の伝達である。此言葉の事を祝詞（ノリト）といふ。[…]
> のるといふのは、上から下へ命令する事である。上から下へ言ひ下された言葉によつて、すべての行動は規定される。法・憲・制等の文字に相当する意義を持つて居る。[41]

折口に言わせると、現在の意味とは異なり、上から下へ言い下す命令の言葉が「のりと（祝詞）」であり、下から上へ申し上げる誓いの言葉が「よごと（寿詞）」となる。「寿詞（よごと）とは服従を誓ふ時に、即、自分の守り魂を奉る（たてまつ）時に、唱へる言葉[42]」である。朝賀（ちょうが）に際し「朝廷に直接に、仕へて居る役人のみでなく、地方官・豪族の首長、又、氏々の長なども、地方を又は、氏々を代表して、寿詞を申し上げる[43]」ことになる。折口は次のように述べている。

> 天皇は、国中のあらゆる魂を持つてゐるから、日本の国を領してゐられるのであつて、此事が訣(わか)らなければ、神道の根本に触れる事は出来ない。日本の国は、武力で征服したとか、聖徳で治めたとか言ふが、宗教的に言ふと、国々の魂を献つたからである。[44]

古代における「国」には「たま」があった。それを「国魂（くにたま）」と言う。この国魂をその身に付着させることによって、天皇はその「国」を治めることになる。

> 国々には、国々を自由にする魂があつた。国々の実権を握る不思議な魂即、威霊(マナア)があり、其(それ)がつくと、其(その)土地の実権を握る力を得る。[45]

41――折口信夫、一九六六年、「大嘗祭の本義」、『折口信夫全集三』、中央公論社、二〇三頁。
42――同上、二〇七頁。
43――同上、二〇七頁。
44――折口信夫、一九六六年、「古代人の思考の基礎」、『折口信夫全集三』、中央公論社、三九七頁。
45――同上、三九六頁。

この国魂が入った歌のことを「国風（くにぶり）」という。天皇に「たま」を奉る正式な方法は「よごと」を唱えることであるが、「うた」によっても「たま」をつけることができる。釆女（うねめ）、舎人が天皇に仕えていた宗教的な理由は、歌うことによって「すめみま」にそれぞれの国の国魂を付けるためである。[▼46] ここまでの関係性を**図式**2［➡211頁］で確認されたい。

このように「すめみま」に「たま」が集められるわけであるが、この「たま」は「みたまのふゆ」を経て増殖分岐し、天皇が「のりと」を発するに際して、「たま」を奉った全ての者に分け与えられることになる。

> 日本紀の敏達（びだつ）天皇の条を見ると、天皇霊といふ語が見えて居る。此（これ）は、天子様としての威力の根元の魂といふ事で、此魂を附けると、天子様としての威力が生ずる。此が、冬祭りである。処（ところ）が後には、或（ある）時期に於（おい）て此魂は分割するのだ、と考へ出して来た。そして分割の魂は、人々に分けてやつた。此分割の一つ〳〵の魂は、著物（きもの）を以てしるしとした。一衣一魂として、年の暮に、天子様は、親しく近い人々に、著物を分配してやられた。此を御衣配といふ。天子様以下の人に於ても、やはり、家々の氏ノ上の魂は分割する。其を衣に附けて分配した。此を衣配（キヌクバ）りというた。[▼47]

この「たま」の分配は「衣配り」という行為として表現されるが、ここで重要なことは、天皇との直接的なやり取りの外でも、この「たま」の贈与交換は連鎖していくということである。

此(この)鎮魂の行事は、非常に重大なもので、宮廷では、十一月中に、日を卜(うらな)ひ定めて行うた。処が、たまふりの祭りの中にも、まう一つ違つた祭りがある。それは、魂を附著する、といふ意味の理会(りかい)が変つて、目下の者が、自分の主人又(また)は、長上の人に服従を誓ふ為(ため)に、自分の魂の主要なものを、相手の長上なり、主人なりに献上して了(しま)ふといふ祭りである。それで主人或(あるい)は、目上の人は、元来の自分の魂と、目下が持つて来て奉つた魂とを合せて持つ事になるから、上位の人となる。此行事がやはり、天子様の御代初めに行はれた。其が又、新嘗(にいなめ)の如く、毎年繰り返される事になつた。此行事も亦(また)、みたまふりの一の意味である。

上述の如く、生きて居る人が、自分の魂の大部分を、長上に奉る事をみつぎといひ、目下が献(たてまつ)つた数多の魂と、元来天子様の持つて居られる魂とを一処にして、其を分割して臣下が頂くのをば、みたまのふゆといふ。[48]

46——同上、三九六-三九七頁。
47——折口信夫、一九六六年、「大嘗祭の本義」、『折口信夫全集三』、中央公論社、一九〇頁。
48——同上、一九一頁。

建前上は、日本中の「たま」が「すめみま」に集まっていることになっているが、直接「たま」を献上しているのは共同体のa'「主」だけである。そして、このa'「主」は各々の共同体に「のりと」を持ちかえるa「客」となる。これは、先に上げた「みこともち」である。この「みこともち」の特質とは、「如何なる小さなみこともちでも、最初に其みことを発したものと、尠くとも、同一の資格を有すると言ふ事[49]」であり、「其詞を唱へると、時間に於て、最初其が唱へられた時とおなじ「時」となり、空間に於て、最初其が唱へられた処とおなじ「場処」となるのである[50]」。そしてそれは、「唱へ事自体の持つ威力であつて、唱へ事を宣り伝へてゐる瞬間だけは、其唱へ言を初めて言ひ出した神と、全く同じ神になつて了ふのである[51]」。

各々代表する共同体において「みこともち」たる群臣たちは、今度はa「客」の役割を果たすことになる。つまり、「たま」は「すめみま」に直接集まるのではなく、各々の段階の「みこともち」を「たま」の集分配センターとし、下部共同体と上部共同体を連結することにより「たま」の交換をすることになる。

例えば、各々の国ではそこの国司が集分配センターとして、各々の郡を代表する郡司の「たま」を扱い、各々の郡ではそこの郡司が集分配センターとして、各々の村を代表する村長の「たま」を扱うというような入れ子的な階層秩序が構築される[52]。ここで「たま」は、**図式2**〔⬇211頁〕の右の軸、天つ神⇕天皇⇕群臣と移動することになるが、その「たま」の移動、集分配、つまりa「客」とa'「主」を同格とし、下部共同体と上部共同体をむすぶ「みこと」の循環の要(かなめ)となるのが、b「神の嫁」である。

このようにフラクタル化した**図式1**［⬇204頁］により、「外来魂（マナ）」の交換体系は描かれることになる。

## 産霊を基盤としたトーテミズム

折口のテクストを辿り、ようやくマナの交換体系の全体像が見えてきた。しかし、デュルケムやモースがそうであったように、折口にとってマナは方法上の経由点である。デュルケム学派にとってのマナイズムは、トーテミズムと密接な関係を持っていた。そして同様に、折口も次のように述べている。

49——折口信夫、一九六六年、「神道に現れた民族論理」、『折口信夫全集三』、中央公論社、一五六頁。

50——同上、一六一頁。

51——同上、一五六頁。

私は、とうてみずむは、吾々のまなの信仰と密接して居るもの、とするのである。吾々と同一のまなには、動物に宿るものもあり、植物に宿るものもあり、或は鉱物に宿るものもある。そして、吾々と同一のまなが宿る植物なり、動物なりを使用すれば、呪力が附加すると信じて居たのだ。▼53

「外来魂（マナ）」がつく「容れ物」は「身体（みま）」に限らない。自分たちと同一のマナを付着させている物質をトーテムと見なし、それに呪的効果があると古代人は信仰していた。さらに、折口は次のように述べている。

いったいトーテミズムというのは、人間とある点生活状態が平行している人間以外のものである。何かそこに因縁を考えているものである。古くは人間と血族関係があると考えていたがそうではない。そういう系統の説で最も新しいのは、人間と同祖から出て分派したのだ。それゆえそこに共通点があるのだというているが、それはやはりいけない。トーテミズムはどこに根拠があるかというと、われわれ人間の身体にマナ（外来魂）がやってきてくっつく。それが人間の身体にくっついてくるのが普通であるが、仮りの宿りとして他のものにはいることもある。その品物がその人間の部落にとってトーテムというものになる。ともかく特定の植物なら植物に、人間にはいるはずの魂がはいることがあるのだ。[54]

折口は、古代村落共同体をトーテム集団と見なしている。当初、各々の村によって様々なトーテムが存在していた。しかし、大和朝廷の支配により、その状況に変化が起きる。

口で「たましひ」をあげるのが寿詞である。この「たましひ」をあげるのに、その家々の「たましひ」のあずかりものがある。人類学上の語でいうと、それがLife indexで、「魂のかくしてある場所」という意味である。だから人間についてないときは、他のも

52――この入れ子的な特性は、折口の言う「たま」の性質とも連動している。「先、これだけの事は、たましひの本質に関する信仰の根柢として認めて置かねばならない。此、威力あるたましひなるものは、幾ら分割しても本質は減らない、と言ふ事。又、分割によつて減らない魂ほど優れたたましひだ、と言ふ事。其と共に、分割せられたたましひは、魂の垢の様なものである、と言ふ考へを生じてゐる事。つまり、本体が優れてゐるから、其古い、くたぶれた断片すらも、普通のたましひよりは遥かに優れてゐる、と考へられてゐたのである。だから根本的に、部分が全体と等しい筈であるべきものが、人に授与せられたのである」（折口信夫、一九六七年、「古代日本人の信仰生活」、『折口信夫全集二〇』、中央公論社、二三六－二三七頁）。

53――折口信夫、一九六六年、「花の話」、『折口信夫全集二』、中央公論社、四八六－四八七頁。

54――折口信夫、一九七一年、「日本芸能史」、『折口信夫全集 ノート編五』、中央公論社、五七－五八頁。

のについている。それがしだいに日本の国家意識が盛んになってくると、それが水または米になってくる。それが国々によって違う。結局、一種のトーテムなのであろう。日本でもトーテムの形が考えられるとすれば、ここまで到達できると思う。トーテムは、植物、動物、またその他のものとも決まらない。そういうものを天子にさしあげる。食べものだとおあがりになる。▼55

「よごと（寿詞）」にのせて、天皇にマナを捧げるだけではなく、マナが入ったトーテムを奉納し、それが食べものの場合、食事をしていただく形で服属を誓うことになる。そして、このトーテムはやがて水と米に集約されていくが、これは大和朝廷の「政・祭」が関係している。本来、「政・祭」の中核は、「食国（をすくに）のまつりごと」と呼ばれるものであると、折口は述べる。

天子様が、すめらみこととしての為事（しごと）は、此国の田の生（ナ）り物を、お作りになる事であつた。天つ神のまたしをお受けして、降臨なされて、田をお作りになり、秋になるとまつりをして、田の成り物を、天つ神のお目にかける。此が食国（ヲスクニ）のまつりごとである。▼56

天皇が「みこともち」として、天つ神の食（を）す米を作れとの「みこと（命令）」を発するということが「まつりごと（政）」である。そして、その命に従い稲を刈り上げ神に奉納することが「まつり（祭）」となる。このように、下の者に稲を栽培し奉納させるという生活・信仰様式を伝達することこそが国を治（をさ）めることにつながるのである。[57]折口は、大嘗祭と毎年行われる新嘗（にいなめ）祭を「元は同じをすくにのまつりごとであつた」と見ているが、[58]その新嘗祭について次のように述べている。

此祭りの夜には、目上の人の代理者が来て、其家の主の奉る物を食べ、其家の奉る初（はつ）穂（ほ）の米を上の人に奉る。上の人は、更に其を上の神人に奉る形式になるのである。[59]

このように、「たま（マナ）」の贈与交換の連鎖は、現実にはトーテム化した米のやり取りとして表れることになる。ゆえに折口は次のように主張するのである。

---

55―― 折口信夫、一九七〇年、「日本文学史一」、『折口信夫全集 ノート編二』、中央公論社、二一一頁。

56―― 折口信夫、一九六六年、「大嘗祭の本義」、『折口信夫全集三』、中央公論社、一七七頁。

57―― 同上、一七五―一八〇頁。

58―― 折口信夫、一九六六年、「上世日本の文学」、『折口信夫全集一二』、中央公論社、四一六頁。

59―― 同上、四一七頁。

われ〳〵の国では、まつり・まつりごとと言ふ語は、根本に於いて経済的な意識を離れてはない。[60]

また、大嘗祭において、「国風（くにぶり）」を歌うことで「国魂」を「すめみま」にふると折口は述べていたが、同じく「風俗（くにぶり）」によって「稲魂」を付着させるとも述べている。

稲魂と書いて、ウカノミタマと訓み、或は、外宮の神をトヨウカノメ等と称するのは、皆、稲或は稲と水との複合によつて成る酒に、国の精霊が在るものと信じてゐたゝめである。[…]だから私は悠紀主基の国の献る稲穂は、神と相嘗のために用ゐるとするのは、第二義で、第一義は、やはり大日本根子天皇の配下なる国の、全体の魂を代表する地方として卜定せられた土地――即、時代々々に於ける日本全国の意味――の精霊、すなはち、稲によつて最も威力的に現はれる外来魂が、天子の大御体に入ることを根本に、考へてゐるのである。[61]

前節で引用したように、大嘗祭の「ものいみ」の際に設置されるのが悠紀、主基の両殿である。これは、諸国代表の国を悠紀、主基の二国として設定し、稲魂を捧げることによって日本全土が天皇に服属したことを表す儀礼である。そこでは酒と米に関する役人が任命され、「稲の魂を守つて都へ上り、其で酒もこしらへ、御飯も焚きして、其を天子様の御身に入れる、といふ信仰上の行事を行[62]」つた。さらに折口は次のように述べている。

さて、話は肝心の風俗歌(フゾクウタ)の問題にもどる。[…]悠紀(ゆき)の風俗主基(クニブリすき)の風俗、二ながら、もとく稲魂を天子に、触り奉るための歌で、根本には、風俗舞(クニブリマヒ)の存在したことが考へられなければならぬ。[…]稲は単に神のための供物でなく、天子に来りよる新しい外来魂であるといふ扱ひは、事実いまだに行はれてゐるやうである。つまりは、稲が天皇陛下の威力の素(もと)なる外来魂(マナア)であつたのである。このマナアを完全に、天皇陛下に触らしめるために、風俗舞が行はれ、風俗歌が奏せられたのである。完全にマナアを癒着(ゆちやく)せしめるためには、このふりが第一条件だつたのである。[63]

60——　折口信夫、一九六六年、「日本文学の発生　その基礎論」、『折口信夫全集七』、中央公論社、一二頁。

61——　折口信夫、二〇〇四年、「大嘗祭の本義ならびに風俗歌と真床襲衾」、安藤礼二編『初稿・死者の書』所収、国書刊行会、二五五頁。

62——　折口信夫、一九六六年、「大嘗祭の本義」、『折口信夫全集三』、中央公論社、二一七頁。

63——　折口信夫、二〇〇四年、「大嘗祭の本義ならびに風俗歌と真床襲衾」、安藤礼二編『初稿・死者の書』所収、国書刊行会、二五六頁。

一九二八年十一月、昭和天皇による大嘗祭が行われたその月に、折口は「事実いまだに行はれてゐるやうである」との文言を付し、マナを付着させた稲が「すめみま」に流れこんでいく様を描き出したのである。[64]

「産霊信仰」から発生した「たま(マナ)」の交換は、日本文化の諸側面に無視できない影響を与えながら現代へといたっており、その色濃い反映物として折口は大嘗祭を見いだした。この折口の交換理論は、「たま(マナ)」に注目し、米が日本人にとって共通の価値を有した「財」と化す過程を描きだしたものと捉えることができる。[65] そしてその交換法則は、やはり**図式1**によって表現されうるのである。

# 剰余としてのマナ

本章では、マナを経由する作業を通して、「みこと(言葉)」「神の嫁(女性)」「米(財)」の三交換形式の相同性について論じた。「みこと」はマナを運び、「神の嫁」はマナを結び、「米」にマナは付着する。この三交換形式は、表現は異なるものの、「たま(マナ)」の交換(古神道の実践)としては同一のものであり、「言語伝承の図式」によって表すことができる。

レヴィ＝ストロースが言うように、マナは交換の原因ではない。むしろ交換――究極的には「みこと（パロール）」の交換の結果生じた剰余がマナである。しかし、その交換体系内部の人間たちは、この結果を原因として転倒させることによって、現実の交換を連鎖させていく。転倒が交換を形づくるのである。我々は、レヴィ＝ストロースの指摘に耳を傾けながらも、マナを

64―― もう一方の「水」については、先述の「水の女」の奉仕がそれに当たる。この「水の女」を輩出する主たる一族が中臣氏であるが、その職能をもって権勢を得て藤原氏となり、后の供給を独占することになる。「つまり中臣は、水の魂を天子様に差し上げる聖職の家である」（折口信夫、一九五五年、「大嘗祭の本義」、『折口信夫全集三』、中央公論社、二〇九頁）。

65―― このことは、カール・マルクスの価値形態論の文脈で捉えるならば、日本社会において米が「貨幣」に位置づけられていくメカニズムを明らかにしたとも言える（カール・マルクス、二〇〇五年、『マルクス・コレクションⅣ 資本論一〔上〕』、今村仁司ほか訳、筑摩書房、五五―二一六頁）。マルクスは、歴史的に金や銀が貨幣の位置を占めたと説くが、近世以前の日本においては米も同様の位置にある。米は、金銀が持っている貨幣に必要な「随意に分割可能であり、また分割された部分から再び合成できる」（同上、一三六頁）という属性も有しており、金・銀・米の複合化した経済体系は、江戸時代にその最盛期を迎えることになる。ただし、米は金銀にはない特性も有している。その最たるものは、食材という使用価値である。このことが、共同体の結節点において行われる「饗宴」を通じ、日本社会の入れ子的特性に反映されていったと考えられる。近代以降、表面上は、日本は西欧と変わらない経済体系を構築してきたように見えるが、柳田國男の概念を用いれば、前近代的な交換体系が「無意識伝承」していると言えるだろう。民俗学的交換理論は、柳田以来、「神人共食」をキーワードとして展開されてきたが、折口の交換理論からの照射が今後の課題であると考える。

捨象することなくその分析を通して、複合化している日本社会における構造を導出すべきである。それが、「魂」が交換される（むすばれる）という「幻想」を生み出す、日本人の心意のあり方をも明らかにする鍵となる。

第6章

# 日本という言語空間における無意識のディスクール

# 「みこと」の交換

日本文化を語る際に、「二重性」と呼ばれる特性がしばしば強調される。本音と建前、ウチとソトといったような対義語で表現される日本人の心性は、いわゆる家族や仲間内における人間関係と公の場での人間関係が大きく異なっていることを示している。折口信夫のテクストから「言語伝承の図式」というモデルを導出した際に、日本文化の構造的特性として明示されたものもまた、この二重性である。

「言語伝承の図式」は、日本という共同体を規定する「パロール（みこと）」の交換法則を表すものであるが、言語を媒介に文化を継承するという人間の営み、すなわち、通時的に上の世代から下の世代へと伝わる「伝承」という行為をもとに組み立てられている。しかし折口は同時に、このモデルを日本という共同体の発生理論として用いている。お上の「みこと（命令）」を下々の者へと伝える「伝達」という行為は、共時的な共同体間の上下関係を構築することになる。このモデルの妙は、上と下の間に中の者を置くことにある。上からの「みこと」は中の者を経由し下へと伝えられる。この中の者は「みこと」が円滑に受け入れられるように翻訳して下に伝えてしまうのである。これによって、上部共同体（上の世代）の規範は下部共同体（下の世代）に完全に浸透することなく、従来の規範と重なり合って存立することになる。伝承と伝達、これら二つの行為が重なり合うことによって成立するこの図式は、上、中、下という三項の配置とそれを循環するパロールからなる構造論的なモデルである。

　この「言語伝承の図式」は、クロード・レヴィ＝ストロースの方法論に則り、日本文化の諸側面を規定しているであろう「象徴的機能」をモデル化したものである。本章では、このような象徴的機能を持つ日本という言語空間の特性を比較文化論的に検討するために、言語論的な精神分析を展開したジャック・ラカンの理論を参照したいと思う。ラカンの理論に基づいた従来の日本文化論においても、二重性という特性がしばしば指摘されていることは序論［⬇46頁］にて取り上げた。この特性に対する手がかりとして、それらの論者が注目するところは、ラカンが論文「リチュラテール」[1]や『エクリ』の邦訳版序文「日本の読者に寄せて」[2]にて取り上げた、漢字に当てられた二つの発音法（音読みと訓読み）や敬語法（礼儀の法）といった、言語的な規範である。

本章では、精神分析を背景として言語構造から文化を見るラカンの視点を継承し、パロールの交換法則という共通尺度に基づいて、日本文化と西欧文化との構造的差異を明示する研究方法を採用する。なぜなら、ラカンにおける構造とは無意識における「ディスクール(語らい)」に他ならず、具体的な言語規則もここに働く交換法則に基づいて組み立てられるからである。

この無意識のディスクールを分析するために、ラカンが提示したモデルが「エディプスの三角形」である。エディプスの三角形は、子供が他者(両親に代表される)との関係性をもとに、言語(文化)を継承する機能を獲得するという世代間伝達モデルとして見ることができる。西欧一神教文化においてこのディスクールは、主体が象徴的秩序に定点を持った上で、他者とのパロールの交換が成立する図式として表すことができる。このエディプスの三角形も、構造主義の方法論に則り、西欧一神教文化の諸側面を規定する象徴的機能をモデル化したものである[3]。さらにラカンは、四年目のセミネールにて「症例ハンス」を取り上げ、非典型的な形を呈するエディプスの三角形についても言及している。ここに見られるディスクールは、パロールの交換を行う想像的な他者との関係性によって、主体の象徴的秩序における立ち位置が変化する図式として表せる。

じつは、この「非典型的なエディプス関係」におけるパロールの交換法則は「言語伝承の図式」と同一のものと見なすことができる。ゆえにこのモデルを精査することは、日本文化の特性を明らかにする手がかりになるとともに、「言語伝承の図式」を無意識のディスクールの分析モデルにまで展開することにもなる。日本という言語空間における主体と他者のあり方（エディプスの三角形）を「言語伝承の図式」から導き出すことが、本章の最終目的である。

　この試みにあたってまずは、比較の土台となるエディプスの三角形の考察から始めたい。

## エディプスの三角形

母への恋慕と父への殺意、ジークムント・フロイトによると人は誰しもかつて一人のエディ

1―― Jacques Lacan, 2001, *Autres écrits*, Paris: Seuil, pp. 11-20.

2―― *Ibid.*, pp. 497-499.

3―― よく知られているように、レヴィ＝ストロースにとって無意識の言語構造とは、第一に音韻法則である。しかし、レヴィ＝ストロースが想定している言語構造には、音韻構造、文法構造、語彙構造、ディスクールの構造などいくつかの異なる位相がある（Claude Lévi-Strauss, 1958, *Anthropologie structurale*, Paris: Plon, p. 98.）。本章で取り上げる「エディプスの三角形」（及び「言語伝承の図式」）は、このうちの、無意識におけるディスクールの構造に主眼が置かれている。我々は通常意識することなしに、音素による弁別作用を受けている。それと同様に、我々が語る際、通常意識にあがることなく他者との関係性を反復している。そして、その反復は言語活動に由来する法則性をもっている。この視点から生み出されたモデルが上記の図式である。

プスであった。戯曲「オイディプス王」の悲劇が人々の心をとらえるのは、己が運命を知らずに罪を犯した幼年時代が、各々の胸の内に蘇るためということになる。[4] このように、フロイトの「エディプス・コンプレックス」とは父親と母親をめぐる幼年期の性的願望、性理論に他ならず、このエディプス・コンプレックスの没落の際に、両親への同一化を通じて、その後継たる「超自我」「自我理想」の形成がなされ、子供は男女差を認識した文化的な生き物、すなわち大人へといたるというのが精神分析の基本的な理論である。

そして、このエディプス・コンプレックス理論はいわゆる個体発生だけに留まらない。フロイトは、『トーテムとタブー』から『モーセという男と一神教』へといたる思想的展開の中で、エディプス・コンプレックスの読み換えとも言うべき「原父殺害神話」を持ち出し、「幼年期」と人類の「原初期」に共通図式を見いだした。原父を殺した息子たちが自らに課した掟とは、外婚制（インセスト・タブー）とトーテミズム（死せる父の代替となるトーテム動物への同一化）である。フロイトは、この系統発生的な来歴を持つ、エディプス・コンプレックス（原父殺害神話）にまつわる無意識的な痕跡のことを「太古の遺産」と呼んでいるが、[5] この太古の遺産の世代を超えた伝承性に関して、エディプス・コンプレックスとはシニフィアンの導入であるとの読み換えをもって答えたのがラカンである。[6]

人が生まれながらにシニフィアンの網の目（象徴的秩序）に捕らわれた存在である以上、従わざるを得ないこの掟（おきて）こそが、幼年期のエディプス・コンプレックスとその没落を経て成立したエディプスの三角形の図式である。ラカンの言う掟とは「パロールの掟」のことであり主体の象徴化を意味するが、上記のフロイトにおける掟と同一のものでもある。[7] 象徴的秩序をいまだ認識できぬ子は、合わせ鏡的に母と、母の欲望するファルスへの同一化を強いられる想像的な次元に囚われている。父は、無力な子と偉大なる母の気まぐれによって成立しているこの世界に介入し、命名をもたらすパロールの循環を通して両者を分離する。それによって、そこに安定した関係性（インセスト・タブー）をもたらすのである。子は、第三者である父への同一化を通じて（トーテミズム）、パロールの内容を保証するものとしての象徴的秩序へとリンクすることが可能となる。その際、成立するのは「超自我」という父の機能であり、ラカンによって「象徴的父」と呼ばれる特権的なシニフィアンが確立されることになる。ゆえに、父とは姿なき「死せる父」なのである。この継承をもって、はじめて、子は能動的に言語を扱える存在へと飛躍する。ここに見いだせるパロールの循環を、ラカンの基本図式であるシェーマL（**図式4**）に[8]て確認しよう。

4――ジークムント・フロイト、二〇〇七年、「夢解釈I」、新宮一成訳、『フロイト全集四』、岩波書店、三三八－三四七頁。

5――ジークムント・フロイト、二〇〇七年、「モーセという男と一神教」、渡辺哲夫訳、『フロイト全集二二』、岩波書店、一一六－一二九頁。

6――ジャック・ラカン、一九八七年、『精神病（下）』、小出浩之ほか訳、岩波書店、五四頁。

7――ジャック・ラカン、一九八七年、『精神病（上）』、小出浩之ほか訳、岩波書店、一三六－一三七頁。

シェーマLは無意識のディスクール（語らい）を表している。**図式**4における矢印を見ると、原初にあったと想定される主体S（エス）は小文字の他者a'を経由して自我aに話しかけている。しかし、その「パロール」の循環が可能になるのは、a'とaがすでに大文字の他者Aの働きを受けて弁別されているからである。このようにSが話すということの中に、Sが、a'－a（想像的関係）の向こう側にあるA（死せる父が座する象徴的秩序）から話しかけられるという構図が内在している。こうして、Sが自らの話に託していることの真理を保証するものとしてAは要請される。このパロールの循環の成立にあたり、無意識を構成するラインにより、SはAから自らの話をひっくり返されたメッセージとして受け取ることになる。このように、一見、二者間で成立するように見えるパロールの交換の背景には、象徴的秩序を司る、意識されない第三者Aのディスクールが想定されている。この無意識に位置する第三者の機能が、日本という言語空間ではどのように働いているのかを問うことが本章の主題と言える。

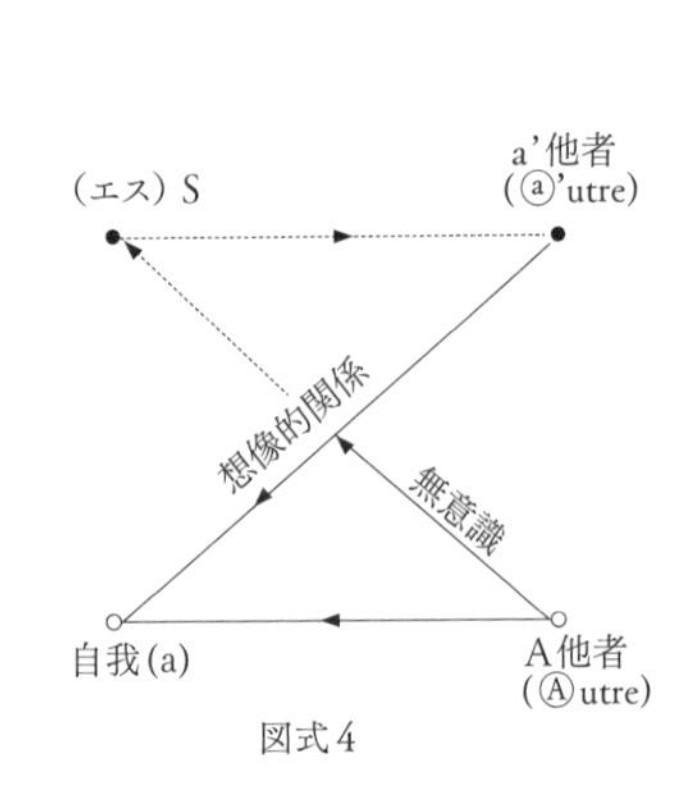

図式4

このパロールの循環を、ラカンが好む言い回しをもとに描き出すと次のようになる。主体Sがa'に向かって「君は私の師だ」とパロールを投げかけるとする。そうすると、想像的な他者

a'から自我aに向かっての「君は私の弟子だ」というパロールが期待できるわけである。[9] しかし、それが成り立つためには、AからSに向かってパロールが投げかけられ、それは「私は君の弟子だ」というひっくり返されたメッセージとして受け取られる必要がある。通常、意識されることのないこのAからのパロールによって、Sは象徴的秩序Aにおけるa（a'の弟子）に位置づけられることになる。[10]

このような形で主体を成立させる図式を、西欧文化における「典型的なエディプス関係」としてモデル化したラカンであるが、じつは、それとは異なる形で主体を成立させる「非典型的なエディプス関係」という図式についても言及している。ラカンがこの図式を提示するきっかけとなったのが、いわゆる「症例ハンス」である。

## 幻想の系譜

「症例ハンス」とは、フロイトの「ある五歳男児の恐怖症の分析」[11]と題された論文に登場するハンス少年が発症した恐怖症の治療報告である。この症例における治療者はフロイト本人ではなく、彼の理論や指示に基づいて行動したハンスの父親である。「症例ハンス」は、大人の分析において見いだされる失われた幼年期の性理論（無意識）の形成が、リアルタイムに記述されている貴重な資料である。

この論文において、ハンスの父親の報告とフロイトの解釈は多岐にわたっている。ここでは、ハンスが性の探究を通じて、現実に合わない幻想の系譜に書き込まれていく経緯に焦点を合わせて整理してみたい。この幼年期に組みこまれた幻想の系譜と、現在の現実とのずれが神経症発症の要因であると考えられるが、[12]ハンスのケースは、母親とのカップリングを成立させるという幻想を保持しながら、現実との折り合いをつける形で結着する。ラカンは「父」の掟を受け入れながらも、幻想を保持しようとする心的機制を「フェティシズム」とし、それに基づいたエディプスの三角形を「症例ハンス」から見いだすことになったのである。

ハンスが、馬が嚙むかもしれないと恐れ外出を厭（いと）うようになるきっかけとして挙げられるのは、発症の約一年前の出来事である妹ハンナの出生である。彼女がどこから来たのか、というハンスの探究から展開される性理論が、症状形成に密接に関与している。

まずハンスは、妹が母親の身体からやって来たことに気づき、やがて自分自身で空想上の子供を生みだすことに成功する。ローディと名づけられたその子供は、大便やペニスをもとに想像的に生みだされたものであり、ここには、単性生殖的に妹を生みだしたと空想された母親への同一化を見て取ることができる。

次にハンスは、妹の誕生に何らかの形で父親が関与していることに気づく。それはハンスには、母親に対する父親の暴力的な行為を媒介にしたものと感じられており、父親に成り代わり自分がその行為をしたいという願望が、夫婦の寝室に侵入するなどの言動に見られるようになる。つまりハンスは、エディプス・コンプレックスの態勢に導かれたのである。そして、ハンスにとって「噛む馬」とは「倒れた馬」とも表されることが判明し、その「倒れた馬」は、分娩した母親とハンスに殺された父親の両方の意味を持ちうることが明らかになる。エディプス・コンプレックスをもとに紡がれた暴力的な物語は、荷馬車の行き交う街路の風景に写し出されることによってハンス本人を巻き込み、彼を恐怖に陥れたと言える。

やがてハンスは、ペニス獲得の空想を語るようになるのと同時に、自分はローディの父親と

8―― 同上、二一頁。なお、このシェーマには「自我の想像的機能と無意識のディスクール」というタイトルが付されている。

9―― ここで、これから述べるAの機能がうまく働かないと、君と私の区別がつかなくなり、パラノイア的な合わせ鏡の世界に閉じ込められることになる。

10―― Aからaへ直接パロールが向かっていることも図式4によって確認されたい。

11―― ジークムント・フロイト、二〇〇八年、「ある五歳男児の恐怖症の分析〔ハンス〕」、総田純次訳、『フロイト全集一〇』、岩波書店、一―一七六頁。

12―― これは内面化された家族関係と現実とのずれと言い換えることができる。この視点から「症例ハンス」を見直した研究として、新宮一成の論考が挙げられる(一九八九年、『無意識の病理学　クラインとラカン』、金剛出版、一一―六七頁)。ハンスの治療経過に関する整理は、新宮の記述に依っている。

して母親と結婚をするという空想を語るようになる。その際、現実の父親をローディのお祖父さんとし、ローディのお祖母さんとして父の母、つまり現実の祖母を空想に登場させる。これによって、ハンスは父親を殺すかわりに、彼に祖母をあてがう形でエディプス・コンプレックスを解決し、恐怖症が治癒したとフロイトは述べている。しかし、この時ハンスが成立させた系譜は父系を一段ずらしたものであり、現実の家族関係との間にずれが生じている。この後の議論を円滑に進めるために、このハンスが組み込まれた系譜を**図式**5として提示しておこう。[13]

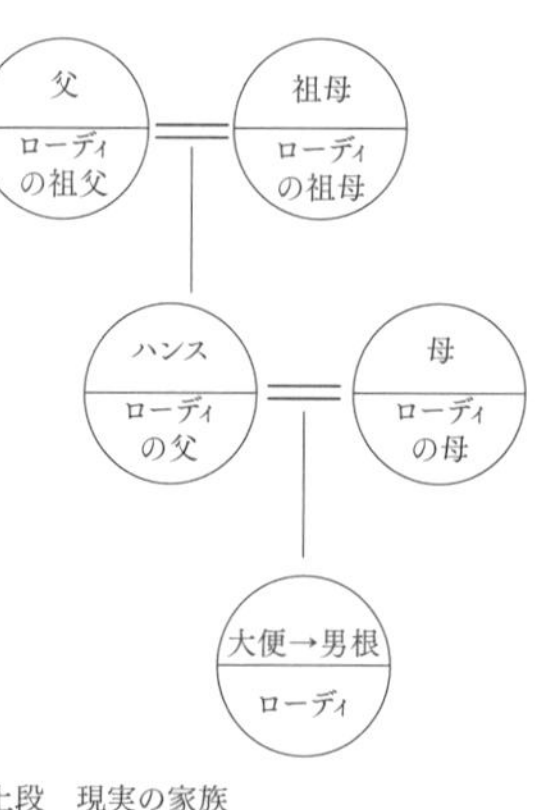

上段　現実の家族
下段　ローディをめぐるハンス独自の家系図

図式5

ラカンはセミネール四巻において、この「症例ハンス」を取り上げ詳しく分析している。そこでラカンは、次のように述べている。

> フロイトが満足そうに――しかし、この満足は決して我々を十分に安心させるものではありません――エディプス・コンプレックスの問題はこの幼い子供によってエレガントに解決されたのである、彼は母親の夫になり、父親を祖母に渡したのである、と強調

しているのは、間違いのためではありません。これは問いを回避する、エレガントでユーモラスな方法であると言っておきましょう。しかし、フロイトが書いたものすべてにおいて、何ひとつ、ハンスのエディプス・コンプレックスの解決を、それがいかに自明のものに見えようと、エディプス・コンプレックスの典型的な解決と考えることを許すものはありません。

ハンスは、系譜の次元におけるある連続性を維持するための加工をしているのです。もし分析がここまで進まなかったなら、ハンスは何も解決できなかったでしょう。恐怖症の機能もまったく何もなかったことになるでしょう。[14]

ここでラカンは、ハンスのエディプス・コンプレックスは典型的な解決にいたっていないと述べている。このラカンの主張を理解するために、まずは恐怖症とその機能について彼の述べるところを見てみよう。

はっきりしているのは、恐怖症の諸対象、特に動物について、どんなに皮相的な観察

13――この図式は新宮に依るものである。同上、二三頁。

14――ジャック・ラカン、二〇〇六年、『対象関係〔下〕』、小出浩之ほか訳、岩波書店、二四八頁。

> 者の目にも直ちに明らかな特徴は、本質的に象徴的秩序に属する対象が問題になっているということです。［…］これは『トーテムとタブー』の理論構築において父とトーテムとのアナロジーのもとになっているものと同じです。これらの対象は実際特別な機能をもっています。それは象徴的父のシニフィアンを補完するという機能です。[15]

母と子の想像的次元から父を交えた三者関係に移行する際に、何らかの理由で父という機能がうまく働かない場合がある。ハンスにとっての噛む馬とは、やさしすぎる父親、夫婦の寝室からハンスを追い出さない（母親に物言えない）父親の代わりに、父の機能を補完するために要請されたものである。[16] このように恐怖症とは、父の機能不全的状況における救護策であると言える。あたかもトーテム動物が原初的共同体形成の要の機能を果たすかのように、恐怖症の対象は、子にある種の世界の構造化をもたらすのである。ラカンは次のように述べている。

> 恐怖症は子供の世界にひとつの構造を導入し、内部と外部という機能を前景に置きます。それまで子供はつまるところ母親の内部にいました。子供は、そこから投げ出されたばかり、あるいは投げ出されたと想像したばかりで、不安に陥っています。そして子供は、恐怖症の助けで、内部と外部の新たな秩序、一連の敷居（しきい）を打ち立て、これが世界を構造化するのです。[17]

ゆえに「恐怖症においては、欲望されているものと恐れられているものとがまったく両義的になっている」[18]。このため、恐怖症の発症そして解消は、母からの分離、すなわち「去勢」の過程をも表すことになる。しかし、現実の父親の手助けがなかったハンスは去勢がうまく遂行されなかったとラカンは見なしている[19]。その際ハンスが採用した解決策は、父親に祖母をあてがうこと、ラカンの言うところの母性を二重化するという方法である。ラカンは次のように述べている。

まとめて言えば、ハンスの恐怖症の解消時に、次のような布置が現れています。父の介入があったにもかかわらず、もっと言えばその執拗さにもかかわらず、ハンスは一種の母権制の系譜に書き込まれます。より単純に、そして、より厳密に言うなら、母性の二重化のうちに書き込まれます。あたかも第三の人物の存在が不可欠であったかのよう

15——　同上、四二－四三頁。
16——　恐怖症の対象とは、母と子の想像的次元からの父という象徴的次元への呼びかけという移行期に出現するものであるために、想像的な要素が入り混じったものになる。ゆえに、ハンスにとって倒れる馬が父であり母であったように、噛む馬は去勢を促す父でもあり、子を捕らえようとする母でもある。
17——　ジャック・ラカン、二〇〇六年、『対象関係（下）』、小出浩之ほか訳、岩波書店、六六頁。
18——　同上、一五五頁。

に。そして父が第三の人物たりえなかったので、祖母が第三の人物になるのです。[20]

このようなエディプスの形成を、ラカンは「非典型的なエディプス関係」と命名している。この「非典型的なエディプス関係」は、じつは「フェティシズム」の構造を基盤としている。想像的次元に働く同一化とは、子の「ファルス」への同一化でもあり、単性生殖的に子を生みだすことのできる偉大なる母、「ファルスを持った母（ファリック・マザー）」の幻想を保持するために働く心的機制でもある。しかし、子を生みだす要となったファルスは父が所有するものであり、母には決定的にそれが欠けていることを認識する時、子は去勢の態勢に導かれる。この去勢に対抗して、母にはファルスが欠如していることを認めないように働く心的機制をフロイトは「否認」と呼んでいる。[21]この時、「フェティッシュ」は母のファルスの不在を隠す「ヴェール」としての役割を果たす限りにおいて、フェティシストにおける崇拝の対象となる。「多くの場合、フェティシストは、明らかに去勢を描写しているに等しい仕方でフェティッシュを扱っている」[22]のである。このようにフェティシズムにおいては、去勢に対する「承認」と「否認」という相異なる心的機制が併存している態勢になっている。つまり、フェティシストは、父の掟に従う存在でありながらも「ファルスを持った母」の幻想を保持するため、折衷案としてフェティシズムの戦略をとっていると言える。言うなればフェティシストは、幼年期に組み込まれた幻想の系譜を密かに保有したまま大人になったのである。

エディプスが形成されているということは、パロールの循環を通して子に象徴的秩序の導入が果たされているはずであるが、この「非典型的なエディプス関係」においては、父からのパロールは子に直接投げかけられない。母の背後に何者かは居る。しかし、それは父を抱きとめた祖母である。母は祖母（父）の代理人として、その理想にそって恣意的にパロールを解釈する。この事態をラカンは、フロイトを引用して次のように述べている。

フロイトはこう書いています。「女の望みは、〈神〉の望み」。これはまさに母がハンスに言ったことです。つまり、「結局、それは私次第なの」ということです。[23]

19――ラカンは、治療に介入したフロイトが「父（象徴的父）」の役割を担ったことなどにより、エディプスの問題に進展が見られたことは認めつつも、ハンスの父親が去勢者（想像的父）としての機能的役割を果たさなかったことを問題視している（同上、二二二－二二五頁）。ここで説明を補足すると、先に述べたように「象徴的父」とは「死せる父」であり、主体を象徴的秩序につなぎとめる要としての機能である。それに対して「想像的父」とは、子と母をめぐるライバル関係となる対象であり、「想像（鏡像）的関係の一部」（同上、三一頁）である。ゆえに、ハンスが恐れる馬は、父母混合的な対象として表されるとともに、その対象の殺害が「象徴的父」の場を確立することになる。

20――同上、二五二頁。

21――フェティシズムに関するフロイトの理論については以下の論考を参照されたい。ジークムント・フロイト、二〇一〇年、「フェティシズム」、石田雄一訳、『フロイト全集一九』、岩波書店、二七五－二八二頁。

22――同上、二八一頁。

よってハンスを制するのは父由来の「超自我」ではなく、母の理想の追求、すなわち「自我理想」となる。

彼は、母のファルスとの同一化を形成する以外のメカニズムで自分の男性性を統合することができません。この母のファルスとの同一化形成は、超自我という妨害的でありながら均衡をもたらす機能とはまったく異なる次元に属するものです。これは自我理想の水準にある機能です。［…］

非典型的なエディプス関係へと導かれるこのような例では、まさしく母の理想が、主体とその性との関係に、ある種の状況、ある種の解決をもたらします。つまり出口は母の理想との同一化によって形成されるのです。[24]

**図式5**［↓276頁］を見てみると、本来、現実のハンスが書き込まれるべき場所は、幻想の系譜上でのローディの位置である。そうなっていれば、そこからハンスは、すでに象徴的秩序によって規定されている父親を手本に、あるべき男性性のあり方を受け入れることになったはずである。[25] しかし、その父親の位置にはハンス自身が書き込まれたままでいる。このハンスは、母が望みしファルスに必死で同一化しようとしていた幻想上（失われた幼年期）のハンスである。ゆえに、彼を導くのは母の理想なのである。本来、父の機能とは「父が、系譜的次元の秩序の維持のための虚構的かつ具体的な軸、中心」[26]を示すことにある。「典型的なエディプス関係」においては、父の機能を内在化させた主体は、言語活動を通して、象徴的秩序の中に自らを定義し定位することが可能になる。しかし、「非典型的なエディプス関係」においては、想像的な他者、すなわち母との関係性に基づいて象徴的秩序に書き込まれることになる。

ここで重要なのは、ハンスはいわゆるフェティシストではないということである。ラカンは、将来ハンスは表面上異性愛的に見えたとしても、その主体性を女性に預けるような受動的な人間になるだろうと述べている。これは、自分自身を素晴らしきフェティッシュとして、女性を魅惑するような男性である。[27] つまり、彼をその対象として欲望するのは女性の方になる。ハンスはフェティッシュに同一化することにより、[28] ファリック・マザーを体現しようとするのである。[29] 先に述べたように、このフェティッシュの位置は、かつて母にあると信じられていたファ

23――ジャック・ラカン、二〇〇六年、『対象関係（下）』、小出浩之ほか訳、岩波書店、二九一頁。
24――同上、二九三頁。
25――ただし、ラカンの解釈では、父の機能を内在化できていないのはハンスの父親の方である（同上、一六七－一六八頁）。ゆえに、本来分析を受けるべきなのは父親の方であって、ハンス自身はその父親から系譜を素直に引き継いだだけとも言える。
26――同上、二六九頁。
27――同上、二九一－二九二頁。

ルスの位置であり、母が望みしファルスの位置である。[30] 主体をこの位置へと同一化に導く機能こそが「自我理想」なのである。

典型的なエディプス関係をもとに構造化されている西欧一神教文化においては、このハンスが確立するであろう男性性のあり方は決して一般的なものではない。そのような人間関係を生みだす基盤となったあの幻想の系譜は、あくまでもハンスの幼年期の性理論の産物、すなわち個人神話に則った歪(いびつ)なものだと見なされる。しかし、この非典型的なエディプス関係の図式は、恐怖症とトーテミズムがそうであったように、ある文化の型と照応関係となる可能性を秘めている。

先に述べたようにフロイトは、精神分析の文化論への拡張に際して、「原父殺害神話」を軸とした宗教形態の分析をその足がかりとした。人類の「世界観 (Weltanschauung)」は、アニミズム(神話)的世界観、宗教的世界観、そして科学的世界観へと変遷するとフロイトは説くが、宗教的世界観についてはより詳しく論じている。フロイトが描く宗教的世界観の変遷図式を大まかに辿ると次のようになる。宗教は、殺害された父の代替物を崇拝するトーテミズム的段階をその萌芽とし、偉大なる母性神と息子の性格を有する男性神との共存段階を経て、最終的に唯一にして無比の、無制約的に支配する力を有する父なる神の回帰へと進む。[31] レヴィ=ストロース、ラカンを経た我々は、このフロイトの図式を進化論から構造論へと解き放つことができるはずである。

典型的なエディプス関係を基盤とする文化が、宗教的側面において一神教的形態と親和性が高いと見なされる理由は、絶対的な審級として天に切り離された存在である唯一神と、世界を等しくシニフィアンの網の目で覆う要として機能する象徴的父との関係性が対応しているからである。[32] 姿なき唯一神の力が世界にあまねく行き渡るがごとく、象徴的父の前では子供も母親も、そして父親さえも等しくパロールが投げかけられる存在となる。ゆえに、そのパロールの内容を保証できるのは、唯一、象徴的父のみであり、パロールの特権的な受け手は存在しない。

しかし次節で見るように、父系を一段ずらし、偉大なる母性神(天照大神)を後ろ盾とした息子神(天皇)が君臨する日本においては、父に当たるであろう神は巧妙に隠されている。このよ

28——「非典型的なエディプス関係」はフェティシズムの構造を基盤としているが、主体が何に同一化し、何を欲望の対象とするかによって、その症状は大きく変わってくる。

29——ハンスは、後に高名なオペラ演出家となっている。舞台上にて女性を、彼女が望む姿に装わせることができる存在である。

30——ラカンはその理論的根拠をフロイトの「ペニス羨望」においている。ジャック・ラカン、二〇〇六年、『対象関係(下)』、小出浩之ほか訳、岩波書店、三七-三八頁。

31——ジークムント・フロイト、二〇〇七年、「モーセという男と一神教」、渡辺哲夫訳、『フロイト全集二二』、岩波書店、一〇四-一〇五頁。

32——ラカンは次のように述べている。「象徴的父としての父という位置に対し完全に応じることのできる唯一の者、それは一神教の〈神〉のように「我は我であるところの者なり(Je suis celui qui suis.)」と言うことのできる者だけです」(『対象関係(下)』、一七頁)。言語によって構造化された世界で生きる我々にとって、自己言及の不完全性から免れている唯一の存在、不可能な点こそ象徴的父であり、第三者たる神として表されている位置である。

うな宗教及び政治形態を有する日本という言語空間においては、父からのパロールは、母を経由して子に伝えられることになる。この日本におけるパロールの循環の偏りを、「非典型的なエディプス関係」を念頭に「言語伝承の図式」を検討することによって探究していきたい。

## 日の神の系譜

前章までに詳しく見たように、「言語伝承の図式」は**図式1**（➡204頁、下記に再掲）を基盤としている。**図式1**は「古神道」のあり方を構造論的にモデル化したものである。▼33 古神道では、天皇が「天つ神」の「みこと（命令）」を発する最高位の「みこともち（すめらみこと）」として日本という場に降臨するという信仰形態をとる。そして、これが成り立つには本来、両者を仲立ちする「中つすめらみこと」を必要とする。折口によれば、ｂ「中つすめらみこと」は身体としてはａ'に当たる「すめらみこと（天皇）」の妻であり、信仰の上ではａ「天つ神」の妻となる。そして天皇とは本来、この「中つすめらみこと」と関係を結ぶことに

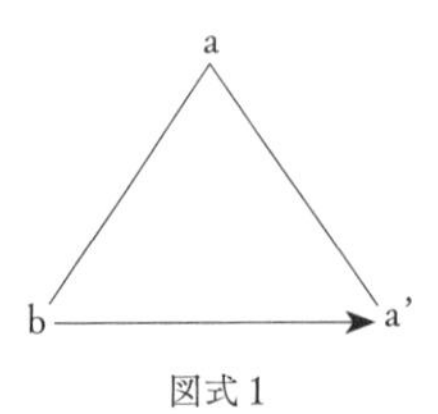

図式１

よって、「天つ神」と同一視され「現神（あきつかみ）」と見なされるようになる。この三項の関係性は、「まつり」の形式として、a「客」、b「神の嫁」、a'「（神）主」と表すことができる。

そして、上記を宮廷という共同体とすると、その下に「采女（うねめ）制度」を用いてa＝天皇、b＝采女、a'＝群臣という形で共同体を連結している。この図式が入れ子的に反復されることにより、「みこと」が日本中へと伝達され、大和朝廷の統治が成り立つことになる。この祭政一致を旨とする統治の仕組みは、古神道における「みこともち」の思想によって支えられている。折口は「みこともち」について次のように述べている。

> 広い意味に於（おい）ては、外部に対して、みことを発表伝達する人は、皆みこともちである。諸国へ分遣されて、地方行政を預る帥・国司もみこともちなれば、其（その）下役の人たちも亦（また）、

33——ここで一つ注意を促しておきたいことがある。図式1が提示された「古代人の思考の基礎」（一九六六年、『折口信夫全集三』、中央公論社、三九〇－四三七頁）は、その本来の目的としては、古代における神道のあり方を探究した論文ではないということである。ここでの折口の関心は、あくまでも現代における日本の国民性であり、その特性の起因するところとして「古代論理」を端的に表す図式1が提示されたのである。折口の「古代論理」が現代の生活において無意識裡に機能している言語法則、すなわち「言語伝承（口頭伝承）」というランガージュに基づいていることは先に論じた。よって、本章では折口の言う「古代論理」をランガージュが紡ぎ出す「象徴論理」に対応させ、その政治宗教形態への反映として「古神道」を捉える見方を採用している。

みこともちとして、優遇せられた。又、男のみこともちに対して、別に、女のみこともちもある。かういふ風に、最高至上のみこともちは、天皇陛下御自身であらせられるが、其が段々分裂すると、幾多の小さいみこともちが、順々下りに出来て来るのである。

此みこともちに通有の、注意すべき特質は、如何なる小さなみこともちでも、最初に其みことを発したものと、尠くとも、同一の資格を有すると言ふ事である。其は、唱へ言自体の持つ威力であつて、唱へ言を宣り伝へてゐる瞬間だけは、其唱へ言を初めて言ひ出した神と、全く同じ神になつて了ふのである。だから、神言を伝へさせ給ふ天皇陛下が、神であらせられるのは勿論のこと、更に、其勅を奉じて伝達する中臣、その他の上達部——上達部は元来、神侍部であつて、神侍に詰めてゐる団体人の意である——は、何れも皆みこともちたる事によつて、天皇陛下どころか直ちに、神の威力を享けるのである。つまり、段々上りに、上級のものと同格になるのである。▼34

「みこともち」の思想とは、「みこと」を発している限りは、それを初めに発した神と同格になるというものである。では、「みこと」を初めに発した神とはどのような神なのか。折口は、この「みこともち」の根本的な信仰形態として**図式1**を念頭に、次のように述べている。

日本の信仰には、女神の信仰があるが、私の考へでは、女神は皆、もとは巫女であつた。此処（ここ）に、永久に論断を下すことの出来ない仮説を申してみると、天照大神（あまてらすおおみかみ）も最高至尊の地位にあらせられた、女神である。この仮説への道筋を述べて見よう。

記・紀を見ると、天照大神の蔭（かげ）にかくれてゐる神がある。たかみむすびの神（たかぎの神とも）と言ふ神である。何の為（ため）に、此（この）神が必要なのであらうか。日本の古い神道で、此事（このこと）を考へなければならない理由がある。此（この）神が何時も、天照大神の相談相手になつてゐられる。天照大神は、日の神ではなく、おほひるめむちの神であった。[35]

「おほひるめむち」の「ひるめ」とは「日の神の后」と言う意味である。[36] つまり天照大神は「神の嫁」たる最初の最高巫女であると折口は説くのである。これを**図式**1に対応させると、天つ神がa'に位置する際に、たかみむすびの神がaに、天照大神がbに当たることになる。このことに関して、折口は次のように述べている。

天皇を顕神（ウツシガミ）と信じたのは、此、天津神の御命令を遂行なさるお方であつたからで、近

34―― 折口信夫、一九六六年、「神道に現れた民族論理」、『折口信夫全集三』、中央公論社、一五六頁。

35―― 折口信夫、一九六六年、「古代人の思考の基礎」、『折口信夫全集三』、中央公論社、四二八－四二九頁。

36―― 同上、四二九頁。

代的には譬喩（ひゆ）と考へるが、昔は、神そのものであつて、にゝぎのみこと以来一続きだと信じた。其肉体は時時（ときどき）御交替になるが、魂は一続きであつた。▼37

「ににぎのみこと」とは、天孫降臨の主役たる天照大神の「孫」であり皇祖神である。つまり折口は、「ににぎのみこと」と天皇は信仰上の系譜としては、ともに天照大神の孫であると説いたのである。ここまでの系譜を**図式**6として示そう。

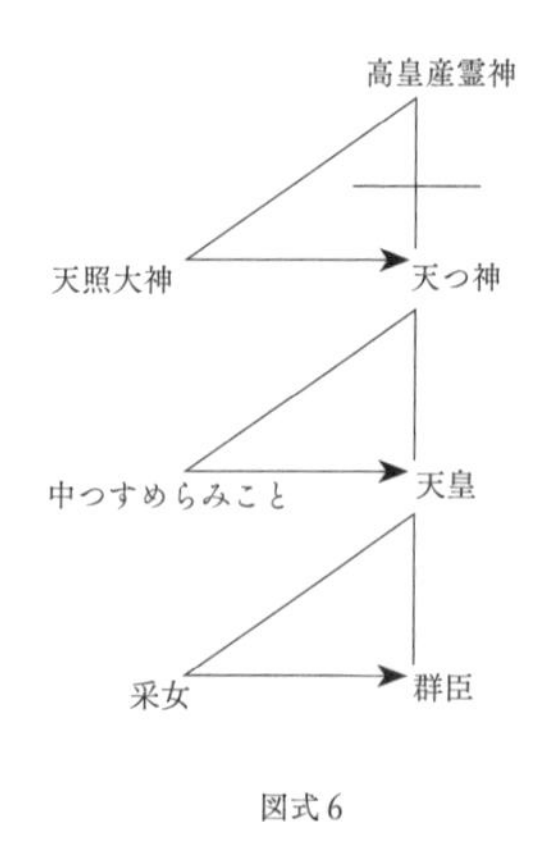

図式6

この図式を見てみると、天皇には母が二人いることになる。つまり、身体的な妻である「中つすめらみこと」は父（祖先）である天つ神の嫁であるがゆえに、信仰上の母になる。ここから系譜を一段上に上げると身体的な母は信仰上の祖母、すなわち「天照大神」に当たるわけであるから、天皇の母は「中つすめらみこと」と「天照大神」に二重化していると言える。天皇は「日之妻」たる天照大神の孫であり子である、「日のみ子」として日本における教権・政権を兼ね持つことになる。▼38 では、この系譜において頂点に位置するはずの「高皇産霊神（たかみむすびのかみ）」とはどのような存在なのか。折口が「天上より持ち来した神宣は、高皇産霊神の御言によるものとの信仰を以（もっ）て、最古の神言なることを保証する詞があつた▼39」と述べるように、「みこと」とは高皇産霊神の「みこと」である限りにおいて、効力を発揮することになる。しかし同時に、折口は高皇産霊神について次のように述べている。

高皇産霊・神皇産霊二神の中、多く場合、高皇産霊尊を代表と見なしたことであつた。又当然、二尊の間に、職掌の分担を考へてゐたことも思はれる。ともかくも、産霊ノ神の職掌の重大な部分として挙げてよいものが、一つある。

尊い神が、神の詞を宣ノる時に、其を自ら発言することの出来る資格を授ける為に、此神の出現したと考へたのが、古代の考へ方である。天照大神に添うて、此神の出現する時は、重要な神事が行はれる訣である。[40]

じつは、実際に「みこと」を発するのは天照大神なのである。高皇産霊神は「皇祖の神でもあり、又創造の御神としての一面をも考へられて」いたが、[41]一方で「神としての地位が低かつ

37——折口信夫、一九六六年、「上代貴族生活の展開 万葉びとの生活」、『折口信夫全集九』、中央公論社、三七頁。

38——折口信夫、一九六六年、「万葉びとの生活」、『折口信夫全集一』、中央公論社、三二三頁。

39——折口信夫、一九六七年、「即位御前記」、『折口信夫全集二〇』、中央公論社、二八頁。

40——折口信夫、一九六六年、「日本文学の発生」、『折口信夫全集七』、中央公論社、一〇九頁。

た」[42]。ここで、高皇産霊神を父とし、天照大神を母とすると、常に父の「みこと」は母を介して子に伝えられることになる。父は母に隠されている存在なのである。[43]そして折口は、高皇産霊神を日の神と見なすかどうかは保留としている。[44]よって、日の神の系譜という観点から見ると「日之妻」たる天照大神が頂点にくることになる。

この高皇産霊神を包み込んだ天照大神は地上に姿を現すことはなく、折口が「常世（とこよ）」と呼んだ高天原に座したままである。構造論的には「常世」は一神教における天と同じく、象徴的秩序を宗教形態として反映させた概念と考えるべきであるが、その「常世」において、西欧における唯一神に対応するであろう高皇産霊神の座が確立されていないことが、日本という言語空間における「パロール（みこと）」循環の偏りの反映と見なすことができる。すなわち、「みこと」の流れに注目し原初の図式を想定すると、系譜の左上を「常世」天照大神（高皇産霊神を包み込む）→「客」天つ神→「神の嫁」中つすめらみこと→「主」すめらみことへと「みこと」が伝わることになる。これは順に「祖母」→「（祖母の子としての）父」→「母」→「子（孫）」となる。

ここで「中つすめらみこと」との関係性により、先の図式の「主（すめらみこと）」と「客（天つ神）」は同一視される。ゆえに、「日本（やまと）」という共同体に天皇が「客」として現れることになる（現神の降臨）。すると今度は采女（うねめ）が「神の嫁」になり、「主」に（群）臣が位置づけられる。そして、この図式を支える「常世」の要は中つすめらみことになる。ここで「のりと（みこと）」は中つすめらみこと→天皇→采女と伝達され、「よごと（みこと）」が群臣→采女→天皇と覆奏される。

こうして見てみると「常世」からの「みこと」は、「主」に直接達さないことがわかる。「客」と「神の嫁」のラインにて回収されてしまうのである。

41――　折口信夫、一九六七年、「即位御前記」、『折口信夫全集二〇』、中央公論社、三〇頁。

42――　折口信夫、一九六七年、「産霊の信仰」、『折口信夫全集二〇』、中央公論社、二五九頁。

43――　父親と祖母をカップリングさせたハンスの幻想上の系譜（図式5）が、現実のそれに対して父系が一段上にずれていることは先に指摘したが、このハンスの系譜における父系の無限遠点に想定できる、押し出された父のあり方として、日の神の系譜（図式6）を捉えることができるのではないかと思う。このような父のあり方は、フロイトの言う「原父」に通じている。先に見たように、フロイトはこの原父殺害の反復の果てに、唯一神の座が確立されると説いたが、それが留まっている状態を表すのがこの図式である。このように見ると、ラカンの四年目のセミネールはフロイトの宗教論の構造論的読み換え作業として捉えることができる。

44――　折口信夫、一九六六年、「古代人の思考の基礎」、『折口信夫全集三』、中央公論社、四二九頁。折口は、終戦後、高皇産霊神などの「むすびの神」を、万物を生みだす創造神として天地の外に超越して表れていることを認めて、天照大神以下の系譜につながる神々、すなわち「祖先神」から切り離すようにと主張し始める。これをもって、神道の宗教化が遂行されると説くのである（例えば、折口信夫、一九六七年、「神道宗教化の意義」、『折口信夫全集二〇』、中央公論社、四四二－四六〇頁を参照）。これは、天皇を頂点とする日本が、連合国軍という「まれびと」に圧伏され、かつてないほどの構造変動が起こりつつあることを感じ取った折口の、一種の理論的防衛策と考えることができる。この戦後の折口思想の展開と、日本の歩みについては、今後の大きな研究課題ではあるが、結局、いまだ神道において超越神が確立された様子はなく、現在でも天皇制が存続していることは歴史の事実である。

# 父を包み込む効果

このようなパロールの交換を強いられる主体と他者のあり方を端的に表すと、ラカンの**図式**7が導き出せる。▼45 この図式は、シェーマLがもとになっているとともにレオナルド・ダ・ヴィンチの絵画「三人連れの聖アンナ（聖アンナと聖母子）」がモティーフとなっている。子羊として表されている聖ヨハネ、子であるキリスト、聖母マリア、聖アンナの四項からなるこの絵画を題材にラカンは、「非典型的なエディプス関係」をシェーマ化している。

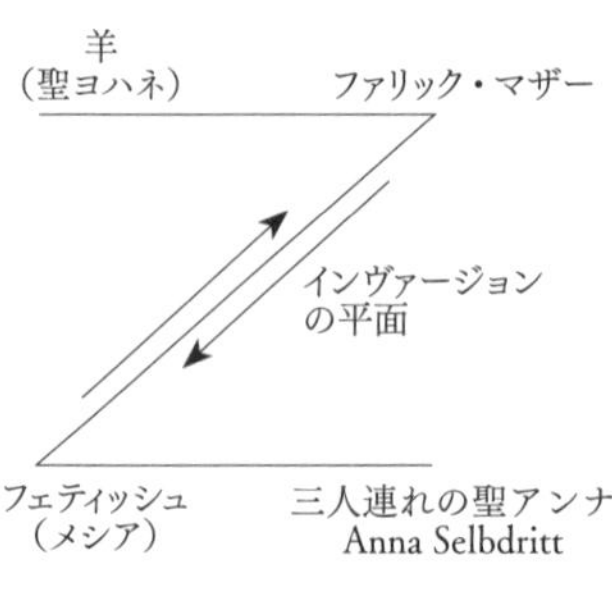


図式 7

四項から成るこの下絵、子羊に馬乗りになろうとする子供を母が引き止める様が描かれているこの下絵に見入る者は誰もが、それぞれ、その意味を自問します。そして誰もが、これが子供、キリストのドラマ、彼の受難、彼に運命づけられた未来の記号であることを理解するのです。しかし、聖アンナ、この場面を支配している聖アンナは、聖母が子キリストを、彼自身の運命、彼の犠牲から遠ざけてしまわないように聖母を引き止めています。[46]

子羊を子キリストが、子キリストを聖母マリアが、そして聖母マリアを聖アンナが、各々相手を取り込もうとするかのような各項を、形ばかりでも分離する要となっているのが最後の人物、マリアの母たる聖アンナである。

最後の人物、四人の中で最も謎めいた人物、それは聖アンナです。彼女は純粋に女性的、母性的な関係において修復、設立されていますが、〈他者〉、大文字の〈他者〉であり、この光景のすべての均衡にとって必然的な者です。[47]

S（羊）にとっての象徴的秩序はA（聖アンナ）によって支えられているけれども、ここではAからのパロールはSには投げかけられてはいない。パロールは想像的次元でインヴァージョン

45――ジャック・ラカン、二〇〇六年、『対象関係（下）』、小出浩之ほか訳、岩波書店、三一六頁。

46――同上、三一五頁。

47――同上、三一五頁。

（反転）され、Sはa’（ファリック・マザー）が望みしa（メシア）と一体であるという幻想を保持している。▼48

　そして前節にて明らかになったように、この図式は、そこに働く「みこと（パロール）」の交換法則が同一であるがゆえに、そのままA「常世（とこよ）」、a「客」、a’「神の嫁」、S「主」としても成立する（**図式**8）。この図式での象徴的秩序への登録のされ方は、あくまでもa’とaとの関係性に基づいたものであり、S（主）はa’（神の嫁）が望みしa（客）と一体であるという幻想を保持している（現神の降臨）。▼49 A（常世）からのパロールは想像的な次元にて翻訳されてしまうのである。

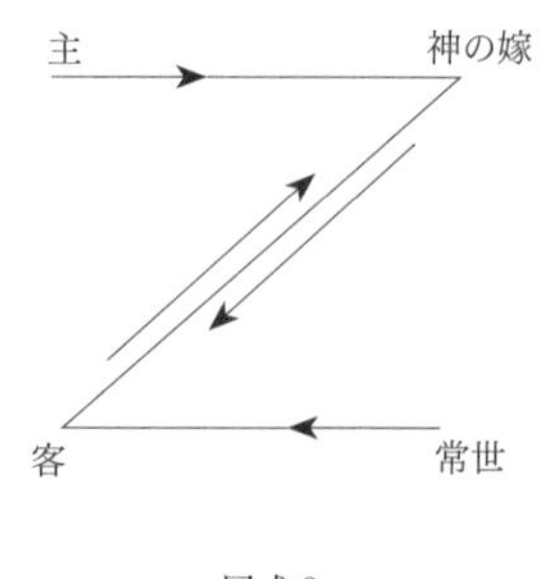

図式8

　このパロールの循環を、先ほど挙げた例と比べると次のようになる。この図式では、Sが「きみはわたしのしだ」というパロールを発した際に、Aは「私は君の弟子だ」というメッセージをパロールとしてSに直接投げかけてはくれない。「きみはわたしのしだ」というパロールはa’とaとの関係性をもとに「君は私の師だ」「君は私の詩だ」「君は私の死だ」と翻訳され、「君は私の弟子だ」「君は私の恋人だ」「君は私の敵だ」といったパロールとしてa’とaをインヴァージョンするのである。

## 構造化の方向性

ここまで、西欧における「非典型的なエディプス関係」と「言語伝承の図式」が同型性を持っていることを確認してきた。つまり、西欧においては非典型的なパロールの交換法則が、日本

48——ラカンの「幻想」という用語は、まさしく、$\$$とaがあたかも一体であるということを意味する（ここでSに斜線が引かれているのは、象徴化された主体は他者の中に消え去り、そのものとしてはもうないからである）。ラカンはこれを「$\$◇a$（幻想のマテーム）」として描き出している。「非典型的なエディプス関係」は、この幻想を多分に保持したまま、象徴的秩序へ参入することに成功している。また、ここでのaは単純に想像的なものではなく、ラカンの重要概念、「対象a」へとつながっていく。「欲望の原因」とされる対象aは、前章で取り上げた剰余としての「たま（マナ）」に重ねることができる。なお、「$\$◇a$」についての解説は以下の論考に詳しい。新宮一成、一九八九年、『無意識の病理学　クラインとラカン』、金剛出版、二一一－二二五頁。

49——折口は図式1を提示した「古代人の思考の基礎」にて、「何の為に、忠君愛国の精神がありながら、下剋上の考へが起つて来たのであらうか。どうしても古代論理にまで溯つて、考へて見なければならないのである」と述べているが（折口信夫、一九六六年、「古代人の思考の基礎」、『折口信夫全集三』、中央公論社、四三六－四三七頁）、その答えは「みこともち」の思想のもと、主（S）と客（a）が一体化するからということになる。

においては典型的な法則として働いていることになる。ただし、この結論にいたるにあたって指摘しておかなければならないことがある。

「症例ハンス」を検討してきた我々にとっては、日本にて成立する日の神の系譜は、多分に幻想性を帯びたもののように見える。しかし、日の神の系譜がハンスの幻想と異なるのは、日本人という集団に認められ、文化に反映しているという点である。文化に反映された幻想は、もはや幻想ではなく、神話であり、規範であり、制度である。

先に、ハンスが確立するであろう男性性のあり方として、ラカンは、女性に対して受動的に振る舞うような人物を想定していると述べた。すなわち、ハンスが組み込まれた非典型的なエディプス関係がいかに安定した構造であったとしても、西欧文化の価値観から照射された彼の生き方には、個人的な幻想に基づくある種の倒錯性がついてまわることになる。しかし日本において、折口が「神の嫁」の神聖な職分として見いだしたものは、神に相当する高貴さゆえに自らは手を下さない男性に対して、母親のようにかいがいしく世話をすることにある。前の章〔↓248頁〕で確認したように、折口は「神の嫁」となるべき女性をその職分から「水の女」とも呼んでいる。この職分をもって、巫女が神を包み込み神格化していく過程が、次の引用からよくわかる。

> 神女の手で、天の羽衣を著（き）せ、脱がせられる神があつた。その神の威力を蒙（こうむ）つて、神

女自身も神と見なされる。さうして神・神女を同格に観じて、神を稍忘れる様になる。さうなると、神女の、神に奉仕した為事も、神女自身の行為になる。[50]

ここで折口の言う「天の羽衣」とは、大嘗祭を経て天皇として即位をする「みこ（御子・皇子）」が、物忌みの際に着けているものでもある。折口によると、物忌み明けに湯殿の中でこれを脱がせ禊ぎに奉仕するのが「水の女」であり、これをもって「みこ」は天皇としての資格を得ることになる。その際に、天皇が第一に性的に交わるのがこの「水の女」であり、後の后となる傾向がある。この「水の女」は、「みこ」の生誕に合わせて養育係となった女性をも指す。ここで、後に「みこ」の后として立つのは「若湯坐（わかゆえ）」と呼ばれる存在であるが、それとは別に「大湯坐（おほゆえ）」と呼ばれる者も存在する。この大湯坐は、皇子の一回目の禊ぎ、すなわち生誕の際の産湯を使わせる役を担う者であり（その際、若湯坐は介添役を務める）、天皇の后である場合が多いと折口は述べている。[51] つまり、母は初めから二重化していて、貴種は母から母へと受け渡され、「現神（あきつかみ）」として降臨するのである。

このように、西欧文化では未熟ないしは倒錯的と捉えられる振る舞いが、日本においては、

50――　折口信夫、一九六六年、「水の女」、『折口信夫全集二』、中央公論社、九八頁。

51――　折口信夫、一九六六年、「大嘗祭の本義」、『折口信夫全集三』、中央公論社、二二四－二二五頁。

理想的な男女のあり方として提示されている。[52] この結果から導き出される注目すべき点は、その言語空間を構成している典型的なエディプスの型に向かって、構造化の圧力がかかるということである。[53] つまり、パロールの交換法則としてはハンスの構造と同一であっても、それが典型的なものとして働いている日本という言語空間においては、「言語伝承の図式」に向かって構造化が促され、それに則った文化が形成されていくことになる。

そしてこれは当然、言語規則にも反映されている。先に「きみはわたしのしだ」という事例にて、日本におけるパロールの循環に住まう翻訳者の機能に注目し、その幻想保持の仕組みについて考察してきたが、これは同時に同音異義語への置き換えという、日本語の機能の平凡な一側面も表している。フロイトは、フェティシズムの条件に「鼻の光沢（Glanz）」を挙げていたあるドイツ人男性を分析した際に、彼が幼年期のイギリスでの生活で得た英語を用いて「鼻への視線（glance）」という、無意識の形成物を密かに保持していた事例を挙げている。[54] この事例と比べると、日本語が有する翻訳者の機能は、幻想を保持する無意識の形成物とは言えないほど顕わになっている。なぜなら、この機能は漢字という文字によって円滑に作用しているからである。日本人は漢字を想像（参照）しながら語り合っているのである。幻想はパロールの交換法則に基づき発生し、目に見えるもの（文字）によって支えられ、文化に反映する。ここで論考「リチュラテール」におけるラカンの言を引用しよう。

52—— このような人間関係のあり方は、日本の精神分析の文脈においては、ウチなる空間における母子一体的な甘えやゆるしを希求する「阿闍世コンプレックス」という概念を中心に論じられてきた。ラカン理論に則る佐々木孝次は、日本的な母性原理を反映する阿闍世コンプレックスと、西欧的な父性原理を反映するエディプス・コンプレックスという二種類の原理を想定する従来の議論を批判し、父の機能のあり方の問題として、日本的な特性を捉え直すよう主張している（佐々木孝次、一九九六年、『エディプス・コンプレクスから模倣の欲望へ』、情況出版、五一―一三二頁）。本章で提出したモデルは、従来は記述的に論じられてきた上記のような人間関係の特性を、同一の尺度をもとに比較検討することを目的としたものである。

53—— これは『親族の基本構造』の第七章にて、レヴィ＝ストロースが注意を促していた問題でもある（Claude Lévi-Strauss, 2002, *Les structures élémentaires de la parenté*, Berlin; New York: Mouton de Gruyter, pp. 98-113.）。彼は、未開の思考と子供の思考を関連づける議論を批判し、未開の思考も文明の思考がそうであるのと同じように、一つの選択された型を持つ大人の思考であることを強調する。子供の思考と未開の思考に類似点が見受けられるのは、子供は性愛（男女のあり方）の全ての型を未発達に併存させたまま現すという、精神分析で言うところの多形倒錯性のためである。この状態から、その文化における典型的な性愛の型を選択し、他を抑圧していくことが大人になるということであるが、ここで非典型的な型を選択すると、病的な思考と見なされるようになる。ここにおいて、子供の思考と病的な思考は、社会化されている未開、及び文明の思考に対して、個人が相対的に独立しているという意味で、等しい状態である。つまり子供の思考と同様に病的な思考には、その文化が有する典型的な型へと構造化を促す圧力がかかっている状態である。

54—— ジークムント・フロイト、二〇一〇年、「フェティシズム」、石田雄一訳、『フロイト全集一九』、岩波書店、二七五―二七六頁。つまり、彼のフェティッシュは鼻であったとフロイトは述べている。

とはいえ、そこから文字は、いっさいの物と同じように本質的な指示対象として格上げされ、そのことが主体のあり方を変化させる。主体が己の根本的同一化のために、一の線だけではなく、星をちりばめた空にも支えられることは、主体が「君(le Tu)」にしか支えられないことを説明する。つまり、この「大文字の君」がそのシニフィエのうちに包み込む表敬関係に従って、そのどんなささやかな言表も変化するあらゆる文法的形式のもとでのみ、主体は支えられるということである。

真理はそこで、私が真理のうちに明示するフィクションの構造を強める。それは、このフィクションが礼儀の法に従っていることによってである。

奇妙にも、このことは、防衛すべき抑圧されたものが何一つない、という結果をもたらすように見える。というのは、抑圧されたもの自体が、文字への参照によって宿るべき場を見いだすからである。[55]

パロールの真理を保証してくれる唯一者によって間接的にしか支えられない日本人は、「礼儀の法」によって区別が可能になる、二者関係の延長線上にいる「大文字の君」によって支えられる。[56] 多神教的神話体系のような目に見える秩序世界、「星をちりばめた空」の中に自らを位置づける根拠を求め、[57] 上下関係を明確にさせた上でパロールのやり取りをする様子は、「みこと」の交換を通して、日の神の系譜を描く際に確認してきたことである。[58] そして日本においいては、日の神の系譜はハンスのそれとは違い、個人的なフィクションとして片づけられないものへと肥大化しているのである。

## 永遠の翻訳

この第6章では、折口の「言語伝承の図式」とラカンの「エディプスの三角形」を検討することにより、日本と西欧の構造的差異を比較文化論的に論じてきた。日本という言語空間は、西欧のそれに対して、パロールの交換を行う想像的な他者との関係性によって、主体の象徴的秩序における立ち位置が変化する特性を有していた。このことは、従来言われていた日本文化の持つ二重性という特性を、言語構造論的に裏づけるものであった。

55—— Jacques Lacan, 2001, *Autres écrits*, Paris: Seuil, p.19.

56—— 本章で折口を手がかりに論じてきたことは、日本語でのディスクールに働いているこの「大文字の君」が、政治宗教形態へと反映されたものが「大君（おほきみ）」であったということである。本来、「君（キミ）は、宗教的な威力をもつて、神に仕へ国を治めてゐるもの」を指しており、「大君（オホキミ）は、さう言ふ家々の上に、大きな神に仕へて、大きな神の威力を受けて臨んでゐる君と言ふ訳で、大和宮廷の⬇

以上の結果を導き出した本章の試みは、日本語を評し、「これはランガージュとなった永遠の翻訳である[59]」と述べたラカンに対して、パロールの交換法則の解明をもって応えんとしたものである。

主上・巫女並びに其一族の末々までを表した」と折口は説いている（折口信夫、一九六六年、「国文学」、『折口信夫全集一四』、中央公論社、九五頁）。そして、この「おほきみ（尊貴族）」の生活・信仰様式が、「言語伝承の図式」を通じて、無意識裡に日本文化を規定してきたことを説いた論考が、再三挙げてきた「古代人の思考の基礎」である。この論考で折口は、主客一体へといたるこの図式が持つ論理を、外来の論理と比較して「感情の論理」とも呼んでいる（折口信夫、一九六六年、「古代人の思考の基礎」、『折口信夫全集三』、中央公論社、四二八頁）。

57――　「我が上なる星をちりばめた空」は、「我が内なる道徳律」と対になるイマヌエル・カントの『実践理性批判』由来の言い回しである。フロイトはこの言い回しを好んで用いており、「超自我」を後者に見たてている（ジークムント・フロイト、二〇一一年、「続・精神分析入門講義」、道籏泰三訳、『フロイト全集二一』、岩波書店、八〇―八一頁）。

58――　「リチュラテール」は、日本語におけるエクリチュール（書かれたもの）の効果について考察した論考であるが、その効果を生み出しているのはあくまでもディスクールだということは、いくら強調してもしすぎることはないであろう。日本語でのディスクールでは、その交換法則に従い、AからSへと向かうパロールが想像的な次元にて回収され、漢字という公に認められた指示対象が提示されるのである。西欧的なディスクールでは、この無意識のラインのパロールが想像的な壁に突き当たる際には、非公式なシニフィアン連鎖からなる言い間違いや機知、その仕組みを背景とした夢や症状などの読めない文字が形成される。先述のフェティシズムの事例のように、「鼻への視線(glance)」という無意識の形成物は、ドイツ語の体系のもとには読めないのである（ただし、この形成物は英語の体系では読むことができる。これは、ドイツ語の規則に反しないかたちで「否認」する、フェティシズムの構造が反映されているからである）。この読めない文字を解釈（解読）するのが分析家の仕事である。ラカンは『エクリ』邦訳版の序文のなかで、日本人には精神分析は必要ないと述べているが（Jacques Lacan, 2001, *Autres écrits*, Paris: Seuil, pp. 497-499.）、これは、漢字を読むのに分析家は必要ないということである。漢字のなかには抑圧されたものが宿っているので、漢字が読めれば無意識が読めることになってしまうからである。

59――　*Ibid.*, p. 20.

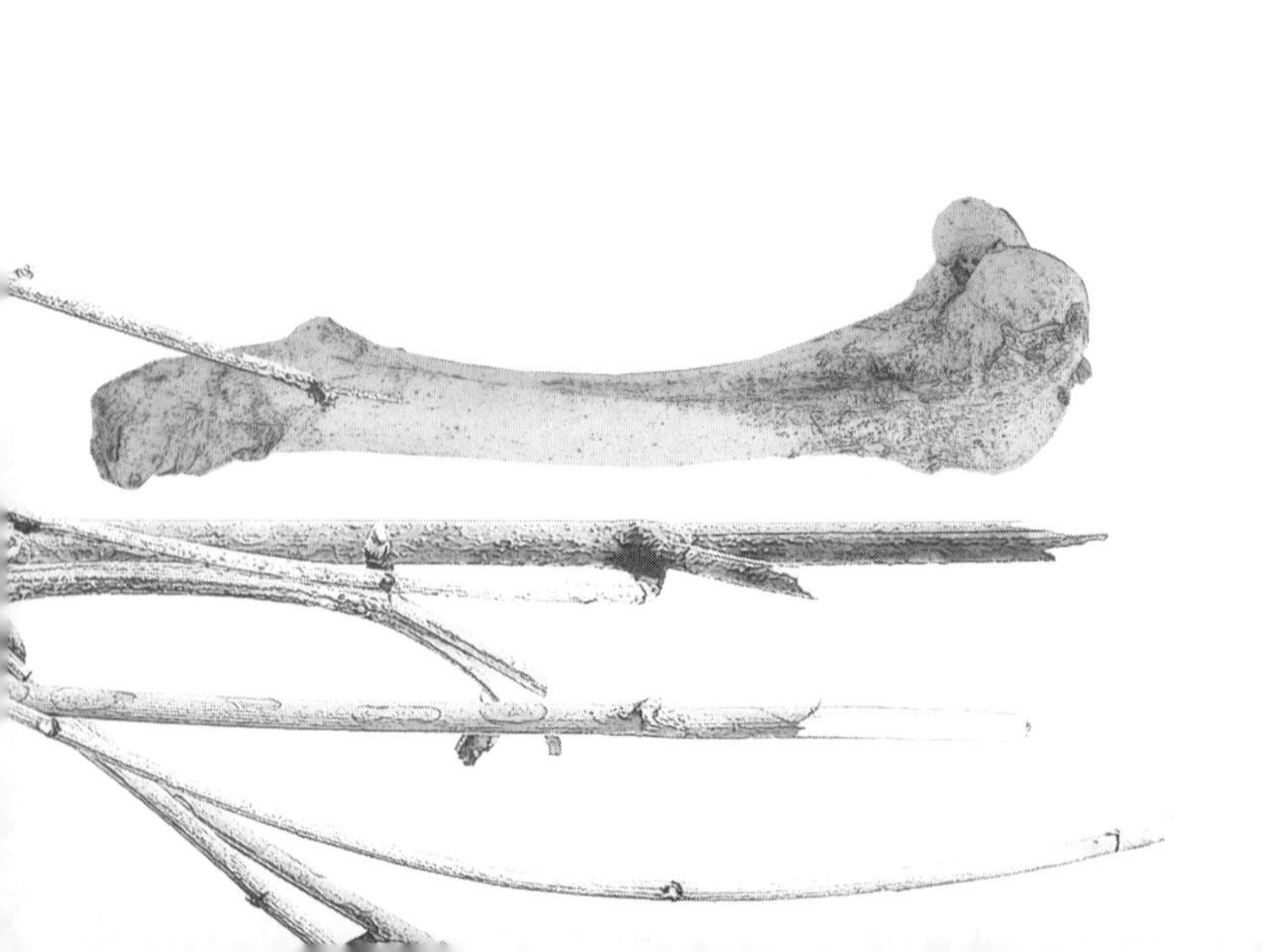

第7章

# 貴種流離譚考

回帰する物語
発生への問い
古代人の世界観としての古神道
「まれびと」と「神の嫁」の物語
「神の嫁」と「神の子」の物語
発生の原因としての言語伝承
ディスクールから生成する主体の物語

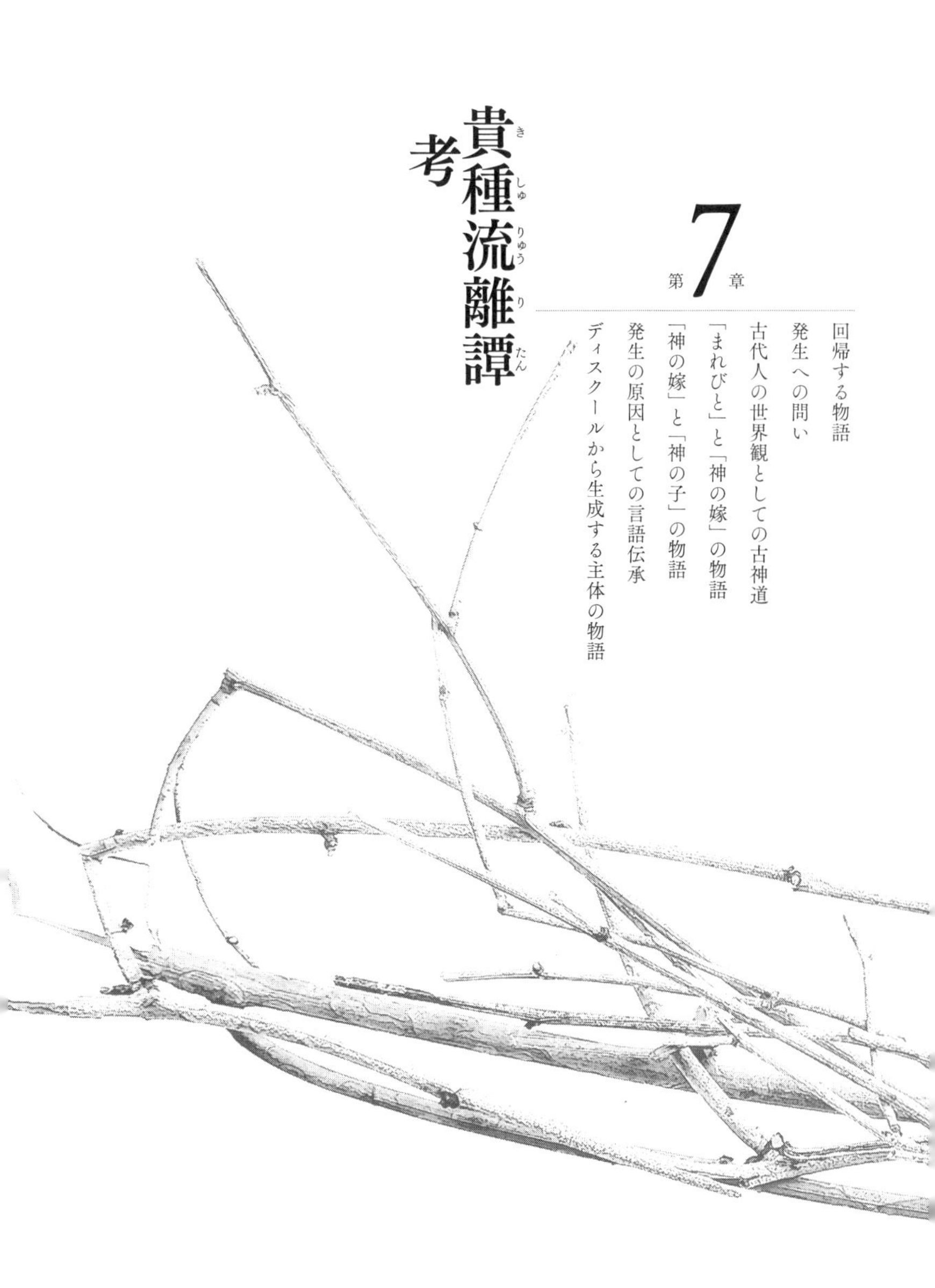

# 回帰する物語

日本民俗学黎明期の立役者にして、国文学、言語学、宗教史、芸能史にまたがる活躍を見せた折口信夫。彼のテクストの豊饒性を汲み取るために、後世の学者によって折口名彙と名づけられ整理された一連の用語の中に、「貴種流離譚」という造語を見いだすことができる。読んで字のごとく、貴種が流離する譚（ものがたり）と単純に捉えるならば、折口自身も事例として挙げている、記紀神話におけるスサノヲやヤマトタケルの流転、光源氏の須磨流離や義経の東下りなどの物語に、この用語をむすびつけることは容易であろう。しかし、もう一度振り返ってみて「種」という文字に注目すると、そこにはほんのわずかなひっかかりが生じることになる。当初、折口が使っていた用語は「貴人流離譚」であったことを考慮に入れると、[1]「種」という文字に対するひっかかりは、明確な違和感へと変容する。貴人流離譚には、貴人が流離するという話型が日本の説話の中に頻繁に見いだせる、といった事実しか伝えるべきものがない。しかし、折口が貴種流離譚という言葉を持ち出すようになった時、なぜこの物語が日本人の「身につまされる」[2]ものとして語り続けられるのか、言い換えるならば、なぜその「たね」がなくならないのか、という問いが浮かび上がってくる。折口のこのたねへの拘泥は、我々が無意識に巻き込まれている「語らい」の執拗さを、一粒の違和感として気づかせてくれる。

本章ではこの貴種流離譚を、精神分析におけるエディプスを念頭に読み解いていきたいと思う。しかし、従来行われてきたような精神分析的もしくは民俗学的な物語論を展開しようとするものではない。ここで今更ながらにオットー・ランク宜しく、日本の貴種流離譚に属する物語と貴種エディプスが流離する物語の、共通点を数え上げることに価値があるとも思えない。ここで注目すべきは、貴種流離譚の概念が何を捉えるために生みだされたのか、ということである。我々は執拗に回帰する物語へと囚われており、その物語の発生の場にはある法則性

1――西村亨、一九九八年、「貴種流離譚」、西村亨編『折口信夫事典〔増補版〕』所収、大修館書店、一五八－一六八頁。貴種流離譚の解説としては上記論考が詳しい。

2――折口信夫、一九六六年、「上代の日本人 その文学」、『折口信夫全集八』、中央公論社、四五頁。

を持った「語らい」が想定される、と折口は貴種流離譚を通して説いている。折口自身はこの「語らい」を「言語伝承」と呼んでおり、その発生の仕組みをモデル化したものが「言語伝承の図式」であった。この図式は、エディプスの三角形との比較をもとに導出された構造論的モデルである。本章では、この図式に則って貴種流離譚を見ていくことにより、[3] 日本における発生の仕組みを明らかにしていく。これは、前章までに取り上げてきた折口の諸概念を、貴種流離譚を舞台に再検討する試みでもある。

## 発生への問い

まずは、教科書的に貴種流離譚をめぐる言説について触れておきたい。先に述べたように、その用語は、専ら日本の説話などに見いだせる代表的な類型として、後世の論者に用いられてきた。その筋立ては、神の胤（たね）とも言うべき高貴な身の上の者が、その地位を追われ苦難を味わいながら流転した末、本来あるべき地位へと返り咲いたり、はかなく潰（つい）え神がごとき存在として祀られたりする、という話型としておおよそ捉えることができる。すなわち、「種」は「胤」に通じ、貴種には幼児性とともに、何かしらの継承性がつきまとうことになる。

しかし、冒頭で指摘したように、この貴種流離譚を単なる話型と考えるとその本質を見失うことになる。折口自身が貴種流離譚について、「たね」または文学の一つの「モティーフ」と言っているように、[4]なぜこの貴種流離譚が日本という場において発生し続けるのか、という問いがそこには存在している。

単純な話型論から離れた議論の中には、一見、上記の問いに対する手がかりを与えてくれそうな視点も存在する。例えば三谷栄一は、貴種流離譚とは「通過儀礼」や「農耕儀礼」を媒介として生まれたものであり、そこに「死と再生」というテーマが見いだせるという。[5]三谷が貴種流離譚の背景に据えたものは、通過儀礼という高次の段階への社会的、心理的移行を伴った、普遍性の高い生↓死↓生の円環モデルと捉えることができる。

また、荒木博之は日本人独特の価値観とも言える「清と穢」のテーマを見いだしている。貴種流離譚を理解するにあたり、荒木はスメラミコト（天皇）の論理に至高の価値である清の基準

3——　ここで言う「言語伝承の図式」は**図式**8［⬇296頁］に当たる。この図式における「主」の位置、シェーマLにおけるS（主体）の位置に、本章でしばしば言及する「神の子」が当てはまることが、読み進めていくと理解していただけると思う。

4——　折口信夫、一九七五年、「日本の古典」、池田彌三郎ほか編『折口信夫対話一　古典と現代』所収、角川書店、一七三頁。

5——　三谷栄一、一九六七年、『物語史の研究』、有精堂出版、三九四－四〇三頁。

をおいた上で、それを日本の共同体がもつ共通の価値と見なし、共同体の論理（清）に対する侵犯（穢）が流離により浄化され清に回帰するという清→穢→清の円環モデルを提示している。この清の喪失と回復が日本人の心を動かすもとになる。[6]

山口昌男は、日本という共同体を成立させるための機制という側面から、日本を被う最も有力な制度の問題、政治的であり宗教的であり、さらには日本人の美意識にさえも作用する、天皇をめぐる物語として貴種流離譚を取り上げた。記号論的視点から山口は、場に秩序をもたらす機制として、第三項を共同体外部に祀り上げることで成立する「王権」と、これを祀り棄てることで成立する「スケープゴート」が表裏一体であるとし、天皇制と対をなすものとして貴種流離譚を捉えている。山口によると、天皇制を支える象徴的次元において、スサノヲやヤマトタケルは、本来、「王権」に帰着する反秩序的側面を負わされて、流転し続けることになる。この視点は、共同体の成立機制として秩序→混沌→秩序という普遍性の高いモデルを採用しつつ、「王権」の一つのヴァリアントとして天皇制を分析している点に特徴がある。山口は、ここに働く機制の典型として、フロイトの『トーテムとタブー』における「原父殺害神話」を挙げているが、この神話については後に取り上げる。[7]

こうした視点は、論を展開する上で手がかりを与えてくれるが、本章の目的はこれらの各論を検討することではない。なぜなら、これらの論は独自の視点から貴種流離譚を検討しようという意欲的な試みである反面、折口が構想した貴種流離譚から大きく乖離してしまうからである。いや、この言い方は正しくない。その視点が優れたものであればあるほど、折口の視点に重なってはいる。しかし、それは複眼的な折口の視点を固定化してしまい、貴種流離譚をわかったつもりにさせてしまうのである。

実際、後述するように、折口の貴種流離譚を検討するにあたり、各論の要素は重要な位置を占めることになる。しかし、何か一つの視点で捉え、そこで考察を止めてしまうと、折口が捉えようとした、通過儀礼や農耕儀礼、日本という共同体すらも発生させる語らいの図式が見えなくなってしまうのである。つまり、折口の論は様々な論考の真逆に位置する。発生源は貴種流離譚を媒介とした「語らい」なのである。

この貴種流離譚に関していえば、概念として国文学、民俗学に共通する財産である反面、それを唱えた本人である折口自身のテクストの検討がおろそかにされてきた感が否めない。その概念が独自の幅広い展開を遂げるにしても、その元となる折口の理論を再検討する重要性はいささかも減じることはないであろう。

6——荒木博之、一九八七年、「貴種流離譚の構造」、小西甚一・中西進編『日本文学の構造』所収、創樹社、一六五－二〇五頁。

7——山口の一連の議論については、以下の論考を参照されたい。山口昌男、二〇〇〇年、『天皇制の文化人類学』、岩波書店、五一－一二七頁。山口昌男、二〇〇四年、『知の遠近法』、岩波書店、三五八－三七八頁。

# 古代人の世界観としての古神道

折口の学の中心には「発生」という概念が位置している。主著『古代研究』の巻頭を飾る同名の四編の論考、「国文学の発生」での折口の主張を一言で述べるならば、国文学の「信仰起原説」である。つまり、貴種流離譚に則る物語も古代における信仰、折口が言うところの「古神道」に端を発している。この古神道において来訪する神を概念化したものが「まれびと」である。折口によると、この「まれびと」の発する「呪言」、すなわち「みこと（言葉）」から国文学が発生するのであるが、ここでまず確認しなければならないのは、国文学のみならず、日本における信仰・生活様式の一切は、この古神道から発生した、と折口が考えていたことである。

古神道ということばを出したが、長い間に合理化されてきたような形でなしに、できるだけ清純な古い神道の形というものを考えてみたい。そうすれば、その神道から、いろんなわれわれの生活の規則が出てくるということが考えられる。そこまで延ばしてみなければ、われわれのやっていることの本がわからない。それで古神道ということをいったのである。漠然と古神道ということばを使っているわけではない。古い神道には、すべてわれわれのもっているものの芽ばえをみることができる。[8]

折口の言う古神道とは、いわゆる現代の神道のことではない。次の引用にあるように、日本の古代生活そのもののことである。

素朴な意義は、神の意思の存在を古代生活の個々の様式に認めて言ふのであつた。併し、畢竟は、其等古代生活を規定する統一原理と言ふ事に落ちつく様である。其を対象とする学問が、私どもの伝統を襲いで来てゐる「国学」である。だから、神道の帰する所は、日本本来の宗教及び古代生活の軌範であり、国学は神道の為の神学、言ひ換へれば、古代生活研究の一分科を受け持つものなのである。

神道の意義は、明治に入つて大に変化してゐる。憲法に拠る自由信教を超越する為に、倫理内容を故意に増して来た傾きがある。出発点が宗教であり、過程が宗教であり、現にも宗教的色彩の失はれきつて居ぬ所を見れば、神道を宗教の基礎に立つ古代生活の統一原理と見、其信仰様式がしきたりとして、後代に、道徳・芸術、或は広意義の生活を

8――折口信夫、一九七二年、「郷土と神社および郷土芸術」、『折口信夫全集　ノート編六』、中央公論社、三四八頁。

規定したと見て、よいと思ふ。[9]

このように折口は、現代日本の文化は、古代生活の統一原理とも言うべき古神道から端を発したものであると唱えている。

我々は、この折口の主張とほぼ変わらない大胆な物言いを、ジークムント・フロイトの『トーテムとタブー』に見いだすことができる。そこで述べられている「宗教も、倫理も、社会や芸術もともにエディプスコンプレクスから始まっているのである」[10]という主張は、エディプス・コンプレックスの理論を、文化論へと拡張する契機となっている。フロイトは『トーテムとタブー』から、晩年の大著『モーセという男と一神教』へといたる思想的展開の中で、エディプス・コンプレックスの読み換えとも言うべき「原父殺害神話」を持ち出し、幼年期と人類の原初期に共通図式を当てはめた。原父殺しをきっかけに、人類はそれに基づいた「世界観（Weltanschauung）」を形成していくことになる。原父殺害の無意識的な痕跡は、地域、世代を超え伝承されていき、宗教のみならず様々な文化を生み出す原因となる。前章で見てきたように、このエディプス・コンプレックス（原父殺害神話）の世代を超えた伝承性の仕組みに関して、エディプス・コンプレックスとはシニフィアンの導入であるとの答えを提示したのがジャック・ラカンである。常に主体に先立って伝承されるべきものとしてあらわれる言語、その言語を主体に導入する「ディスクール（語らい）」の図式そのものが、無意識裡にエディプスの三角形の痕跡を刻み付けるのである。折口の理論も、このフロイト、ラカンと同じ歩みのもとに築かれている。

現代の生活の背景にある古代人の世界観、生活の統一原理とも言うべき古神道が何であるのかを理解するためには、その基本形態として折口が提示した、「産霊信仰」を検討する必要がある。

産霊(むすび)信仰では、次のように「ものゝ発生」が説かれている。万物は「たま(魂・霊)」と容れ物から成り立っている。容れ物の中に「たま」が入ると、ある一定の期間籠(こも)る。この期間を「ものいみ」という。「ものいみ」の際、容れ物に「たま」がむすばれ、ものがこの世の姿を得て出現する。「たま」をむすぶ儀式のことを「鎮魂(たまふり)」という。容れ物は壊れてしまうこともあるが、その中に入る「たま」は不滅であり、新たな容れ物を得ると復活できる。古代においては、人はもちろん、神、すなわち「まれびと」すらも、この原理に従って発生することになる。[11] 折口は、「まれびと」に対する信仰よりも、さらに基本的な信仰として産霊信仰を捉えていたのである。

9——折口信夫、一九五五年、「古代生活の研究　常世の国」、『折口信夫全集二』、中央公論社、一八－一九頁。

10——ジークムント・フロイト、二〇〇九年、「トーテムとタブー　未開人の心の生活と神経症者の心の生活における若干の一致点」、門脇健訳、『フロイト全集一二』、岩波書店、二〇〇頁。

先に指摘しておくが、ここで折口の言う発生の信仰起原説を、単純に何らかの宗教を想定し、民俗の起原をそれに結びつけて説いたもの、と捉えてはいけない。折口は「信仰心、つまり宗教心を起こす根本の事実は、人間の生き死にの二つにすぎぬ」[12]と言い切っている。この「人間の生き死に」、すなわち、己はどこから来てどこに行くのかという問いは、いかに時代が移ろうとも解明できぬものとして、世界に残り続ける。この問いを中心に幼年期に組み上げられた生（性）理論こそ、フロイトの説くエディプス・コンプレックスに他ならないが、この根源的な問いに対し、日本の古代人が産霊（むすび）や「たま」という概念を用いて（信じて）世界を解釈した思考方法こそが、古神道である。古代人は産霊信仰という世界観を形成し、この世界観をもとにした営みの中で、信仰・生活様式の伝承、すなわち民俗が組み立てられた。この仮説が、折口民俗学の根幹にある。そして、ラカン同様、その伝承には「語らい」が見据えられている。

## 「まれびと」と「神の嫁」の物語

「みこと」をもたらす「まれびと」とは、人が扮することによって「まつり」の場に来臨する神である。しかし、人が「まれびと」の資格を得るためには古神道の儀礼的行為を必要とする。

そもそも、折口が想定した日本の神は、本来「たま」と呼ばれる姿なき存在である。ゆえに、神が現れる前提として、容れ物としての人間（神人）の「身体（みま）」に、神の「たま」がむすばれる必要がある。古代においては、神の器となる神人は共同体外である山などへ籠って「ものいみ」に入り、そこで、神の「たま」が「みま」にむすばれたことを前提とし、「まれびと」として村落共同体へ来訪する。この神人は特別な存在ではなく、村の運営を担うべき、成年式を経た「をとこ」が負うものである。また、「まれびと」が来臨する「まつり」そのものが成年式でもある。「まつり」において新成人たちは、「石こづみ」[13]などの苦難を伴う鎮魂儀礼を受けた後、村に伝わる神の「みこと」が伝授される。つまり、伝承行為の根底に「たま」の継承という世界観が存在する。そして、そこでむすばれる「たま」とは、共同体の祖先神の「たま」、つまり「祖霊」と見なすことができる。ゆえに、器としての「みま」は個々の人間の死に合わせて次世代へと変わっていくが、神の「たま」は不滅であるのだから、「まつり」の度ごとに来臨する神は、常に共同体の始原の神である。

11――　産霊信仰についてはすでに第5章［➡241頁］にて論じたが、ここでは本章の流れにそって必要な部分のみを書き出した。

12――　折口信夫、一九七一年、「民間伝承学講義」、『折口信夫全集　ノート編七』、中央公論社、二一一―二一二頁。

13――　かつては刑罰とされてきた、生き埋め同然の「石こづめ」も、本来は石の中に入って魂が付着するのをまつ、成年戒を受ける儀式であったと折口は説いている。折口信夫、一九六六年、「霊魂の話」、『折口信夫全集三』、中央公論社、二七三―二七五頁。

この来臨した「まれびと」から「みこと」を受け取る者が、村の「をとめ」たる巫女である。この「をとめ」も成年式を経た女性であるが、「まつり」での巫女の役割は、「まれびと」の呪言に圧伏される「精霊」を演じることにある。折口が描き出した古代の「まつり」とは、この「まれびと」と精霊の問答を中心として構成されている。「まつり」に際して、「常世」と呼ばれる他界から共同体へと来訪する「まれびと」は、その呪言である「のりと」によって、村落を脅かそうとする土地の精霊を圧伏する。この「のりと」の正当性を承認し、それに従うことを表明する精霊の言葉が「よごと」である。この「よごと」の表明をもって、共同体が神のもたらす秩序の下にあることが確認されるわけである。折口が想定する呪言の内容は、おおよそ次のようなものである。

> 春の初めに来る神が、自ら其種姓を陳べ、此国土を造り、山川草木を成し、日月闇風を生んで、餓えを覚えて始めて食物を化成した(日本紀一書)本縁を語り、更に人間の死の起原から、神に接する資格を得る為の禊ぎの由来を説明して、蘇生の方法を教へる。又、農作物は神物であつて、害ふ者の罪の贖ひ難い事を言うて、祓への事始めを述べ、其に関聯して、鎮魂法の霊験を説いて居る。▼[14]

内容の中心は、「まれびと」との関係性をもとにした、共同体の起原とその歴史である。また、食物栽培などその国土で生きる術（生活様式）や神に接する方法（信仰様式）も含まれている。「まれびと」はこの呪言によって、共同体が神の、そしてその神から発した民の領域であることを明らかにする。

村落共同体の運営の中心となるべき「をとこ」は、「まつり」の度ごとに、始原の「神（かみ）」から賜ったとの信仰のもと、自分たちの「上（かみ）」の世代の信仰・生活様式を、「みこと（言葉）」を媒介として伝承する。さらにそれを己自身が「かみ」として「をとめ」に伝え遵守させることにより、共同体が発生（存続）する。このように「みこと（命令）」を下の者へ伝え実行させることが、まさにその「まつりごと」の本義である。そして、先に述べた神に接する方法（信仰様式）とは、折口の説く「まつりごと」を行うための方法である。食物栽培の方法（生活様式）により実った食物を神物として「まれびと」に差し出し、滞りなく神の「みこと」が実施されていることを報告するための式が「まつり」である。これが折口の説く「祭政一致」たる古神道の原理である。[15]

以上、第4章［➡196頁］にて取り上げた「古代論理」を古神道の原理として再確認してきたが、当然、貴種流離譚の発生もこの原理に則っているわけである。端的に言えば、「まれびと」がもたらした「みこと」の伝承行為、すなわち「言語伝承」が貴種流離譚の発生を促したのである。

14——折口信夫、一九六六年、「国文学の発生（第四稿）——唱導的方面を中心として」、『折口信夫全集 一』、中央公論社、一二五頁。

先述の呪言に「自ら其種姓を陳べ」とあるように、「まれびと」がどのような過程を経て、今この地に現れたのかを語る自叙伝が、貴種流離譚のたねとなる。[16] そして、それは当然、「まれびと」として来臨する前、すなわち己が人であった時から、神人になるため故郷を離れ、「ものいみ」という試練を経て神となるまでの過程が語られることになる。つまり、そこには貴種流離譚の「かうした神の前身が、人であり、人間に生を保つこと暫らくにして、流離・困憊の極、死の解脱により、こゝにはじめて転生して、神となるといふ主題[17]」が見いだされることになる。この貴種流離譚のたねは、共同体を発生せしめた祖先神の自叙伝であるとともに、[18]「まつり」を通してその物語を追体験した「をとこ」たちの自叙伝でもある。ここで大切なのは、本来「まれびと」の一人称の自叙伝であった呪言が、宣下式の「のりと」と、それに対する奏上式の「よごと」という方式に分かれることで、その「よごと」が三人称風になり物語を発生させることである。[19] すなわち、巫女に「みこと」が伝承されてはじめて、物語としての貴種流離譚は発生する。

　つまり貴種流離譚のたねは、第2章［➡120頁］で柳田國男が述べていた、「民間の今は絶えて了つた神話」に通じるという「神語」なのである。折口は次のように述べている。

　一人称式に発想する叙事詩は、神の独り言である。神、人に憑つて、自身の来歴を述べ、種族の歴史・土地の由緒などを陳べる。皆、巫覡の恍惚時の空想には過ぎない。併し、種族の意向の上に立つての空想である。而も種族の記憶の下積みが、突然復活する事もあつた事は、勿論である。其等の「本縁」を語る文章は、勿論、巫覡の口を衝いて出る口語文である。さうして其口は十分な律文要素が加つて居た。全体、狂乱時・変態時の心理の表現は、左右相称を保ちながら進む、生活の根本拍子が急迫するからの、律動なのである。神憑りの際の動作を、正気で居ても繰り返す所から、舞踊は生れて来る。此際、神の物語る話は、日常の語とは、様子の変つたものである。神自身から見た一元描写であるから、不自然でも不完全でもあるが、とにかくに発想は一人称に依る様になる。

15―― 折口の説く「まつり」の本義については、「大嘗祭の本義」(一九六六年、『折口信夫全集三』、中央公論社、一七五―一八〇頁)に詳しい。

16―― 貴種流離譚は「まれびと」の自叙伝に端を発するという見解は、早くに池田彌三郎によって示されている。池田彌三郎、一九七九年、『池田彌三郎著作集七』、角川書店、二〇―二一頁。

17―― 折口信夫、一九六六年、「日本の創意　源氏物語を知らぬ人々に寄す」、『折口信夫全集八』、中央公論社、二八二頁。

18―― 折口信夫、一九六六年、「万葉集の解題」、『折口信夫全集一』、中央公論社、三四〇―三四一頁。

19―― 「のりと」に対して「よごと」は「なるほどわれわれはこういうふうにして、あなたさまにお仕えしてきました」というように、「物語式の要素すなわち由緒、本縁を説く部分」が多くなる。折口信夫、一九七一年、「祝詞」、『折口信夫全集　ノート編九』、中央公論社、一一四―一一五頁。

昂ぶつた内律の現れとして、畳語・対句・文意転換などが盛んに行はれる。かうして形をとつて来る口語文は、一時的のものではある。併し、律文であり、叙事詩である事は、疑ふ事が出来ない。此神の自叙伝は、臨時のものとして、過ぎ去る種類のものもあらう。が、種族生活に交渉深いものは、屢くり返されて居る中に固定して来る。此叙事詩の主なものが、伝誦せられる間に、無意識の修辞が加る。口拍子から来る記憶の錯乱もまじる。併しながら、「神語」としては、段々完成して来るのである。[20]

この「神語」が有する律文、定型表現、そして信仰という要素が断片化し、「語りごと」「昔話」「伝説」となる、というのが柳田の主張であったが、折口はそれを古神道の原理に基づき描き出し、国文学の発生を説いたのである。

さらに、ここで指摘しておきたいのは、「まれびと」と巫女との出会いには、性交渉が伴うということである。そもそも折口は、成年式で教えられる知識の中で最も重要なものは、生殖行為に関するものであったと述べている。[21]「まつり」の晩に、村を来訪した「まれびと」は、その奉仕役である巫女による饗応を受け、床をともにする。[22]ここで、「まれびと」役の神人は最後まで己を覆っていた「も」、すなわち「ものいみ」の布である「ふんどし」のむすびを解くことになる。これにより、神としてのふるまい、すなわち性交渉が許され、その相手たる巫女は「神の嫁」と見なされる。そして、そこで宿った子は「神の子」として育てられる。[23]

このように貴種流離譚とは、子供から大人へ、また、人から「まれびと」、「神の嫁」へと移行する通過儀礼に関わっている。貴種流離譚の発生を通して、共同体の祖先神たる「まれびと」とその対話者である「神の嫁」に同一化することは、同時に上の世代、すなわち父、母に同一化することにつながり、共同体における男女の役割分担の確認作業の効果も有する。その作業は、自らがそこに起原をおく共同体の祖先神の自叙伝を、「まつり」を通して再演することで進められるわけである。その結果、かつて始原において神が、その村落共同体と「みこと」を伝承する構成員を生み出したように、男女の出会いが次世代の子供たちを生み出し、共同体を発生させるのである。

20―― 折口信夫、一九六六年、「国文学の発生（第一稿）呪言と叙事詩と」、『折口信夫全集一』、中央公論社、六六頁。

21―― 折口信夫、一九七一年、「精霊と霊魂と」、『折口信夫全集　ノート編七』、中央公論社、五五七頁。

22―― この点を考えると、なぜに貴種流離譚において、「インセスト」に近い罪がその流離のきっかけになるのかがわかる。「まれびと」が来臨する祭りの夜は、家々の男は皆、出払っていて、巫女である女だけが神の奉仕役として残る。このように「まつり」の際、村々の女は、宗教上は、父たる祖先神の「神の嫁」となり、夫はその座を追われることになる。たとえその晩に来訪する神が、その夫が扮した神であっても、世界観としては上記の図式が成り立つ。この追放を受けて、神として来臨するための儀式を「をとこ」たちが行うことが、やがて貴種流離譚を発生させるのである。

23―― 以上、「神の嫁」「神の子」に関する議論は、「古代生活に見えた恋愛」（一九六六年、『折口信夫全集一』、中央公論社、四五三－四六八頁）に詳しい。

# 「神の嫁」と「神の子」の物語

「まれびと」から「神の嫁」へ、「みこと」の伝承をもって貴種流離譚は発生した。この発生した貴種流離譚は、「まれびと」と「神の嫁」がむすばれることによって誕生した「神の子」の物語へとつながっていく。折口は次のように述べている。

かうした神の前身が、人であり、人間に生を保つこと暫らくにして、流離・困憊の極、死の解脱により、こゝにはじめて転生して、神となるといふ主題は、中世以後の処理を受けた物語の型であるが、古代以来、神の子が、此世界に出現することを中間の条件にして、神となるといふ信仰があり、神となる過程として、人に見出され、その扶養を受けて、偉大性を発揮し、又は中間に其手に死ぬ。さうした円満な神性を獲るといふのが、最広く行はれた神出生の形であつた。[24]

「まつり」の終演とともに、偉大なる「まれびと」は「神の子」を残し、己が「たま」の本貫たる「常世」へと帰還してしまう。一度その器たる「みま」から「たま」が流離してしまうと、神たる「まれびと」であっても、自らその「みま」と「たま」をむすぶことはできない。よって「まれびと」を復活させるためには、その技術を「まれびと」から伝承した者が代わりに行わなければならない。その伝承者こそ、かつて「まれびと」とむすばれた「神の嫁」である。「神の嫁」は「まれびと」の「みこと」の通りに、彼の容れ物となるべき「神の子」を扶養し、そこに「たま」をむすぶことになる。こうして「神の嫁」は、己自身（共同体）を発生させた「まれびと」と再び出会うべく、「神の子」に寄り添う物語、すなわち貴種流離譚に登場することになる。

先に述べたように、折口の主要な研究テーマとは、発生への問いであり、そこに古神道の原理を見いだした。当面その原理は、産霊信仰という世界観をもとに、「まれびと」から「神の嫁」へと言語伝承が起こり、そこから貴種流離譚をはじめ、様々な発生が促されるという図式として示すことができる。折口はこの古神道の原理を探究すべく、その原理が最も明確に、すなわち古代のままに残されているところとして、宮廷の信仰・生活様式に注目した。そして、この宮廷の生活を理想型として、貴族から庶民に、上から下へとその様式が伝達されていったというのが折口の基本的な考え方である。[25]

24―― 折口信夫、一九六六年、「日本の創意　源氏物語を知らぬ人々に寄す」、『折口信夫全集八』、中央公論社、二八二頁。

宮廷における貴種流離譚に関連した信仰・生活様式について、折口が言及したものに「水の女」をめぐる一連のテクストがある。そのうちの「貴種誕生と産湯の信仰と」は次のような文章から始まっている。

　貴人の御出生といふ事について述べる前に、貴人の誕生、即「みあれ」といふ語の持つ意味から、先づ考へ直して見たいと思ふ。[26]

この「みあれ」について折口は次のように説いている。

　みあれは「ある」と言ふ語から来たものである。「ある」は往々「うまれる」の同義語の様に思はれてゐるが、実は「あらはれる」の原形で、「うまれる」の敬語に転義するのである。一体、神或は貴人には、誕生といふことはなく、何時も生き、又何時も若い。たゞ時々に休みがあり、又休みから起きかへつて来るのである。此意味は、天子並びに其他の貴い職分及び地位は、永久不変の存在であるから、人格として更迭はあつても、神格としては死滅といふことはない。昔の天皇、或は貴人の長寿といふことに就て考へて見ても、譬へば、武内宿禰の長命、或は伊勢の倭姫命の長命なども、其考へ方が反映してゐるのである。

貴人についてみあれといふのも、うまれるといふ事ではなく、あらはれる・出現・甦生・復活に近い意味を表してゐる。永劫不滅の神格からいふと、人格の死滅は、たゞ時々中休みと言ふ事になるだけである。皇子・皇女の誕生が、それであつて、此みあれがあつたのち、更にみあれがあることが、即、帝位に即かれる意味に外ならないのである。つまり、天子になられる貴人には、二回のみあれが必要であるといふ事になる。▼27

25――前章までに、「みこと」の伝達を軸にして日本という共同体の発生を見てきたが、じつはこの過程で貴種流離譚の散布は進んでいく。折口は貴種流離譚の担い手として、村々の神人集団の成れの果てである漂泊の芸能民「ほかひびと」に注目している。「まつり」に際し山に籠った一部の神人がそのまま山に居つき、村の歴史を伝承する集落を形成するが、大和朝廷による村の制圧、滅亡によって、来訪すべき故郷を奪われた神人集団は「ほかひびと」化する。彼らは還るべき場所をなくした神を携えて、鎮座の地を探しながら「みこと」、すなわち貴種流離譚を散布して歩いたという。ゆえに、「古代幾多の貴種流離譚は、一部分は、神並びに神を携へて歩いた人々の歴史を語つてゐる」のである(折口信夫、一九六六年、「相聞の発達」、『折口信夫全集一』、中央公論社、五一五頁)。ちなみに「ほかひ」とは神霊を収めている容れ物の意味である。この神人集団の「ほかひびと」化の過程については「国文学の発生(第一稿) 呪言と叙事詩と」(一九六六年、『折口信夫全集一』、中央公論社、六三－七五頁)、「万葉集の解題」(一九六六年、『折口信夫全集一』、中央公論社、三三六－三五四頁)、「唱導文学 序説として」(一九六六年、『折口信夫全集七』、中央公論社、七三－九九頁)に詳しい。

26――折口信夫、一九六六年、「貴種誕生と産湯の信仰と」、『折口信夫全集二』、中央公論社、一三八頁。

27――同上、一三八－一三九頁。

古代の貴人には現在で言うところの死は存在しなかった、と折口は説く。貴人においては「身体（みま）」は死滅するが、「たま」においては死滅することなく子孫に継承されることになる。つまり、誕生した（一度目の「みあれ」を経た）貴種は先代の生まれ変わりという側面を有することになる。

上記の信仰は、皇子（みこ）誕生の際の儀式にも表れている。「みあれ」の際には「禊（みそ）ぎ」と呼ばれる儀式が必要となる。この禊ぎとは誕生した貴種を産湯に使わせることであるが、その産湯は常世から流れ出たと信じられている「変若水（をちみづ）」が用いられる。古神道においては、この水で禊ぐと若返る、復活すると考えられていた。[28] 折口はこの禊ぎに奉仕する巫女を「水の女」と呼び、その具体例として「大湯坐（おほゆえ）」と「若湯坐（わかゆえ）」を挙げている。大湯坐は皇子の父である天皇に妃として仕えるものであり、皇子に産湯を使わせる主たる役目を担っている。若湯坐はその付き添い役である。古代において貴種の若子は、その若湯坐と結ばれることになるのだが、この点については後述する。禊ぎを受けて「みあれ」した貴種は、この「水の女」の所属する「壬生部」によって育てられる。壬生部とはその貴種を生育するために選ばれた乳母の任を持つ団体である。[29]

先に、呪言の内容を詳しく見たように、この禊ぎという信仰・生活様式も、もとはと言えば「まれびと」の「みこと」を伝承することから発生したものである。「まれびと」の自叙伝の中に、共同体への「みあれ」にいたるまでに必要であった技術（禊ぎ、鎮魂など）が内容として含まれている。それが「よごと」化し伝承されることで禊ぎという信仰・生活様式が発生する。[30] ゆえに、「まれびと」を「みあれ」させるためには、この「みこと」の内容に従い、後に神として復活するであろう「神の子(貴種)」を育てなければならない。古代宮廷において、その役目を担ったのが壬生部であった。そして、古代における「神の子」の生育方法は、その神の物語を語り聞かせることにあった。それによって、神の「たま」が「神の子」にむすばれると考えたのである。[31] こうして、かつては「まれびと」に語りかけられる精霊(もの)であった「神の嫁」が、語りかけるものとして貴種流離譚に登場することになる。そして「神の子」も、やがてこの物語の主人

28――　同上、一四三頁。
29――　以上、壬生部をめぐる議論については、「大嘗祭の本義」(一九六六年、『折口信夫全集三』、中央公論社、二二四‐二三五頁)を参照されたい。
30――　壬生部の役目、技術を伝えるものとして家伝化された「よごと」が、壬生部の風習が失われた後に、貴種流離譚として散布されることになる。ここで、扶養、養育という点を物語の主題として重視すると「貴種養育譚」となる(折口信夫、一九六六年、「唱導文芸序説」、『折口信夫全集七』、中央公論社、一〇五頁)。
31――　折口は、古代の教育方法について次のように述べている。「巫女・男覡に限らず、目上の人を教育する力は、信仰上ないものと考へ、唯其伝承詞章の威力をうつさうとしたのだ。意識なしにした言語教育であつた。第一には、呪詞に籠る神の魂を受け取り、第二には、叙事詩として、其詞の中に潜んでいる男性・女性の優れた人の生活が、自分の身にのり移つて来るものと考へ、第三には、自ら知識が其によつて生ずる。かういふ風に、次第に教育的意義を持つて来る訣である」(折口信夫、一九六六年、「日本文学の発生　その基礎論」、『折口信夫全集七』、中央公論社、二八頁)。

公として登場し、「まれびと」として転生するための試練に挑むことになる。

壬生部により生育されている皇子は「日つぎのみ子」と呼ばれる。「日つぎのみ子」は一名とは限らず、通常は複数存在する。この中から選ばれた一名の「日つぎのみ子」が「日のみ子」として、すなわち次代の天皇として即位する。[32] そして、古神道において天皇とは、日本という共同体に来臨した高天原(常世)からの「まれびと」に当たるので、ここに貴種流離譚の主題が見いだされる。すなわち、誕生した貴種(皇子)が天上(殿上)から追いやられ、育み人(壬生部)に扶養されながら苦難を乗り越えた末に、天上へと還り神(天皇)となる。

さて、この苦難にあたるものが、天皇になるための通過儀礼、すなわち「大嘗祭」における一連の儀式となる。[33]

折口は、大嘗祭と即位式は一体であり、その本義とは、新たな天皇となるべき者が、先帝より「たま」を継承することにあると考えた。しかし、ここで「新たな」と言ってしまうと語弊が生じることになる。折口は、天皇とは身体は一代ごとに変わっても、その継承される「たま」は同一であると論じる。すなわち、天皇の別称である「すめみま」とは最も神聖なる身体という意味であり、それは「たま」を容れる器であるということも意味する。ここで先帝から継承する「たま」のことを「天皇霊」と言い、これを継承した歴代天皇は天照大神の孫である皇祖神「ににぎのみこと」と同一視される。この天皇霊を「すめみま」につける儀式こそ大嘗祭に付随する「鎮魂(たまふり)」であると折口は述べる。

この鎮魂の最中、次帝となる「すめみま」は「も」に包まった状態である。この「も」とは、天孫降臨の際に「ににぎのみこと」が包まって降りて来た「真床襲衾（まどこおふすま）」のことであり、いわば「上へ掛ける蒲団」[34]である。この「も」に包まった状態が「ものいみ」である。先に「ものいみ」について説明をしたが、じつはこの時、中に入っている者は「死んでいる」状態である。しかし、「たま」としての天皇は「死ぬ」ことはない。折口は、「しぬ」という語は、「しなふ」に通じ、その本来の意味は「くたくになつて元気がなくなつてしまふ状態」[35]であると述べる。いわば仮死の状態で、「たま」が遊離していることになる。つまり、先帝の身体（容れ物）から流離した「たま」が次帝の身体へ付着するまでの間が「死んでいる」状態と言える。

このように、次帝となるべき者は擬似的に「ににぎのみこと」がこの世に降臨する際の状態を模すことにより、この「も」の中に天皇霊がふられるのを待っていることになる。そして、「此物忌みに堪へなかつた方々に、幾柱かの廃太子がある」[36]と折口が述べるように、大嘗祭に

32——折口信夫、一九六六年、「貴種誕生と産湯の信仰と」、『折口信夫全集二』、中央公論社、一四三頁。

33——以下、大嘗祭をめぐる議論については「大嘗祭の本義」（一九六六年、『折口信夫全集三』、中央公論社、一七四–二四〇頁）に依拠する。

34——折口信夫、一九六七年、「上代葬儀の精神」、『折口信夫全集二〇』、中央公論社、三六一頁。

35——同上、三五三頁。

36——折口信夫、一九六六年、「貴種誕生と産湯の信仰と」、『折口信夫全集二』、中央公論社、一四三頁。

おける「ものいみ」も、古代においては、複数の「日つぎのみ子」の中から一柱だけが、天皇として即位するための一種の試練と言うべきものだった。[37]

そして、この「ものいみ」に続いて行われるのが禊ぎである。先ほど述べたように、禊ぎとは常世から流れ出た「をちみづ」を浴びることにより、復活、すなわち神である天皇として二度目の「みあれ」を果たすために行われる。ここでの禊ぎの奉仕役である「水の女」が、壬生部の若湯坐である。そして、この「水の女」の働きこそ、「ゆ」の中で最後まで「すめみま」を覆っていた「天の羽衣」の「みづのをひも」のむすびを解き、「ものいみ」明けの次帝と性交渉を行い、そして再度、むすび直すことにあった。ここでの「天の羽衣」も、成年式における「ふんどし」と同じ「も」であり、これをむすぶ「ひも」が「みづのをひも」である。「水の女」とは「誰一人解き方知らぬ神秘の結び方で、其布を結び固め、神となる御躬の霊結びを奉仕する巫女（みこ）」である。[38] 禊ぎの際にその「ひも」をほどくことにより、「水の女」はその神秘にふれ「神の嫁」となる。折口は貴種を天位へと即かしめる「水の女」に、古代皇妃の出自を見いだしたのである。[39]

この禊ぎの後に、「高御座（たかみくら）」に立ち、「ににぎのみこと」以来伝わるとされる「みこと」[40]、すなわち「のりと」を発し、ここに天皇の即位が成り立つ。「のりと」は天子の誕生を示す「産声」であり、「のりと」をもって日本という共同体は、この国の始原である天孫降臨のはじめ、初春へと還るのである。[41]

こうして、「常世」高天原から降臨した皇祖神「ににぎのみこと」の伝記を辿ることにより、貴種は「まれびと」である天皇として「みあれ」を果たす。そこには、「神の子」と「まれびと」をむすぶ、「みこと」の伝承者であり伝達者たる「神の嫁」の姿があった。[42] 折口は大嘗祭の中に、古神道に則った「神話」としての貴種流離譚を見いだしたのである。

このように、「まれびと」と「神の嫁」との出会いにより発生した貴種流離譚が、「神の嫁」に導かれる「神の子」の物語となり、ついに「神の嫁」の望み通り、再び「まれびと」が発生し、両者はむすばれた。やがて、そこで発生した貴種流離譚が、新たな、しかし「かみ(神・上)」と

37―― 赤坂憲雄は、天皇になれなかった数知れない皇子を生み出してきた天皇制が、貴種流離譚の帯びる悲劇性へと反映していると述べているが(赤坂憲雄、二〇〇三年、「流離する王の物語 貴種流離譚の原風景をもとめて」、網野善彦ほか編『生活世界とフォークロア』所収、岩波書店、二〇五―二二七頁)、還るべき場所をなくし、流離し続ける幾多の皇子の姿は、成年式を乗り越えられず死んでいった者たちや、故郷をなくし異郷をさすらう「ほかひびと」の姿と重なり合う。貴種流離譚の中にも、苦難の末、神として還るべき場所に来臨する理想型(日本という共同体の頂点で変わりなく繰り返される大嘗祭を反映したもの)が至高の価値観をもって存在する上で、そこからはずれた悲劇の物語が、日本人に「しなやかな物のあはれに思ひしむ心を展開させた」と言える(折口信夫、一九六六年、「叙景詩の発生」、『折口信夫全集一』、中央公論社、四四五頁)。

38―― 折口信夫、一九六六年、「水の女」、『折口信夫全集二』、中央公論社、九八頁。

39―― 以上、「水の女」をめぐる議論については「水の女」(一九六六年、『折口信夫全集二』、中央公論社、八〇―一〇九頁)に依拠する。

40―― 折口信夫、一九六六年、「高御座」、『折口信夫全集二』、中央公論社、一六九頁。

しては同一な「まれびと」を発生させることになるであろう。「みこと（言葉）」が世界観に支えられ、「まれびと」から「神の嫁」へ、そして「神の子」へと伝わるかぎり、物語は発生し続けることになる。貴種流離譚とは古神道の原理に則った「まれびと（貴種）」と「神の嫁」の出会いと別れの物語である。[43]

## 発生の原因としての言語伝承

ここにいたって、古神道そのものはどのように発生したのか、という点に考察を進めていきたい。古神道の原理とは、産霊信仰を基盤とした世界観を背景に、言語伝承が引き起こされ、貴種流離譚をはじめとする、様々な信仰・生活様式の発生が促される図式として捉えることができる。しかし、ここでも折口に従い、その視点を逆転させなければならない。古神道の原理は言語伝承から発生したのだ、と。

簡単にいえば、私の説は、日本文学宗教起源説である。そのはじめは初春に出てくる神自身の詞（ことば）である。それが村の人々の間に伝承されているうちに分化し、独立してきた。

なぜその神の詞が人間に伝えられるようになったか。それは最初から真に神が現れたのではない。最初の神は人間で、人間が神の資格でものを言うたのである。その習慣が変化して、その神の詞が変化するとともに、ほんとうに神が現われてものを言うようになった。神の託宣(たくせん)である。

41――　加えて述べておくと、天皇は上記の儀礼を、その御世における即位時にのみ行うわけではない。折口は毎年行われる新嘗祭も、根本的には大嘗祭とその意義は変わらないと考えている。すなわち、一年に一度、世は改まり、日本という共同体にまた同じ春が訪れることになる。ここで、天皇の発する「のりと」について一言述べておきたい。この「のりと」が命じる最も重要な「みこと(命令)」は「食国(をすくに)のまつりごと」についてである。天皇は、「天つ神(天皇)」の食(を)す米を作れとの「みこと」を初春ごとに発するのであり、そのことが国を治(をさ)めることにつながる。ゆえに、また同じ一年が訪れ、民たちは米を作りはじめる。その意味では貴種流離譚は農耕儀礼にも通じている。

42――　折口は、「ににぎのみこと」が天孫降臨した際に出会う「いわながひめ」と「このはなのさくやひめ」は、その禊(みそ)ぎ役であると述べている。これは、巫女が大湯坐と若湯坐に二重化していることに対応している。折口信夫、一九七〇年、「日本文学史二」、『折口信夫全集　ノート編二』、中央公論社、一一四-一一五頁。

43――　エディプス(原父殺害神話)と貴種流離譚での三角形を比較すると、その要となる父のあり方をめぐる看過できない差異がある。かたや父殺しという切断が語られるのに対し、他方ではそのような切断は鳴りを潜め、魂の不滅と転生が語られている。単純に言ってしまえば、日本における父には死の濃厚な影が見られない。これは前章で確認したように、パロールの交換法則を司る象徴的父の位置が、西欧的なそれに対して日本においては明確でない状態にあるからと言える。このように、構造的差異は物語のあり方にも反映される。

もちろんこの神は神でなく、人間の扮したものである。なぜ人間が神になれるかというと、遠いところにいる神が初春にやってきて、そのとき世の中が変わる。その神は、神とはいえないほど人間的で、すなわち、祖先であり祖先の霊魂である。人間の身体は「たましひ」の容れものである。だからいつでもほんとの神となることができると考えていた。そしてその考えから、われわれの祖先はやすやすと神の詞を人間として伝えたのである。そういう事実がくり返されるうちに、村々に神の詞が伝わってきた。[44]

すなわち、「神」はもともと「上」だったのである。[45] 全ての人間は否応なく、己が存在する以前から繰り返されている言語伝承の堆積、すなわち「民俗(民間伝承)」の中に生れ落ちる。[46] その中に生れ落ちた人間が、遡源的に、己を取り巻く民俗の中に何か統一的な原理を見いだそうとした時、そこに世界観(古神道)が形成されると折口は考えたのである。

ただし現代では、古神道をうかがわせる信仰・生活様式は限りなく稀薄になっている。そのような現代の民俗のどこに、折口は日本人の世界観の行き着く先、産霊信仰を見いだしたのか。「まれびと」は「神の嫁」とむすばれ、共同体へ「みあれ」した後に、その「たま」の本貫である常世へ帰還の途につくが、それは必然的に「みま」からの「たま」の流離と捉えられる。そして次回の「まつり」の際に、その流離した「たま」を「ものいみ」中の神人の「みま」へとたまふることにより、再び「まれびと」が発生するという循環をみせる。しかし、この流離した「たま」が帰還する常世とはどこなのかと考えをめぐらせた時、次のような図式が浮かび上がる。「ふんどし」等の「も」は、本来「或霊力を発散させぬやうに、制御しておくものである」[47]。この「ふんどし」のむすびが解(と)かれ、流離した「たま」は、すぐに「神の嫁」の「裳(も)」、すなわち「女の人が腰につけるところのきれ」[48]の中に入り込み、その「みま」にむすばれる。そして、お産をするため「も」にこもった後に、そこから貴種が「みあれ」する。[49]このように産霊信仰という世界観は、人間が、そして共同体が現在存在していることの前提となる民俗、すなわち、男

44—— 折口信夫、一九七〇年、「日本文学史二」、『折口信夫全集ノート編二』、中央公論社、一六七－一六八頁。

45—— 真床襲衾(まどこおふすま)についても折口は次のように述べている。「真床襲衾に包まれて復活せられた事は、天皇の御系統にだけ、其(その)記録がある。其中で物もお上りにならずに、物忌みをなされた。その習慣がなくなつて後、逆ににゝぎの命が、真床襲衾に包まつて、此国に降り、此地で復活なされたのだと考へて来た。我々は、宮廷で、真床襲衾を度々お使ひになるので、天上から持つて降られたものと思ふが、其は、逆に考へ直す方が、正しいのである」（折口信夫、一九六六年、「古代人の思考の基礎」、『折口信夫全集三』、中央公論社、四〇三頁）。

46—— 折口は「元来、民間伝承は、言葉の外は、何も伝へるものが無かつた訣であるから、言語伝承は伝へるものゝ総てだ、と考へてよい筈である」と言い切っている。折口信夫、一九六六年、「古代に於ける言語伝承の推移」、『折口信夫全集三』、中央公論社、四三八頁。

47—— 折口信夫、一九六六年、「大嘗祭の本義」、『折口信夫全集三』、中央公論社、二三三頁。

48—— 折口信夫、一九六七年、「上代葬儀の精神」、『折口信夫全集二〇』、中央公論社、三五九頁。

49—— 折口信夫、一九六七年、「皇子誕生の物語」、『折口信夫全集二〇』、中央公論社、八二－八四頁。

女の性交渉とその後の妊娠、出産の比喩として考えることができる。ゆえに、ここで「たま」を「ファルス」に置き換えれば、そのままフロイトが見いだした幼年期の性理論となる。ただし、その比喩としての働きも「言語伝承の図式」、すなわち「みこと（パロール）」の交換から発生したものだということを認識する必要がある。

## ディスクールから生成する主体の物語

古神道の祭政一致の原理に従うと、伝承内容の中に必然的に伝承行為が入り込んでくる。つまり伝承行為により、その内容が伝承され、その伝承内容に従いまた伝承行為が発生し……と同一の構図が入れ子状に続くことになる。各々の伝承内容は時代によって変化することはあるものの、▼50 世代間の伝承行為、すなわち言語伝承という「語らい（ディスクール）」の図式は、現代においても古代と変わらず反復されている。これがものの発生を説く折口民俗学の眼目である。

一度発生した原因は、ある状態の発生した後も、終熄（しゅうそく）するものではない。発生は、あるものを発生させるを目的としてゐるのでなく、自ら一つの傾向を保つて、唯（ただ）進んで行くのだから、ある状態の発生したことが、其（その）力の休止或（あるい）は移動といふことにはならぬ訣（わけ）である、だから、其力は発生させたものを、その発生した形において、更なる発生を促すと共に、ある発生をさせたと同じ方向に、やはり動いても居る。だから、発生の終へた後にも、おなじ原因は存してゐて、既に在る状態をも、相変らず起し、促してゐる訣なのだ。▼51

これは折口の発生論を語る際に、しばしば引用される一文であるが、本章では、ここで言う発生の原因を「言語伝承」に据えて論を展開してきた。折口の民俗学理論は、古代において行われたであろう通過儀礼や農耕儀礼などに一つの起原をおき、それを原型的なモデルとして現代を解釈しようとするものではない。折口は、今まさに行われている言語伝承こそが、現代における「物語（民間伝承）」を発生させていると説いている。かつて「かみ」が、そして父や母が

50―― この変遷の大きな要因は、まさに口頭伝承の特性にある。折口が「普通には民間伝承は文字をもたぬものだから、いくらでも変化する」と述べるように（折口信夫、一九七一年、「民間伝承学講義」、『折口信夫全集 ノート編七』、中央公論社、一九頁）、口頭での伝承行為そのものが、「説話者の言語情調や、語感の違ひによつて、意味が分れて行く」要因となる（折口信夫、一九六六年、「大嘗祭の本義」、『折口信夫全集三』、中央公論社、一七八頁）。

51―― 折口信夫、一九六六年、「日本文学の発生 序説」、『折口信夫全集七』、中央公論社、二二七－二二八頁。

そうであったように、我々は語り継がれる物語に登場し、物語を語る主体として生成する。貴種流離譚に心動かされるのは、自身が日本語の伝承者として、物語に埋め込まれた一粒の貴種であったからに他ならない。我々が語る主体であるかぎり、貴種流離譚のたねは尽きることはない。

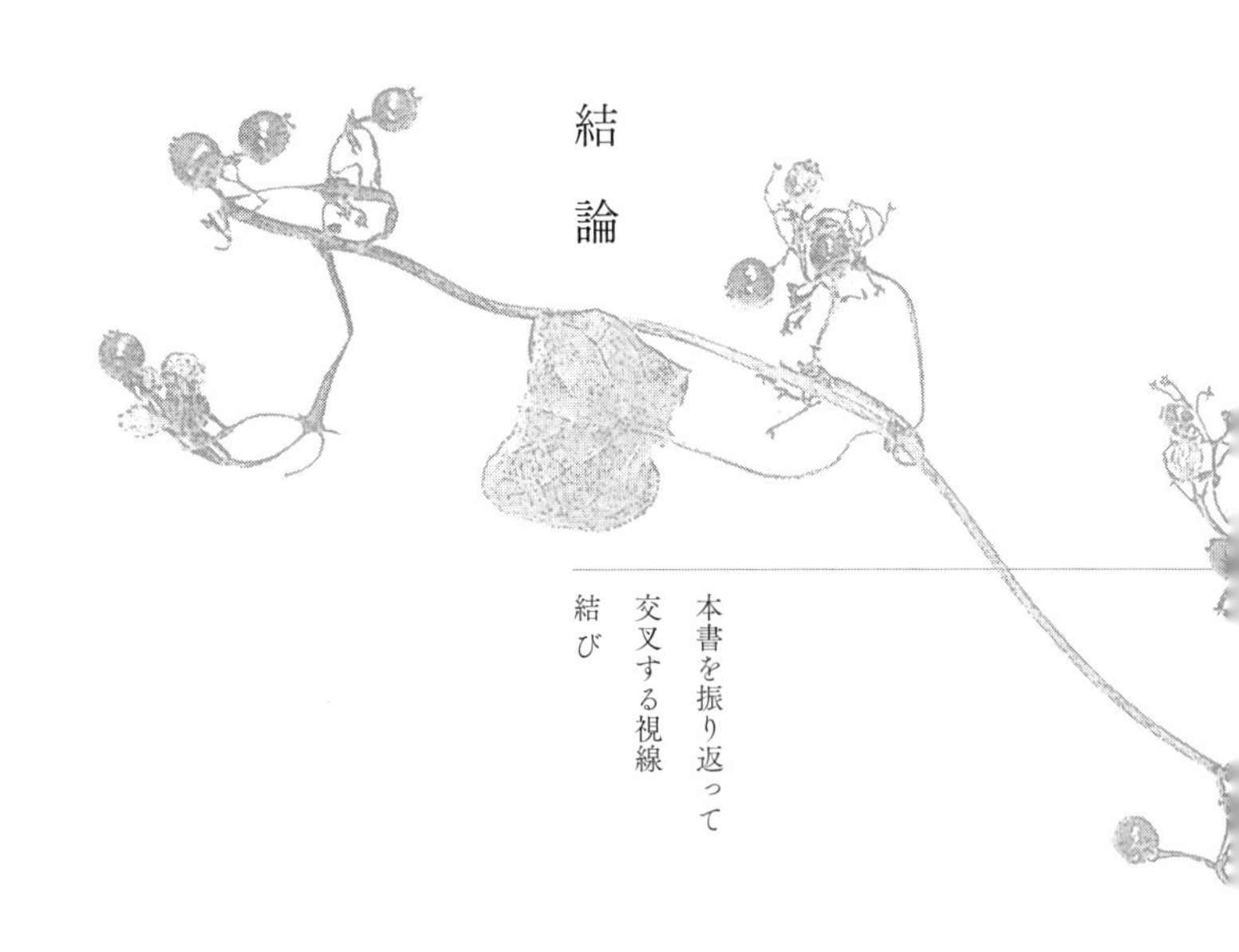

# 結論

# 本書を振り返って

クロード・レヴィ＝ストロースからジャック・ラカンへと続く構造主義の核心は、「ランガージュ（言語活動）」の分析を通して、文化の諸側面に作用する「象徴的機能」を明らかにすることにある。そして、現代日本文化を構造分析するためには、ランガージュの中核をなすものとしての「パロールの交換法則」に注目する必要がある。このような構造論的視点の継承をもって本書は開始された。言語の働きに注目した偉大なる先人たち、ジークムント・フロイト、柳田國男、折口信夫、レヴィ＝ストロース、ラカンと、比較思想的検討を経た上で、本書では、日本における無意識の構造を分析するためのモデルを構築していった。

第1章では、その端緒として精神分析と日本民俗学の思想的交錯に焦点を合わせた。柳田の研究目的は、「民衆が伝承してきた世界観」に代表される「心意現象」の解明にあった。柳田は、この心意現象の中核は無意識に伝承されていると考え、それを描出する方法を模索していた。その際に参考にしたのが、言語活動から無意識を描出するフロイトの精神分析であった。柳田は、言語に残る無意識的な痕跡を探究するため、日本全土を対象とした民間伝承（言葉）の採集に努め、遡源的に伝承を比較検討することにより、過去の日本人から受け継がれた世界観を明らかにしようとしたのである。このような方法を採る日本民俗学は、個人の心理の分析を目的とする精神分析に対し、群現象の分析をもって集団的な心理の解明を目指すものであり、両者はある種の補完関係にあることを論じた。

第2章では、「心はいかに伝承されるのか」という問いを中心に、第1章で明らかになった柳田の民俗学方法論の展開を辿った。柳田は、民衆が伝承してきた世界観の最たるものとして、日本人の「固有信仰」に注目した。この固有信仰の一つのあり方として柳田は「神話」を捉えていたが、彼が想定する神話は「民間の今は絶えて了つた神話」であった。しかし、その痕跡は「伝説」「昔話」「語りごと」の三つの「言語芸術」に残っており、その伝承経路を遡上することにより、固有信仰の古層へと迫っていけると考えていた。つまり、この言語活動によって拓かれる三筋の道により、日本人の心意はつながっていくとの仮説を立てたのである。柳田は、この三筋の道における伝承を、伝え手から受け手への意識的な言語芸術の伝授という意味で、意識的な感化（伝承的教育）と表現しているが、もう一筋の道も示している。それが無意識的な感化であり、その最たるものとして柳田は「夢語り」を取り上げた。夢語りとは、親しい間柄の者たちが夢を語り合うことによって、「神意」に由来する共通の夢を見たという認識を作り出す古来の民俗であり、甚だしいものになると「共同幻覚」を引き起こすことになる。このように、「語らい」を通じた意識的、または無意識的な感化を混交させながら、心意現象は形成・伝承される。ここでは、冒頭の問いに対する一つの解答として、意識的のみならず無意識的な感化をも引き起こす言語的な伝承の仕組みを明らかにした。

第3章では、心意現象の解明にあたり、言語に残る痕跡に注目する柳田の視点が折口に継承されることによって、日本民俗学にどのような理論展開をもたらしたのかについて論じた。折口は柳田の心意現象を「心意伝承」と読み換え、それは古代人が持っていた信仰に行き着くと仮定した。現代にいたるまでの日本人の心意、また、それに基づく生活様式を規定してきたのは、この「古代信仰」であり、その解明をもって民俗の変遷法則を導き出すことができると考えたのである。そして、その際に折口が依拠したのが、言語へ向けられた柳田の視線である。折口は、古代信仰は「言語伝承」によって現代にいたったと考え、言語を対象とした遡源的な比較検討により、その信仰を明らかにしようとした。柳田に批判された文献資料を用いた研究も、そこに書かれている言語の変遷過程を探究するためのものであった。文献資料の限界点である平安朝、奈良朝へと遡源し続けた折口は、そこで文献資料以前の言語伝承のあり方に行き着くことになる。それが文字を媒介としない言語伝承、すなわち「口頭伝承」である。伝承の際に、その伝え手と受け手との関係性によって伝承内容が変化していく可能性を有するこの表現様式こそ、様々な変遷（発生・展開）をもたらす日本文化の特性を形づくる要因である、と折口は結論づけたのである。そして、この口頭伝承という様式は、「祖先神」に託された父祖の言葉を次世代へと伝達する古代信仰に基づくものであり、同時に、現代でも行われている言語を媒介に文化を継承するという人間の基本的な営みでもあった。折口は、現代に残る「古代的要素」として口頭伝承に注目し、その仕組みをモデル化することによって、そこに働く法則性、「古代論理」を明らかにしようと試みた。このように、柳田の方法論の継承者として折口のテクストを解釈することによって、構造主義との比較検討に耐えうるだけの理論的な基礎固めを行った。

第4章では、言語伝承（口頭伝承）という現代の生活に無意識裡に作用している古代的要素を、レヴィ＝ストロースが言う「ランガージュ」と捉えなおすことにより、折口とレヴィ＝ストロースの思想を比較検討した。そこで、両者の研究方法の類似性を指摘するとともに、日本における「パロール」の交換法則を古代信仰（古神道）に働く古代論理を手がかりに導き出し、それを「言語伝承の図式」として提示した。この「言語伝承の図式」は、通時的に上（父祖）の世代から下（子孫）の世代へと「みこと（パロール）」が伝わる「伝承」という行為をもとに組み立てられているが、折口は同時にこの図式を、お上の「みこと（パロール）」を下々の者へと伝える「伝達」という行為と重ね合わせている。つまりこの図式は、日本という共同体の発生モデルとしても用いることができる。第4章ではこの図式を念頭に置き、古代日本における共同体間の連結が進行し、「日本（やまと）」が成立していく過程を折口のテクストにそって描き出していったが、それは序論にて取り上げた社会学的議論を引き継いだ作業であり、また、そこでは取り上げられなかった、現代日本に古代日本の構造的特性が保存されている問題（これに対する解答は、古代のみならず現代も変わらずに行われている言語伝承の特性が反映されているから、となる）と、国家と村落共同体の位相間におけるずれが生じる問題について、言語構造の側面より解答を導き出す作業であった。「言語伝承の図式」の妙は、中の者が媒介となり、上の者と下の者をつなぐという三項連結配置のもとパロールが交換されることにある。ゆえに、中の翻訳によって伝承内容が変化してしまうという特性を有する。それが共同体間のずれを生じさせる原因なのである。「二重性」として表現される日本文化の特性は、言語伝承、その中でも特に、口頭伝承の特性に起因することを論証した。

第5章では、「言語伝承の図式」に「マナ」の交換という視点を取り入れ、レヴィ＝ストロースが構造分析の要として提示した、言葉、女性、財の三交換形式の相同性について考察した。折口はフランス社会学の交換理論をもとに、マナ＝魂（たま）という等式を打ち立て、その交換体系をもって日本という共同体を描こうとした。折口の理論に基づくと、「みこと（言葉）」「神の嫁（女性）」「米（財）」の交換形式は、「たま」の交換（古神道の実践）という意味では同一のものであることが明らかになった。「言語伝承の図式」に則り、「みこと（パロール）」の交換が「たま（マナ）」の交換という「幻想」を生み出し、それが現実の交換を促すのである。ここでの作業を通して、「言語伝承の図式」を、幻想を視野に入れた無意識の「ディスクール（語らい）」の位相にまで展開させる布石を打った。

第6章では、ラカンのモデルである「エディプスの三角形」を、西欧一神教文化における世代間伝達モデルとして捉える見方を採用し、「言語伝承の図式」との比較検討により、西欧文化と日本文化の構造的差異の明示を試みた。ラカンが明らかにしたパロールの交換法則によると、西欧的な言語空間における主体は、象徴的機能の要（象徴的父）の場を確立することによって、象徴的秩序の中に自らを定義し定位することが可能となる。そしてラカンは、この「典型的なエディプス関係」は一神教的形態と構造的な親和性があると述べている。それは、宗教における絶対的な審級として天に切り離された存在である唯一神と、世界を等しくシニフィアンの網の目で覆う要として機能する象徴的父との関係性が対応しているからである。一方でラカンは、典型的なものと比べて、象徴的父の場の確立が不十分な状態にある「非典型的なエディプス関係」についても論じている。「非典型的なエディプス関係」では、象徴的な他者である父からのパロールは直接届かず、想像的な他者である母を経由することになる。よって、父からのパロールは母の欲望にそって翻訳される。このような「非典型的なエディプス関係」に組み込まれた主体は、パロールの交換を行う想像的な他者との関係性によって、象徴的秩序における自らの立ち位置が変化する特性を有するようになる。ここでは、この「非典型的なエディプス関係」と「言語伝承の図式」に働くパロールの交換法則は同一であり、それは折口が見いだした、父に当たる神（高皇産霊神）を包み込んだ母性神（天照大神）という宗教形態に反映されていることを確認した。そして、西欧においては非典型的なパロールの交換法則が、日本においては典型的な法則として採用されていることに注意を促し、宗教形態のみならず、言語規則（敬語法や漢字の発音法）を含めた文化全般において、構造化の圧力が「言語伝承の図式」に向かっていく傾向性があることを指摘した。こうして、日本文化の二重性という特性は、無意識のディスクールにおけるパロールの交換法則に起因したものであると結論づけるにいたった。

第7章では、「言語伝承の図式」に則り、「常世」「客」「神の嫁」「神の子（主）」の間にて「みこと（言葉）」が交換されることにより「発生」が起こる仕組みを、「貴種流離譚」にそって考察した。「言語伝承の図式」に則り言葉が交換されるたびに、貴種流離譚という物語は展開していく。この物語の展開に合わせ、国文学のみならず、日本という共同体が、男女の出会いが、そして新たな生命が発生することになる。ここでは、発生の原因を言語伝承に据え、貴種流離譚を通して日本という言語空間が構造化される様を描き出した。

# 交叉する視線

以上のような手順を踏んで見いだされた日本という言語空間は、一神教的な西欧の言語空間（主体が象徴的秩序に定点を持った上で、他者とのパロールの交換が成立する場）と比較すると、主に上下関係（パロールの交換を行う想像的な他者との関係性）によって、主体の象徴的秩序における立ち位置が変化する特性を有していることになる。

ここに見られる特性は、従来指摘されてきた二重性などの特性と合致するが、それを世代（共同体）間のパロールの交換法則をもとに、日本文化の諸側面に通底する可能性を秘めた構造的特性として明示したことが本書の特徴である。「伝承」は古代と現代を、「伝達」は上部共同体と下部共同体を、さらに「ディスクール（語らい）」は主体と他者を同一の原理にて連結する。

ここで最後に「言語伝承の図式」を念頭に置いて、序論にて行われた議論を見直しておきたいと思う。現代日本文化を構造分析する際に本書で注目した点は、世代間伝達をもとにした言語活動から導出できる構造の恒常性であった。言語体系を分析対象とした背景には、親族体系を対象にした先行研究が、現代日本文化の構造分析にいたらなかったという事情がある。女性の交換に注目しても、現代を読み解く法則が導出できないのである。

　折口が提示した**図式**1［⬇204頁、下記にも再掲］は、古神道における「みこともち」の思想を背景に成立しているが、彼によれば、古神道とは古代の民俗そのものであり、親族体系、政治体系、経済体系など、あらゆる文化現象を未分化のまま包含している概念である。そんな折口の**図式**1の妙は、一見aからa'へと伝達されるように見える「みこと（パロール）」であるが、じつは「古代」においては中の者bを媒介にパロールが伝達されていることを指摘した点にある。折口は、図式の結合点とも言うべき位置bに、媒介者としての女性を見いだしたわけである。しかし、このことは逆に言えば、現在ではbへのパロールの経路が見えなくなってしまっているということでもある。**図式**2［⬇211頁、下記にも再掲］で見るならば、現代においては左側の女性（神の嫁）のラインが抑圧されているとも言える。

　この図式の展開は、上野千鶴子が言う親族体系から自立した権力体系の出現とパラレルな関係にあると考えられる。女性の

a
b
a'

図式1

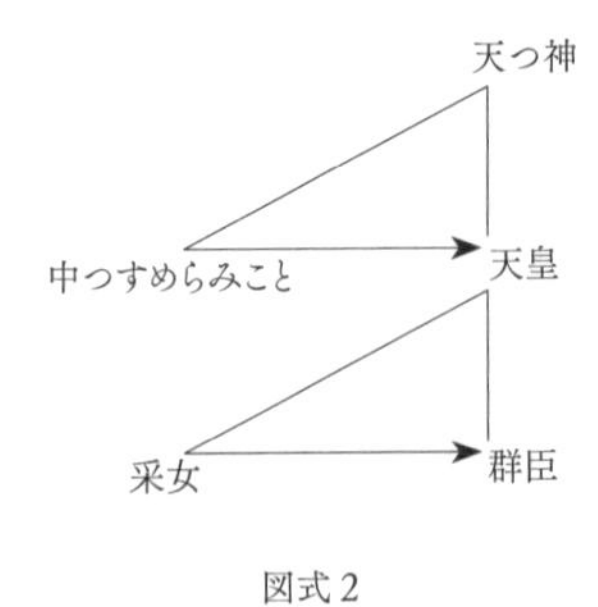


図式2

交換を基盤とした、すなわち親族体系を背景とした秩序形成の段階から、統治機構（**図式**2における右側のライン）の整備に基づいた秩序形成の段階への移行に伴い、親族体系と権力体系の独立分化が進展していくと考えられる。じつは折口は、古神道の名称体系の変遷からもこのことを裏づけている。

先に、「みこ（御子・皇子）」は「大湯坐」と「若湯坐」という二人の「水の女（神の嫁）」に育成され、皇位（神の位）についた後、若湯坐と婚姻を結ぶという折口の説を紹介したが、これは生母の妹を「めのと（乳母）」とし、成人した暁にはその女性と結婚するという古代の習俗（古神道）に基づいている。折口は次のように述べている。

> ところがおかしいことは、小さい皇子を育てる人、昔の語でいうと、大湯坐（オオユエ）、若湯坐（ワカユエ）、飯嚼（イイガミ）、乳母（チオモ）が壬生部（みぶべ）できまると、皇子と若湯坐との間に夫婦関係ができる。若湯坐は介添（かいぞえ）の役である。皇子が生母の妹を妻とする。それから「めのと」――妻の弟（メオト）――という語が出てくる。［…］
>
> 若い皇子を育てる女が、成人した後、その皇子の女房になる。これが日本の昔の結婚法の根本である。壬生部では大湯坐が育てて若湯坐が介添で、後に天皇の妃となる。これがきまった式で公式どおりいく。そうするといったい、壬生部というのは皇子と関係の或る家かというとそうではなく、或る邑の名、人民の団体の名である。その邑の宰領

が直接に貴公子と関係のあった人で、大湯坐、若湯坐の出る家がすなわち、この宰領の家である。そうすると、その邑または邑の長の家で、産湯を使ったときに唱える天神の寿詞なる唱え言が伝わることになる。

毎年産湯を使わせられるのは、湯にはいることが、もとは復活の形だからである。長い物忌みの後、湯にはいると、そこで神聖な資格を得るのである。

かく皇子が生まれると、それに属する邑ができ、それを宰領する家ができて、乳母が推薦せられる。それから後までも産湯の式をくり返していって、その唱え言がその邑の物語となる。これが新しい叙事詩なのである。[1]

大湯坐、若湯坐以外の飯嚙、乳母も御子の養育係であり、[2]壬生部の女性から選出されることになるが、折口が言うには、壬生部とは本来、生母の出身氏族を中心とした邑ということになる。そして、「めのと・うば（乳母）」とは「をば（叔母）」に通じると折口は説く。彼は次のように述べている。

> 祖（母）神に対して、乳母神をば（小母）と言った処から、母方の叔母即、父から見た妻の弟と言ふ語が出来た。此が亦、神を育む姥（をば・うば）神の信仰の元にもなる。[3]

また、次のようにも述べている。

> 即、母氏の近親である為（ため）に、「妻（メ）の卑親（ヲト）」即、めのとと言ふのである。[4]

折口の言う「をば・うば」とは、生母の妹に限定されるものではなく、[5]母親の出身氏族の（母親よりも）年少の女性を指し示す名称であったと考えることができる。[6]ここで、女性の交換という視点から見ると、「みこ（皇子）」にとって「水の女」との婚姻は、同集団（氏族）の男性、女

1—— 折口信夫、一九七〇年、「日本文学史一」、『折口信夫全集 ノート編二』、中央公論社、六四頁。

2—— 「乳母は、乳をのませる者、飯がみは、飯や食物を嚼んで、口うつしに呉れる者」と折口は説いている。折口信夫、一九六六年、「大嘗祭の本義」、『折口信夫全集三』、中央公論社、二二八頁。

3—— 折口信夫、一九六六年、「水の女」、『折口信夫全集二』、中央公論社、八七頁。

4—— 折口信夫、一九六七年、「皇子誕生の物語」、『折口信夫全集二〇』、中央公論社、七二頁。

5—— 折口は「ともかく、うばということは、おばさん、母の妹ということになる。[…]他の場合は、母について母によく似ているが、資格は、地位が母より低い女たちであった」とも述べている。折口信夫、一九七一年、「産育習俗」、『折口信夫全集 ノート編七』、中央公論社、四九七頁。

6—— 折口は、「おば」と「をば」の違いの説明として、「お」と「を」が古義においては大・小を表すと述べている。折口信夫、一九六七年、「形容詞の論」、『折口信夫全集一九』、中央公論社、八七頁。

性を同一のカテゴリーで扱うと、壬生部から皇室へと女性が嫁ぐ、カテゴリカルな母方交叉イトコ婚ということになる。

そして、壬生部の宰領たる氏の上は、「大忌（おほいみ・おみ）」と呼ばれ[7]、産湯や大嘗祭での「みそぎ」の際に、「みこ」に寿詞（よごと）を奉る役であったと折口は説く[8]。この「おみ」は、折口の言葉を借りて率直に表現すれば「じいや」[9]であるが、親族カテゴリーとして考えると「みこ」の外祖父にして舅に当たることになる。ゆえに、「みこ」とは「むこ」に通じると折口は説いている[10]。

古代においてこの壬生部は、丹治比氏を代表として複数の氏族の選出が見受けられるが、やがて、その職能を藤原氏が独占することになり、天皇への寿詞の奏上者としての代表権を確立することになっていったと折口は述べている[11]。これが、天皇と群臣の中間に位置する「みこともち」としての藤原氏（中臣氏）台頭の経緯である。

そして本来、「臣（おみ）」とは「大忌（おみ）」のことであり、「大臣」へと通じていると折口は説いている[12]。つまり、古神道に基づく呼び名であった「おみ」が、権力の集約過程と並行して、身分名称に特化される形に変遷してきたことになる。

そして、上記の変遷過程を看破した折口の視線は、『源氏物語』を構造分析したレヴィ＝ストロースのそれと交叉することになる。レヴィ＝ストロースは『離見の見』第五章「交叉する読解」にて[13]、『源氏物語』にはイトコ婚が慣例として行われている社会から、その慣例からの離脱を図りつつある社会への変遷が読み取れるとし、その変遷に対する登場人物の主観的態度が記されている貴重な資料であると評価している。レヴィ＝ストロースによると、『源氏物語』の心理描写からは、イトコ婚の単調さに対する疑問と、イトコ婚が有する安定性に対する安心感という二様の評価が読み取れるという。▼14 彼は次のように述べている。

イトコ婚は安心をもたらすが単調である。何世代にもわたって、同じ、または似たような縁組みが繰り返され、家族・社会構造がただ単に再現される。それに反して、より

7――「おば」「をば」同様、「大忌（おみ）」に対応するものとして「小忌（をみ）」がおり、こちらの身分は低い。折口信夫、一九七〇年、「日本文学史一」、『折口信夫全集ノート編二』、中央公論社、一一三頁。

8――同上、一一〇－一一六頁。

9――同上、一一三頁。

10――折口信夫、一九六六年、「日本文学の発生」、『折口信夫全集七』、中央公論社、一一二－一一六頁。

11――折口信夫、一九六七年、「皇子誕生の物語」、『折口信夫全集二〇』、中央公論社、七三－七六頁。

12――同上、七三－七六頁。

13――Claude Lévi-Strauss, 1983, *Le regard éloigné*, Paris: Plon, pp. 107-125.

14――ここでレヴィ＝ストロースが取り上げている事例は交叉イトコ婚である。このレヴィ＝ストロースの研究を受けて、藤井貞和が調査したところ、『源氏物語』にて平行イトコ婚は不成立になる傾向が見受けられるという。藤井貞和、二〇〇七年、『タブーと結婚「源氏物語と阿闍世コンプレックス論」のほうへ』、笠間書院、四三－六三頁。

遠い関係での婚姻は、危険であり冒険でもあるが、投機も可能とする。このような婚姻は、新機軸の縁組みとなり、新しい同盟の働きによって歴史を揺り動かすことになる。しかし、主人公たちの胸の内では、心ひかれる——これは彼ら自身の言葉だが——体験は、イトコ婚を背景とする舞台で繰り広げられる。[15]

このような心意からうかがえるのは、社会的な秩序の安定がイトコ婚からの離脱の契機となる可能性である。現にレヴィ＝ストロースは、「情勢が落ち着いていれば、各一門は運を試し、新たな縁を求めるようになるだろう」[16]とも述べている。

また、レヴィ＝ストロースは、『源氏物語』のライトモティーフとしての母方親族の影響力と藤原氏の権勢との関係にも注目している。[17] 実際、『源氏物語』の成立期は、藤原道長が三代にわたり天皇の岳父となった藤原氏全盛の時代である。この時代には、何代にもわたり藤原氏出身の女性から生まれた天皇がその「をば」との婚姻を結ぶ、カテゴリカルな母方交叉イトコ婚が繰り返されてきたわけであるが、ここで重要なことは、道長以降、外戚関係の有無を問わず、彼の家系（御堂流）が、摂政ないしは関白としての地位を独占することにある。つまり、名目上は女性を媒介することなく、御堂流が天皇の後見人の地位を確立する時期なのである。この「後見」について、折口は次のように述べている。

多くの後見は、主人に対して、低い位置にあるものであつた。併、権威は、主人に向つても、振ふことは出来たのである。後代の語で言ふおとななどにも当るが、めのと――女より転じて、男にも言ふことになつた――にも、此定義がある。幼君を養育する者が、成長後は、主人として其人を崇めながら、尚親近感以外に、ある勢力を持つてゐる。さうした者をうしろみと言うた。従つて亦、夫に対して妻をうしろ見と言ひ、妻に対して、夫をうしろ見と言ふこともあるのは、おなじ理由から出てゐる。必、夫なり妻なりが、其相手よりも若くて、年増しの妻なり、年長の夫なりの介添へになつて連れ添うて来たと言ふ間柄の夫婦を言つてゐる。多くは年長女房を後見と言ふのである。此などは明らかに、神及び尊い御子を育てるのに、巫女が扶育して養ひ立て、成長後殆、神の妻のやうな交情を以て、神聖に接し、神の旨を伺ふことになつて居た。[18]

上野が分析した女性の交換が、皇室に焦点を絞り、最終的には親族関係に依存しない形で天皇の地位が確立される過程を描いたものであるならば、ここで行われた分析は、摂関家に焦点

15―― Claude Lévi-Strauss, 1983, *Le regard éloigné*, Paris: Plon, pp. 108-109.

16―― *Ibid.*, p. 110.

17―― *Ibid.*, pp. 113-115.

18―― 折口信夫、一九六六年、「日本文学の発生」、『折口信夫全集七』、中央公論社、一一一頁。

を合わせたものと言える。天皇を定点とし、天皇との親族関係をもとに権力を集約した藤原氏（中臣氏）が、最終的に、親族関係に左右されない形で摂関家（後見）の地位を確立したことになる。『源氏物語』には、新たな秩序の形成過程が反映されているのである。

このようにして、女性（神の嫁）のラインは抑圧されていくわけである。ただし、女性の交換が表舞台にて見えなくなったとしても、中（みこともち）の機能が消失したわけではない。aから発された「みこと」はa'を経由し、さらにその下のa'へといたることになる。脱性化されたbの機能は、無数のa'に引き継がれ、一つ前のものを包み込みながら想像的なヴェールを張りめぐらせていく。摂関政治が形骸化した後も、将軍、執権、大老などが「みこともち」として実質的な力を持つ、「言語伝承の図式」に則った政治体制が現代へと続いていく。「みこと」の交換を通じて、今まさに「古代」は反復している。

こうして「言語伝承の図式」は、文化の諸側面に新たなつながりを見いだす一つの視座を提示することになる。

# 結び

折口の古代信仰も柳田の固有信仰も、言語の変遷を探究することによって浮き彫りになる、無意識に伝承された日本人の世界観に他ならない。ただ、一方は古代から現代へと言葉の発生・展開を辿ることによって、もう一方は現代から古代へと言葉を遡上していくことによって見いだされた世界観である。柳田は、両者が途中で出会うことを願いつつも、その道のりの果てしなさを嘆いていた。しかし、両者は間違いなくディスクールによってつながっている。そのディスクールを分析するためのモデルを手に入れた我々にとって、その見通しは、柳田よりもはるかに明るくなっている。いつか柳田が満足する形で両者は出会うはずである。二人が描き出した世界観を概観する限り、それはそう遠い未来ではない。そのためには、個別の事象の分析をもって、このモデルの有効性を検証していく作業が必要となってくる。また、加速度を増す現在の日本文化の変遷について、より緻密な検討が求められるであろう。

このように本書に突きつけられた課題は大きい。しかし、折口、柳田に加え、フロイト、レヴィ＝ストロース、ラカンを経て提出された「言語伝承の図式」というモデルは、これらの課題に対しても十分に応えてくれるものと確信している。

日本文化における構造を、パロールの交換法則から導き出したという点において、本書は、構造主義の正道を行く研究の一角に、その成果を記すことができたと考えている。日本という言語空間を対象とした構造分析の可能性は、まだ語り始められたばかりである。

# 参考文献

赤坂憲雄、一九九八年、「解題　民謡覚書」、伊藤幹治・後藤総一郎・宮田登・赤坂憲雄・佐藤健二・石井正己・小田富英 編『柳田國男全集一一』所収、筑摩書房、五六八－五七二頁。

―――、二〇〇三年、「流離する王の物語　貴種流離譚の原風景をもとめて」、網野善彦・樺山紘一・宮田登・安丸良夫・山本幸司 編『生活世界とフォークロア』所収、岩波書店、二〇五－二二七頁。

赤松智城、一九二九年、『輓近宗教学説の研究』、同文館。

―――、一九八五年、「古代文化民族に於けるマナの観念に就て」、『復刻版『民族』一（上）』所収、岩崎美術社、三九五－四〇九頁。

―――、一九八五年、「古代文化民族に於けるマナの観念に就て」、『復刻版『民族』一（下）』所収、岩崎美術社、六五三－六六四頁、八四三－八五七頁、一〇二三－一〇三四頁。

荒木博之、一九八七年、「貴種流離譚の構造」、小西甚一・中西進 編『日本文学の構造』所収、創樹社、一六五－二〇五頁。

安藤礼二、二〇〇四年、『神々の闘争　折口信夫論』、講談社。

石井正己、一九九五年、「「遠野物語」の成立過程（中）」、『東京学芸大学紀要　第二部門人文科学』四六集、二四七－二六四頁。

磯谷　孝、一九八一年、「折口信夫の〈詩的言語理論〉における存在のヴィジョン」、高橋徹 編『折口信夫を〈読む〉』所収、現代企画室、七－二七頁。

――――、一九八七年、「方法論的概念としての「越境者」マレビト　折口名彙の用語論」、『現代思想』一五－四号、六四－七〇頁。

池田彌三郎、一九七九年、『池田彌三郎著作集七』、角川書店。

――――編著、一九七八年、『折口信夫　まれびと論』、講談社。

伊藤幹治、一九九五年、『贈与交換の人類学』、筑摩書房。

――――、二〇〇六年、『日本人の人類学的自画像　柳田国男と日本文化論再考』、筑摩書房。

伊藤好英、一九九八年、「古代・古代研究」、西村亨 編『折口信夫事典〔増補版〕』所収、大修館書店、三〇七－三二〇頁。

井之口章次、一九七九年、「折口信夫　その研究と方法」、瀬川清子・植松明石 編『日本民俗学のエッセンス　日本民俗学の成立と展開』所収、ぺりかん社、一七一－一九二頁。

岩本由輝、一九八三年、『もう一つの遠野物語』、刀水書房。

上野千鶴子、一九八五年、『構造主義の冒険』、勁草書房。

――――、一九八五年、「〈外部〉の分節　記紀の神話論理学」、桜井好朗 編『神と仏　仏教受容と神仏習合の世界』所収、春秋社、二六一－三一〇頁。

上原輝男、一九八七年、『心意伝承の研究　芸能篇』、桜楓社。

内田隆三、一九九五年、『柳田国男と事件の記録』、講談社。

内野吾郎、一九八三年、『新国学論の展開　柳田・折口民俗学の行方』、創林社。

宇野圓空、一九八五年、「呪術論の進んだあと」、『復刻版『民族』一〔下〕』所収、岩崎美術社、八〇九－八二六頁、一〇〇七－一〇二二頁。

――――、一九八五年、「ニアス人とクブ人の霊魂観念」、『復刻版『民族』二〔下〕』所収、岩崎美術社、六一九－六三〇頁。

大澤真幸、一九八六年、「〈日本〉」、『ソシオロゴス』一〇号、六四－八〇頁。

――――、一九九九年、『行為の代数学　スペンサー＝ブラウンから社会システム論へ〔増補新版〕』、青土社。

大塚英志、二〇〇六年、『「捨て子」たちの民俗学　小泉八雲と柳田國男』、角川書店。

――――、二〇一四年、「解題　資料『遠野物語』の時代」、大塚英志 編『神隠し・隠れ里　柳田国男傑作選』所収、KADOKAWA、二五二頁。

――――、二〇一七年、『殺生と戦争の民俗学　柳田國男と千葉徳爾』、KADOKAWA.

大住真理・藤山直樹、二〇〇四年、「年譜　日本の精神分析と学会の歩み」、『精神分析研究』四八－増刊号、一〇五－一二三頁。

大槻憲二、一九七六年、「東西桃太郎譚」、『旅と伝説一〇』所収、岩崎美術社、四八一－四八八頁。

――――、一九八四年、『民俗文化の精神分析』、堺屋図書。

岡　正雄、一九八七年、「インタビュー　柳田国男との出会い」、後藤総一郎 編『柳田国男研究資料集成一四』所収、日本図書センター、四三－七一頁。

小川直之、二〇一二年、「柳田國男と折口信夫　民俗学の交錯」、『日本民俗学』二七一号、九一－一一九頁。

小田　晋、一九七五年、「日本文化における狂気の構造　柳田民俗学からの視点」、『現代思想』三－四号、一三四－一四一頁。

小田富英、二〇〇二年、「解題　昭和十一年（一九三六）」、伊藤幹治・後藤総一郎・宮田登・赤坂憲雄・佐藤健二・石井正己・小田富英 編『柳田國男全集二九』所収、筑摩書房、六〇四頁－六一七頁。

小野博史、一九九五年、「柳田國男の伝承観における「無意識」と現代民俗学」、『日本民俗学』二〇四号、一八二－一九九頁。

折口信夫、一九六六年、「国文学の発生（第三稿）　まれびとの意義」、折口博士記念古代研究所 編『折口信夫全集一』所収、中央公論社、三－六二頁。

――――、一九六六年、「国文学の発生（第一稿）　呪言と叙事詩と」、同編『折口信夫全集一』所収、同版元（**※以下のこの全集版の記載においては出版社名を略す**）、六三－七五頁。

――、一九六六年、「国文学の発生（第二稿）」、同編『折口信夫全集一』所収、七六－一二三頁。

――、一九六六年、「国文学の発生（第四稿）　唱導的方面を中心として」、同編『折口信夫全集一』所収、一二四－二一六頁。

――、一九六六年、「万葉びとの生活」、同編『折口信夫全集一』所収、三二一－三三五頁。

――、一九六六年、「万葉集の解題」、同編『折口信夫全集一』所収、三三六－三五四頁。

――、一九六六年、「万葉集研究」、同編『折口信夫全集一』所収、三六九－四一七頁。

――、一九六六年、「叙景詩の発生」、同編『折口信夫全集一』所収、四一八－四五二頁。

――、一九六六年、「古代生活に見えた恋愛」、同編『折口信夫全集一』所収、四五三－四六八頁。

――、一九六六年、「相聞の発達」、同編『折口信夫全集一』所収、五〇二－五一五頁。

――、一九六六年、「古代生活の研究　常世の国」、同編『折口信夫全集二』所収、一六－四一頁。

――、一九六六年、「琉球の宗教」、同編『折口信夫全集二』所収、四二－七九頁。

――、一九六六年、「水の女」、同編『折口信夫全集二』所収、八〇－一〇九頁。

――、一九六六年、「若水の話」、同編『折口信夫全集二』所収、一一〇－一三七頁。

――、一九六六年、「貴種誕生と産湯の信仰と」、同編『折口信夫全集二』所収、一三八－一四四頁。

――、一九六六年、「最古日本の女性生活の根柢」、同編『折口信夫全集二』所収、一四五－一六〇頁。

――、一九六六年、「高御座」、同編『折口信夫全集二』所収、一六八－一七三頁。

――、一九六六年、「髯籠の話」、同編『折口信夫全集二』所収、一八二－二一一頁。

――、一九六六年、「翁の発生」、同編『折口信夫全集二』所収、三七一－四一五頁。

――、一九六六年、「花の話」、同編『折口信夫全集二』所収、四六七－四九三頁。

――、一九六六年、「神道に現れた民族論理」、同編『折口信夫全集三』所収、一四五－一七三頁。

――、一九六六年、「大嘗祭の本義」、同編『折口信夫全集三』所収、一七四－二四〇頁。

――、一九六六年、「呪詞及び祝詞」、同編『折口信夫全集三』所収、二五〇－二五九頁。

――、一九六六年、「霊魂の話」、同編『折口信夫全集三』所収、二六〇－二七六頁。

――、一九六六年、「古代人の思考の基礎」、同編『折口信夫全集三』所収、三九〇－四三七頁。

――、一九六六年、「古代に於ける言語伝承の推移」、同編『折口信夫全集三』所収、四三八－四五〇頁。

――、一九六六年、「追ひ書き」、同編『折口信夫全集三』所収、四九一－五一八頁。

――、一九六六年、「日本文学の発生　その基礎論」、同編『折口信夫全集七』所収、一－四三頁。

――、一九六六年、「日本文学の発生」、同編『折口信夫全集七』所収、四四－七二頁。

――、一九六六年、「唱導文学　序説として」、同編『折口信夫全集七』所収、七三－九九頁。

――、一九六六年、「唱導文芸序説」、同編『折口信夫全集七』所収、一〇〇－一〇七頁。

――、一九六六年、「日本文学の発生」、同編『折口信夫全集七』所収、一〇八－一五二頁。

――、一九六六年、「日本文学の発生　序説」、同編『折口信夫全集七』所収、一五三－四二二頁。

――、一九六六年、「上代の日本人　その文学」、同編『折口信夫全集八』所収、四一－四五頁。

――、一九六六年、「日本の創意　源氏物語を知らぬ人々に寄す」、同編『折口信夫全集八』所収、二七二－二八七頁。

――、一九六六年、「上代貴族生活の展開　万葉びとの生活」、同編『折口信夫全集九』所収、三四－五一頁。

――、一九六六年、「上世日本の文学」、同編『折口信夫全集一二』所収、三三三－五一一頁。

――、一九六六年、「国文学」、同編『折口信夫全集一四』所収、一－三八七頁。

――、一九六七年、「民俗学」、同編『折口信夫全集一五』所収、一－二二頁。

――、一九六七年、「民間伝承採集事業説明書」、同編『折口信夫全集一五』所収、四七九－四八五頁。

――、一九六七年、「民族史観における他界観念」、同編『折口信夫全集一六』所収、三〇九－三六六頁。

――、一九六七年、「生活の古典としての民俗」、同編『折口信夫全集一六』所収、四八三－四九二頁。

――、一九六七年、「民俗研究の意義」、同編『折口信夫全集一六』所収、四九八－五〇六頁。

――、一九六七年、「新国学としての民俗学」、同編『折口信夫全集一六』所収、五〇七－五一〇頁。

――、一九六七年、「先生の学問」、同編『折口信夫全集一六』所収、五一一―五二四頁。

――、一九六七年、「山の霜月舞　花祭り解説」、同編『折口信夫全集一七』所収、三一五―三五八頁。

――、一九六七年、「信州新野の雪祭り」、同編『折口信夫全集一七』所収、三五九―三六五頁。

――、一九六七年、「形容詞の論　語尾「し」の発生」、同編『折口信夫全集一九』所収、六一―一〇〇頁。

――、一九六七年、「古代中世言語論」、同編『折口信夫全集一九』所収、一八九―二三三頁。

――、一九六七年、「女帝考」、同編『折口信夫全集二〇』所収、一―二三頁。

――、一九六七年、「即位御前記」、同編『折口信夫全集二〇』所収、二四―四〇頁。

――、一九六七年、「宮廷生活の幻想　天子即神論是非」、同編『折口信夫全集二〇』所収、四一―六一頁。

――、一九六七年、「皇子誕生の物語」、同編『折口信夫全集二〇』所収、七〇―八四頁。

――、一九六七年、「古代人の信仰」、同編『折口信夫全集二〇』所収、一〇二―一四〇頁。

――、一九六七年、「神道」、同編『折口信夫全集二〇』所収、一八三―一九五頁。

――、一九六七年、「古代日本人の信仰生活」、同編『折口信夫全集二〇』所収、二三五―二四四頁。

――、一九六七年、「産霊の信仰」、同編『折口信夫全集二〇』所収、二五三―二六〇頁。

――、一九六七年、「上代葬儀の精神」、同編『折口信夫全集二〇』所収、三五一―三八八頁。

――、一九六七年、「神道宗教化の意義」、同編『折口信夫全集二〇』所収、四四二―四六〇頁。

――、一九七〇年、「日本文学史一」、同編『折口信夫全集　ノート編二』所収、七―四五二頁。

――、一九七一年、「国文学概論」、同編『折口信夫全集　ノート編一』所収、九―三九〇頁。

――、一九七一年、「日本芸能史」、同編『折口信夫全集　ノート編五』所収、九―五一六頁。

――、一九七一年、「民間伝承学講義」、同編『折口信夫全集　ノート編七』所収、一一―六四頁。

――、一九七一年、「民俗学への導き」、同編『折口信夫全集　ノート編七』所収、六五―九七頁。

――、一九七一年、「心意伝承」、同編『折口信夫全集　ノート編七』所収、九八―二五八頁。

――、一九七一年、「産育習俗」、同編『折口信夫全集 ノート編七』所収、四八二―五三二頁。

――、一九七一年、「祝詞」、同編『折口信夫全集　ノート編九』所収、一〇七―三九三頁。

――、一九七二年、「芸能伝承の話」、同編『折口信夫全集　ノート編六』所収、七二―一七二頁。

――、一九七二年、「郷土と神社および郷土芸術」、同編『折口信夫全集　ノート編六』所収、二四三―三八二頁。

――、一九七五年、「日本の古典」、池田彌三郎・岡野弘彦・加藤守雄・角川源義 編『折口信夫対話一　古典と現代』所収、角川書店、一六一―二〇五頁。

――、一九八七年、「言語伝承論」、折口博士記念古代研究所 編『折口信夫全集　ノート編追補二』所収、中央公論社、七―三一五頁。

――、一九九五年、「追ひ書き」、折口信夫全集刊行会 編『折口信夫全集三』所収、中央公論社、四六一―四八六頁。

――、一九九九年、「日本人の神と霊魂の観念そのほか」、折口信夫全集刊行会 編『折口信夫全集　別巻三』所収、中央公論新社、五三八―五八五頁。

――、二〇〇四年、「大嘗祭の本義ならびに風俗歌と真床襲衾」、安藤礼二 編『初稿・死者の書』所収、国書刊行会、二五四―二六〇頁。

## か

加藤守雄、一九七二年、「折口信夫の方法」、日本文学研究資料刊行会 編『折口信夫』所収、有精堂出版、七八―八九頁。
梶木　剛、一九八九年、「柳田学と折口学」、慶応義塾大学国文学研究会 編『折口学と古代学』所収、桜楓社、三三五―六六頁。
河合俊雄・赤坂憲雄 編著、二〇一四年、『遠野物語　遭遇と鎮魂』、岩波書店。
川田　稔、一九九二年、『柳田国男　「固有信仰」の世界』、未來社。
――、一九九八年、『柳田国男のえがいた日本　民俗学と社会構想』、未來社。

小島瓔禮、一九七九年、「折口信夫の方法と琉球学」、『日本民俗学』一二三号、二九－三五頁。

小松和彦、一九九五年、『異人論　民俗社会の心性』、筑摩書房。

# さ

佐々木孝次、一九七九年、『母親・父親・掟　精神分析による理解』、せりか書房。

——、一九八九年、『蟲物としての言葉』、有斐閣。

——、一九九六年、『エディプス・コンプレクスから模倣の欲望へ』、情況出版。

佐藤深雪、一九九三年、「ヴィルヘルム・ヴントと折口信夫」、『國學院雜誌』九四－一一号、一－一五頁。

新宮一成、一九八九年、『無意識の病理学　クラインとラカン』、金剛出版
——、二〇〇五年、「日本文化とフロイト＝ラカン」、新宮一成・立木康介 編『フロイト＝ラカン』所収、講談社、一二二－一二七頁。

新谷尚紀、二〇一一年、『民俗学とは何か　柳田・折口・渋沢に学び直す』、吉川弘文堂。

鈴木満男、一九七四年、『マレビトの構造　東アジア比較民俗学研究』、三一書房。

瀬川清子・植松明石、一九七九年、「あとがき」、瀬川清子・植松明石 編『日本民俗学のエッセンス　日本民俗学の成立と展開』所収、ぺりかん社、四〇五－四〇六頁。

# た

高橋澪子、一九九九年、『心の科学史　西洋心理学の源流と実験心理学の誕生』、東北大学出版会。

田邊壽利、一九三一年、『フランス社会学史研究』、刀江書院。

谷川健一、二〇〇六年、『古代歌謡と南島歌謡　歌の源泉を求めて』、春風社。

千葉徳爾、一九八七年、「第二部解説　二つの「民俗学教本案」について」、柳田為正・千葉徳爾・藤井隆至 編『柳田国男談話稿』所収、法政大学出版局、二二九－二四一頁。

鳥越皓之、一九八九年、「柳田民俗学における〝心意〟の意味」、『日本民俗学』一七七号、三八－六一頁。

## な

中沢新一、二〇〇八年、『古代から来た未来人　折口信夫』、筑摩書房。

中野昌宏、二〇〇六年、『貨幣と精神　生成する構造の謎』、ナカニシヤ出版。

中村生雄、一九九五年、『折口信夫の戦後天皇論』、法藏館。

中村古峡、二〇〇一年、「神隠しに会つた子供」、小田晋・栗原彬・佐藤達哉・曾根博義・中村民男編『変態心理一〇』所収、不二出版、四九二－五〇四頁、五九一－五九六頁。

中村康隆、一九八六年、「海外学会消息」、『復刻版『民俗学』一』所収、岩崎美術社、三六一－三六三頁。

波平恵美子、一九九八年、「性」、野村純一・三浦佑之・宮田登・吉川祐子編『柳田國男事典』所収、勉誠出版、三三四－三三七頁。

西村　亨、一九七九年、「民俗学と古代学」、『日本民俗学』一二三号、二二一－二二八頁。

――、一九九八年、「貴種流離譚」、西村亨編『折口信夫事典〔増補版〕』所収、大修館書店、一五八－一六八頁。

西村亨・高梨一美、一九九八年、「折口学への道」、西村亨編『折口信夫事典〔増補版〕』所収、大修館書店、一－一〇頁。

新田　篤、二〇一二年、「佐藤春夫「更生記」における精神分析と精神医学」、『精神医学史研究』一六－二号、一一五－一二五頁。

野本寛一、一九七九年、「焼畑系芸能論」、『日本民俗学』一二三号、三五－四七頁。

## は

橋爪大三郎、一九八七年、「にっぽん　制度なき権力多様体」、『ORGAN』三号、二一三－二三二頁。

早川孝太郎、一九九八年、「女性と民間伝承」、伊藤幹治・後藤総一郎・宮田登・赤坂憲雄・佐藤健二・石井正己・小田富英編『柳田國男全集六』所収、筑摩書房、九三－一三一頁。

福田アジオ、一九八四年、『日本民俗学方法序説　柳田国男と民俗学』、弘文堂。

## ま


藤井貞和、二〇〇七年、『タブーと結婚　「源氏物語と阿闍世コンプレックス論」のほうへ』、笠間書院。

保坂達雄、一九九三年、「山人／異人」、『國文學　解釈と教材の研究』三八－八号、一一八頁。

――――、二〇〇六年、「新しい折口信夫へ」『國文學　解釈と教材の研究』五一－一〇号、四四－五三頁。

牧田　茂、一九七九年、「柳田国男　その研究と方法」、瀬川清子・植松明石 編『日本民俗学のエッセンス　日本民俗学の成立と展開』所収、ぺりかん社、五七－八五頁。

松村武雄、一九二三年、『異端者の対話』、二松堂書店。

――――、一九二三年、『児童教育と児童文芸』、培風館。

――――、一九二三年、『童謡及童話の研究』、大阪毎日新聞社。

――――、一九二四年、『日本童話集』、世界童話大系刊行会。

――――、一九二九年、『童話教育新論』、培風館。

――――、一九七六年、「柳田國男氏に」、『旅と伝説五』所収、岩崎美術社、五三七－五三九頁。

――――、一九九九年、「精神分析学と犯罪者問題」、小田晋・栗原彬・佐藤達哉・曾根博義・中村民男 編『変態心理二七』所収、不二出版、二七五－二七六頁。

――――、一九九九年、「精神分析と宗教問題」、小田晋・栗原彬・佐藤達哉・曾根博義・中村民男 編『変態心理二八』所収、不二出版、三九八－三九九頁。

松本卓也、二〇一五年、『人はみな妄想する　ジャック・ラカンと鑑別診断の思想』、青土社。

松本信広、一九六八年、「故折口信夫博士と『古代研究』」、池田彌三郎・加藤守雄・岡野弘彦 編『折口信夫回想』所収、中央公論社、一五－二二頁。

松本博明、二〇一三年、「柳田國男・折口信夫と国文学研究」、『文学・語学』二〇七号、四六－五六頁。

三浦佑之、一九九八年、「神話」、野村純一・三浦佑之・宮田登・吉川祐子 編『柳田國男事典』所収、勉誠出版、一〇六－一一一頁。

三隅治雄、一九七九年、「折口信夫の芸能史研究の方法　早川孝太郎との対照」、『日本民俗学』一二三号、一五－二一頁。

三谷栄一、一九六七年、『物語史の研究』、有精堂出版。

――――、一九七九年、「異郷意識と「まれびと論」私見　折口信夫先生の方法」、『日本民俗学』一二三号、一－一四頁。

妙木浩之・安齋順子、二〇〇四年、「草創期における日本の精神分析」、『精神分析研究』四八－増刊号、六九－八四頁。

村井　紀、二〇〇四年、『反折口信夫論』、作品社。

柳田國男、一九七六年、「昔話新釈」、『旅と伝説五』所収、岩崎美術社、三三四－三五一頁。

――――、一九七六年、「田螺聟入譚　昔話新釈の三」、『旅と伝説五』所収、岩崎美術社、六八一－七〇一頁。

――――、一九九七年、「郷土誌論」、伊藤幹治・後藤総一郎・宮田登・赤坂憲雄・佐藤健二・石井正己・小田富英編『柳田國男全集三』所収、筑摩書房、一一一－一八八頁。

――――、一九九七年、「祭礼と世間」、同編『柳田國男全集三』所収、同版元（**※以下のこの全集版の記載においては出版社名を略す**）、一八九－二三〇頁
――――、一九九七年、「山の人生」、同編『柳田國男全集三』所収、四八一－六〇八頁。

――――、一九九七年、「海上の道」、同編『柳田國男全集二一』所収、三七七－五八七頁。

――――、一九九八年、「青年と学問」、同編『柳田國男全集四』所収、三－一七四頁。

――――、一九九八年、「蝸牛考」、同編『柳田國男全集五』所収、一八九－三三〇頁。

――――、一九九八年、「女性と民間伝承」、同編『柳田國男全集六』所収、九三－二三一頁。

――――、一九九八年、「桃太郎の誕生」、同編『柳田國男全集六』所収、二三三－五五六頁。

――――、一九九八年、「民間伝承論」、同編『柳田國男全集八』所収、三－一九四頁。

――、一九九八年、「郷土生活の研究法」、同編『柳田國男全集八』所収、一九五－三六八頁。

――、一九九八年、「昔話と文学」、同編『柳田國男全集九』所収、二四七－四二二頁。

――、一九九八年、「民謡覚書」、同編『柳田國男全集一一』所収、三－二三七頁。

――、一九九八年、「国史と民俗学」、同編『柳田國男全集一四』所収、八三－二〇一頁。

――、一九九八年、「先祖の話」、同編『柳田國男全集一五』所収、三－一五〇頁。

――、一九九八年、「笑の本願」、同編『柳田國男全集一五』所収、一五一－二三三頁。

――、一九九八年、「家閑談」、同編『柳田國男全集一五』所収、四七九－六一二頁。

――、一九九九年、「婚姻の話」、同編『柳田國男全集一七』所収、四八三－六六八頁。

――、一九九九年、「口承文芸史考」、同編『柳田國男全集一六』所収、三七五－五一九頁。

――、一九九九年、「山人外伝資料」、同編『柳田國男全集二四』所収、二一八－二三八頁。

――、二〇〇〇年、「幽霊思想の変遷」、同編『柳田國男全集二五』所収、三二四－三二九頁。

――、二〇〇二年、「夢合せと夢の種類」、同編『柳田國男全集二九』所収、三五四頁。

――、二〇〇三年、「伝統について」、同編『柳田國男全集三〇』所収、四四－五一頁。

――、二〇〇三年、「女性生活史」、同編『柳田國男全集三〇』所収、三六六－四一四頁。

――、二〇〇四年、「郷土研究会の想ひ出」、同編『柳田國男全集三二』所収、五三六－五四五頁。

――、二〇一〇年、「日本民俗学研究」、同編『柳田國男全集二二』所収、四一〇－四二五頁。

――、二〇一四年、「民俗学」、同編『柳田國男全集三四』所収、八二六－八三八頁。

山口昌男、二〇〇〇年、『天皇制の文化人類学』、岩波書店。

――、二〇〇四年、『知の遠近法』、岩波書店。

山﨑　亮、二〇一四年、「訳者解説」、エミール・デュルケーム著『宗教生活の基本形態　オーストラリアにおけるトーテム体系〔下〕』所収、山﨑亮 訳、筑摩書房、四五七－五〇八頁。

吉本隆明、一九六八年、『共同幻想論』、河出書房新社。

渡辺公三・小泉義之、二〇一〇年、「討議　レヴィ＝ストロースの問いと倫理」、『現代思想』三八－一号、一一六－一三〇頁。

## 日本語以外の文献

Crichton-Miller, Hugh, 1933, *Psycho-analysis and Its Derivatives*, London: Thornton Butterworth.

Durkheim, Émile, 1912, *Les formes élémentaires de la vie religieuse: Le système totémique en Australie*, Paris: Librairie Félix Alcan.（二〇一四年、『宗教生活の基本形態　オーストラリアにおけるトーテム体系〔上〕〔下〕』、山﨑亮 訳、筑摩書房）

Freud, Sigmund, 1991, Das Motiv der Kästchenwahl, *Gesammelte Werke*, Bd. 10, Frankfurt am Main: S. Fischer.（一九七六年、「伝説の精神分析　灰被き姫のことども」、大槻憲二 訳、『旅と伝説七』所収、岩崎美術社、五八八－五九七頁）

———, 1991, Fetischismus, *Gesammelte Werke*, Bd. 14, Frankfurt am Main: S. Fischer.（二〇一〇年、「フェティシズム」、石田雄一 訳、新宮一成・鷲田清一・道籏泰三・高田珠樹・須藤訓任 編『フロイト全集一九』所収、岩波書店、二七五－二八二頁）

———, 1993, Analyse der Phobie eines fünfjährigen Knaben, *Gesammelte Werke*, Bd. 7, Frankfurt am Main: S. Fischer.（二〇〇八年、「ある五歳男児の恐怖症の分析〔ハンス〕」、総田純次 訳、新宮一成・鷲田清一・道籏泰三・高田珠樹・須藤訓任 編『フロイト全集一〇』所収、岩波書店、一－一七四頁）

———, 1993, Der Mann Moses und die monotheistische Religion, *Gesammelte Werke*, Bd. 16, Frankfurt am Main: S. Fischer.（二〇〇七年、「モーセという男と一神教」、渡辺哲夫 訳、新宮一成・鷲田清一・道籏泰三・

高田珠樹・須藤訓任編『フロイト全集一二』所収、岩波書店、一－一七三頁）

――, 1996, Totem und Tabu: Einige Übereinstimmungen im Seelenleben der Wilden und der Neurotiker, *Gesammelte Werke*, Bd. 9, Frankfurt am Main: S. Fischer.（二〇〇九年、「トーテムとタブー　未開人の心の生活と神経症者の心の生活における若干の一致点」、門脇健訳、新宮一成・鷲田清一・道籏泰三・高田珠樹・須藤訓任編『フロイト全集一二』所収、岩波書店、一－二〇六頁）

――, 1996, Neue Folge der Vorlesungen zur Einführung in die Psychoanalyse, *Gesammelte Werke*, Bd. 15, Frankfurt am Main: S. Fischer.（二〇一一年、「続・精神分析入門講義」、道籏泰三訳、新宮一成・鷲田清一・道籏泰三・高田珠樹・須藤訓任編『フロイト全集二一』所収、岩波書店、一－二四〇頁）

――, 1998, Die Traumdeutung, *Gesammelte Werke*, Bd. 2/3, Frankfurt am Main: S. Fischer.（二〇〇七年、「夢解釈Ⅰ」、新宮一成訳、新宮一成・鷲田清一・道籏泰三・高田珠樹・須藤訓任編、『フロイト全集四』所収、岩波書店、一－三五八頁。二〇一一年、「夢解釈Ⅱ」、同訳、同編、『フロイト全集五』所収、同版元、一－四二八頁）

Godelier, Maurice, 1996, *L'énigme du don*, Paris: Librairie Arthème Fayard.（二〇〇〇年、『贈与の謎』、山内昶訳、法政大学出版局）

Lacan, Jacques, 1966, *Écrits*, Paris: Seuil.（『エクリⅠ』〔一九七二年〕、宮本忠雄・竹内迪也・高橋徹・佐々木孝次訳、『エクリⅡ』〔一九七七年〕、佐々木孝次・三好暁光・早水洋太郎訳、『エクリⅢ』〔一九八一年〕、佐々木孝次・海老原英彦・芦原眷訳、弘文堂）

――, 1973, *Le Séminaire livre XI: Les quatre concepts fondamentaux de la psychanalyse*, Paris: Seuil.（二〇〇〇年、ジャック＝アラン・ミレール編『精神分析の四基本概念』、小出浩之・新宮一成・鈴木國文・小川豊昭訳、岩波書店）

――, 1978, *Le Séminaire livre II: Le moi dans la théorie de Freud et dans la technique de la psychanalyse*, Paris: Seuil.（一九九八年、ジャック＝アラン・ミレール編、『フロイト理論と精神分析技法における自我〔上〕〔下〕』、

小出浩之・鈴木國文・小川豊昭・南淳三訳、岩波書店）

――――, 1981, *Le Séminaire livre III: Les psychoses*, Paris: Seuil.（一九八七年、ジャック＝アラン・ミレール編『精神病〔上〕〔下〕』、小出浩之・鈴木國文・川津芳照・笠原嘉訳、岩波書店）

――――, 1986, *Le Séminaire livre VII: L'éthique de la psychanalyse*, Paris: Seuil.（二〇〇二年、ジャック＝アラン・ミレール編『精神分析の倫理〔上〕〔下〕』、小出浩之・鈴木國文・保科正章・菅原誠一訳、岩波書店）

――――, 1994, *Le Séminaire livre IV: La relation d'objet*, Paris: Seuil.（二〇〇六年、ジャック＝アラン・ミレール編『対象関係〔上〕〔下〕』、小出浩之・鈴木國文・菅原誠一訳、岩波書店）

――――, 2001, *Autres écrits*, Paris: Seuil.

Lévi-Strauss, Claude, 1950, Introduction à l'œuvre de Marcel Mauss, Marcel Mauss, *Sociologie et anthropologie*, Paris: Presses universitaires de France, pp. IX-LII.（一九七三年、「マルセル・モース論文集への序文」、マルセル・モース著『社会学と人類学Ⅰ』所収、有地亨・伊藤昌司・山口俊夫訳、弘文堂）

――――, 1951, Language and the Analysis of Social Laws, *American Anthropologist*, vol. 53, no. 2, pp. 155-163.

――――, 1958, *Anthropologie structurale*, Paris: Plon.（一九七二年、『構造人類学』、荒川幾男・生松敬三・川田順造・佐々木明・田島節夫訳、みすず書房）

――――, 1962, *La pensée sauvage*, Paris: Plon.（一九七六年、『野生の思考』、大橋保夫訳、みすず書房）

――――, 1983, *Le regard éloigné*, Paris: Plon.（『はるかなる視線Ⅰ』〔一九八六年〕、『はるかなる視線Ⅱ』〔一九八八年〕、三保元訳、みすず書房）

――――, 2002, *Les structures élémentaires de la parenté*, Berlin; New York: Mouton de Gruyter.（二〇〇〇年、『親族の基本構造』、福井和美訳、青弓社）

Marx, Karl, 1962, *Karl Marx-Friedrich Engels Werke*, Bd. 23, Berlin: Dietz Verlag.（二〇〇五年、『マルクス・コレクションⅣ　資本論一〔上〕』、『マルクス・コレクションⅤ　資本論一〔下〕』、今村仁司・三島憲一・鈴木直訳、筑摩書房）

Mauss, Marcel, 1950, Essai sur le don: Forme et raison de l'échange dans les sociétés archaïques, *Sociologie et anthropologie*, Paris: Presses universitaires de France.（二〇〇九年、『贈与論』、吉田禎吾・江川純一訳、筑摩書房）

Róheim, Géza, 1926, *Social Anthropology: A Psycho-analytic Study in Anthropology and a History of Australian Totemism*, New York: Boni and Liveright.

Wundt, Wilhelm, 1912, *Elemente der Völkerpsychologie: Grundlinien einer psychologischen Entwicklungsgeschichte der Menschheit*, Leipzig: Alfred Kröner Verlag. (1916, *Elements of Folk Psychology: Outlines of a Psychological History of the Development of Mankind*, Edward Leroy Schaub, trans., London: George Allen and Unwin, New York: The Macmillan Company.)

# あとがき

本書の目的は、レヴィ＝ストロースやラカンの構造論的な視点から、現代における日本文化の特性を解き明かすことにあった。しかし、時にはその視点は逆転し、柳田國男や折口信夫の民俗学をもとに、構造人類学や精神分析の方法論、そしてそれらを生み出した西欧文化へと考察の範囲は広げられた。少なくとも、私はそのような意図をもって本書を書き進めてきた。自文化を問うことは、異文化を問うことに通じる。さらに言えば、自省の目が備わってはじめて人類を問うことができる。これは柳田の教えである。

柳田は、かつて「民族学」と呼ばれていた学問が、戦後「文化人類学」という名称に切りかわっていくことに疑問を抱いていた。彼にとって文化を対象とする人類学とは、民俗学の到達点であった。柳田は言う、「民俗学にはどんな別名をあてるもよし。人類学が史学の外に立って、弘く人間の今日までの生活の由来を知る学を総称するなら、当然その一部をなす※」と。本書で描き出そうとしたものは、この柳田が目指した人類学である。構造人類学は、ありえたかもしれないその学問の姿を垣間見せてくれた。さらに、構造人類学を取り入れたラカンの精神分析が、その輪郭をいま少し明らかにしてくれたと思う。本書のサブタイトルである「精神分析としての民俗学」は、そのような精神分析を経たあとの民俗学のことであり、柳田が目指した人類学の一つのあり方を表している。

同時にこのサブタイトルには、日本という言語空間で精神分析を行う際に、必要となる民俗学を提示するという意味もこめている。史学の外に立つことによって見えてくる対象、とりわけ口頭伝承の重要性に気づいたのは柳田であり、そこに働く法則の解明を推し進めたのが折口であった。本書を皮切りに、今後、精神分析において、民俗学的知見の取り入れがいっそう進むことを期待している。

＊　＊　＊

本書のもとになった論文の初出は次のとおりである。

序　論　書き下ろし
第1章　「精神分析と民俗学・民族学との思想的交錯　柳田国男の「無意識伝承」を中心に」（二〇一五年、『精神医学史研究』一九－二号、七一－八〇頁）。
第2章　「心理学としての民俗学　柳田国男における精神分析・民族心理学の影響について」（二〇一七年、『精神医学史研究』二一－二号、八五－九五頁）。
第3章　「心はいかに伝承されるのか　柳田国男の夢分析を手がかりに」（二〇一八年、『伊那民俗研究』二五号、四七－六九頁）。
第4章　「柳田国男から折口信夫へ受け継がれしもの　言語論的民俗学の展開」（二〇一五年、『伊那民俗研究』二三号、三三－六三頁）。
第5章　「折口信夫の言語伝承考」（二〇一二年、日本記号学会 編『叢書セミオトポス七　ひとはなぜ裁きたがるのか　判定の記号論』所収、新曜社、二一七－二三五頁）。
第6章　書き下ろし
「日本という言語空間における無意識のディスクール　折口信夫の言語伝承論を手がかりに」（二〇一六年、日本記号学会 編『叢書セミオトポス一一　ハイブリッド・リーディング　新しい読書と文字学』所収、新曜社、二二一－二三八頁）。

※――　柳田國男、二〇一四年、「民俗学」、『柳田國男全集三四』、筑摩書房、八三〇頁。

第7章 「貴種流離譚考 ディスクールから発生する主体の物語」(二〇一七年、『I. R. S. ジャック・ラカン研究』一六号、一一六‐一四六頁)。

結 論 書き下ろし

このうち、序論、第1章、第3章、第4章、第6章、結論にあたる原稿をもとに、博士論文「日本という言語空間における無意識のディスクール」を作成した。また、書籍化にあたり、全ての原稿に大幅な加筆、修正を行っている。

＊ ＊ ＊

さて、ここまで様々な学問名称を挙げてきたが、私の研究の出発点は、北海道大学にて阿部純一先生のもとで学んだ心理学であった。北海道時代の私は、心という対象に関心を抱きながらも、それにどのように取り組むべきか模索していた。そして同時に、旅と俳句に明け暮れていた。そんな私に先生は、自分の興味関心は心を考える際の入り口となる、と教えてくれた。これをきっかけに私の視野は広がり、旅をしながら心を考える民俗学の方法へと近づくことができた。心理学徒としては不肖の弟子ではあるが、心と言語の関係を問う視点は先生から受け継いだものである。卒業後もしばしば厳しく、そして温かい言葉をかけていただいた。心より感謝申し上げたい。

また、本書の土台には京都大学に提出した博士論文がある。主査の新宮一成先生をはじめ、副査を務めてくださった小山静子先生、田中雅一先生には、貴重なご意見をいただいた。お名前を挙げた先生方以外にも、私が所属した人間・環境学研究科には幅広い分野の第一人者が揃っていた。本書のような学際的な研究が日の目を見たのも、人環の、そして京大の学風に依るところが大きい。加えて本書の出版は、「令和元年度京都大学総長裁量経費人文・社会系若手研究者出版助成」ならびに「令和元年度京都大学大学院人間・環境学研究科長裁量経費による支援」を受けている。ここに感謝の意を表したい。

続いて、学生の身分から離れた私を受け入れてくれたのは、京都大学人文科学研究所である。人文研では、多年にわたり「環世界の人文学」をテーマとした研究班に所属した。人文研は、多種多様な専門家が一堂に会し、共同で研究を進める手法を取っている。精神分析やフランス現代思想の用語から一旦離れ、相手に伝わる言葉を選択しながら進めていくここでの議論が、私の思索を何段階も深めてくれた。このような経験が、限られた専門家だけを対象としていた博士論文を、多くの方々に向けた書籍へと変えてくれた。また、人文研には、先輩である立木康介さんが所属していた。立木さんの膨大な精神分析の知識と、的確かつ繊細なご指摘に、私は何度も助けられた。立木さんをはじめ、人文研で交流した皆さんは、私にとって新たな知を授けてくれる師に等しき存在であった。そのような方々と、ともに研究を進めていくことができた幸運をありがたく感じている。

さらに、本書は学友に負うところも大きい。北海道、京都時代を通して学友に恵まれ、幸せなことに今も交流が続いている。多くの方々の顔が心に浮かぶが、その中でも京都時代に出会った、信友建志さん、舟木徹男さん、佐藤泰子さん、村田智子さん、藤井あゆみさんには、日頃から数多くのご助言、励ましをいただいた。そして、北海道時代の友人たちと酒を酌み交わし語り合った日々も、私の思索の糧となっている。その代表として、私の旅、俳句仲間であり、阿部先生のもとでともに学んだ吉原智雄くんの名前を記しておきたい。

また、研究の過程でお世話になった施設、団体として、成城大学民俗学研究所と柳田國男記念伊那民俗学研究所がある。両研究所が守り続けてきた柳田関連の資料や、スタッフの方々との交流がなければ生まれてこなかった論考もある。両研究所の末永い発展を心から願っている。加えて、初出論文の出版元である新曜社や各学会にも謝意を伝えたい。

そして、本書が世に出る際の両輪となってくれたのが、京都大学の松本卓也さんと洛北出版の竹中尚史さんである。出版にいたるきっかけは、松本さんに声をかけていただいたことにあり、洛北出版との縁も結んでもらった。出版作業に従事したこの一年、大きな改稿をほどこし、竹中さんのお手を煩わせることも多くあった。しかし、この間のやり取りの中で思考が再構築され、本書が洗練される方向へと導かれた。お二人に厚くお礼申し上げる。

本書には、伝承の場へとおもむいた私の旅の経験が反映されている。しかし、執筆中は旅から遠く離れざるを得なかった。私にとってそれは、まるでまどろみの中にいるような、安寧でありながらも、どこかもどかしくもある日々であった。本書を書き終えた今、あらためて旅することの大切さを感じている。人々と出会い、言葉を交わし、心を震わす経験を通して、自らの研究を前に進めていきたいと考えている。

令和二年二月二日　吉田神社節分祭の朝、私を起こしてくれた鳥の声に感謝しつつ

岡安裕介

## ら

# な



# は

# た

# 事　項

## あ



## か

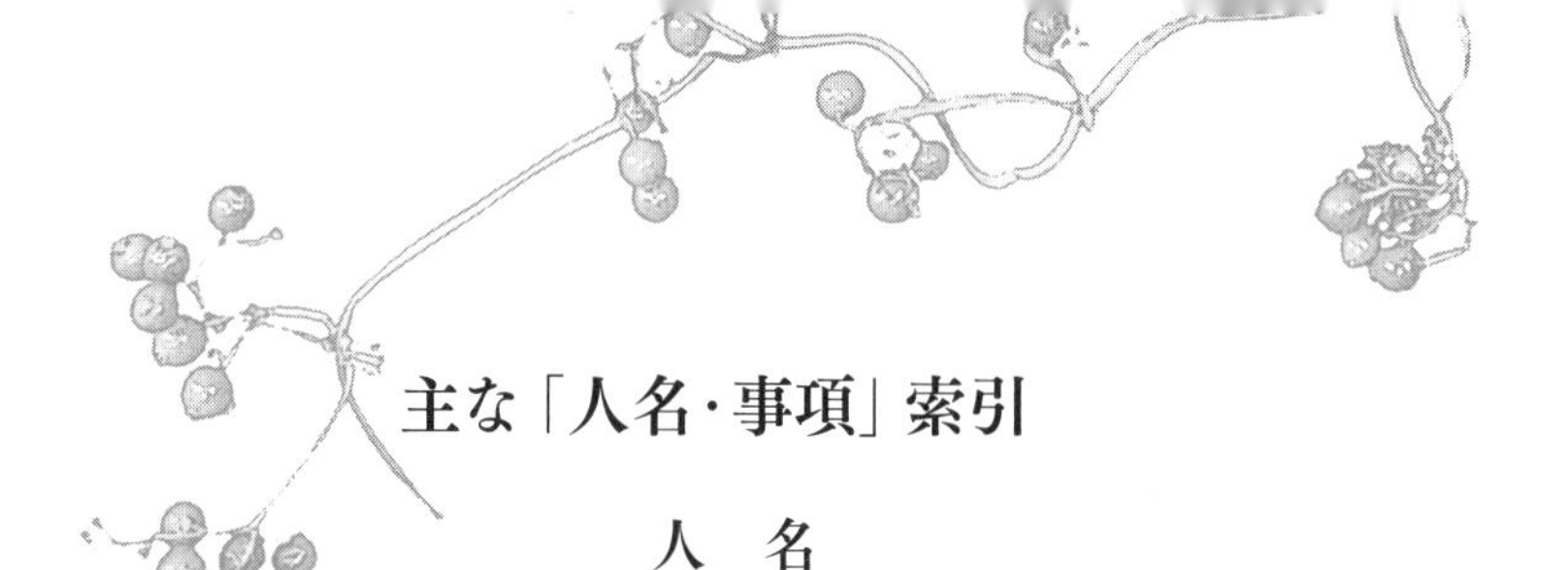

# 主な「人名・事項」索引

## 人　名

# The Unconscious, the Shadows of the Past Life:

## A New Method of Psychoanalytic Anthropology

Okayasu Yusuke

## 岡安裕介（おかやす ゆうすけ）Okayasu Yusuke

1976年生。北海道大学文学部卒業。京都大学大学院人間・環境学研究科博士課程修了。博士（人間・環境学）。現在、京都大学人文科学研究所及び国際高等教育院非常勤講師。専門は精神分析、民俗学。論文に、「『死者の書』に描かれた幻想　千と一体の仏像と日本人」（2019年、『I. R. S. ジャック・ラカン研究』18号）など。


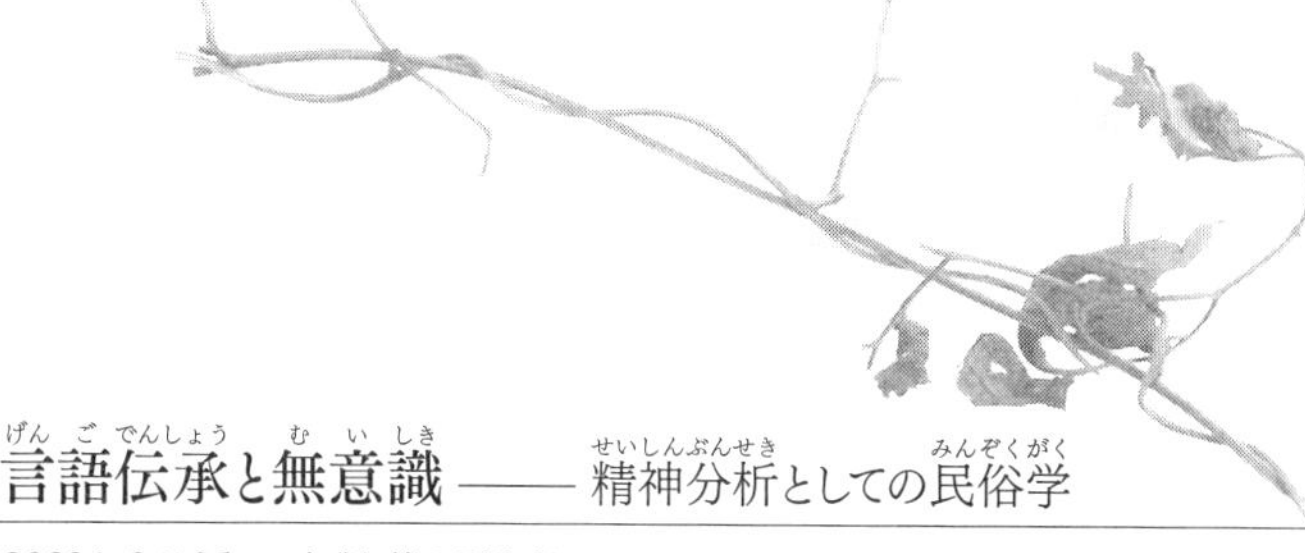


言語伝承と無意識——精神分析としての民俗学

2020年3月25日　初版 第1刷発行

四六判・総頁数396頁（全体400頁）

発行者　竹中尚史

本文組版・装幀　洛北出版

著者　岡安裕介

発行所　洛北出版

606-8267

京都市左京区北白川西町87-17

tel / fax　075-723-6305

info@rakuhoku-pub. jp

http://www. rakuhoku-pub. jp

郵便振替　00900-9-203939

印刷　シナノ書籍印刷

Printed in Japan





ISBN978-4-903127-29-3 C0010

定価はカバーに表示しています

落丁・乱丁本はお取り替えいたします

## 排除型社会　後期近代における犯罪・雇用・差異

ジョック・ヤング 著　青木秀男・岸 政彦・伊藤泰郎・村澤真保呂 訳

四六判・並製・542頁　定価（本体2,800円＋税）

「包摂(ほうせつ)型社会」から「排除型社会」への移行にともない、排除は3つの次元で進行した。⑴労働市場からの排除。⑵人々のあいだの社会的排除。⑶犯罪予防における排除的活動——新たな形態のコミュニティや雇用、八百長(やおちょう)のない報酬配分をどう実現するか。

## レズビアン・アイデンティティーズ

堀江有里 著　四六判・並製・364頁　定価（本体2,400円＋税）

生きがたさへの、怒り——「わたしは、使い古された言葉〈アイデンティティ〉のなかに、その限界だけでなく、未完の可能性をみつけだしてみたい。とくに、わたし自身がこだわってきたレズビアン（たち）をめぐる〈アイデンティティーズ〉の可能性について、えがいてみたい。」——たった一度の、代替(だいたい)できない、渾身(こんしん)の、一冊。

## 立身出世と下半身　男子学生の性的身体の管理の歴史

澁谷知美 著　四六判・上製・605頁　定価（本体2,600円＋税）

少年たちを管理した大人と、管理された少年たちの世界へ——。大人たちは、どのようにして少年たちの性を管理しようとしたのか？　大人たちは、少年ひいては男性の性や身体を、どのように見ていたのか？　この疑問を解明するため、過去の、教師や医師による発言、学校や軍隊、同窓会関連の書類、受験雑誌、性雑誌を渉猟(しょうりょう)する。

## 不妊、当事者の経験　日本におけるその変化20年

竹田恵子 著　四六判・並製・592頁　定価（本体2,700円＋税）

不妊治療は、少しずつ現在のような普及に至った。昔と比べ、治療への敷居(しきい)は低くなった。とはいえ、治療を実際に始めるとなると、ほとんどの人は、戸惑い、不安、迷い、焦(あせ)りなどの、重い感情を経験する。不妊治療に対するこのような感情は、何が原因で生じるのか。このような感情は、不妊治療が普及していったこの20年間で、どのように変化していったのか。

この本は、二つの時代（2000年代と2010年代）に不妊治療を受けた当事者への、インタビュー調査とアンケート調査をもとに書かれている。日本の家族形成、労働環境、インターネット（情報通信技術の進展）、公的支援などを視野に入れ、医療の素人(しろうと)である当事者が編(あ)み出す、不妊治療への対処法を明らかにしている。

2020年3月25日時点
在庫のある書籍

## 何も共有していない者たちの共同体

アルフォンソ・リンギス 著　野谷啓二 訳　田崎英明・堀田義太郎 解説

四六判・上製・284頁　定価（本体2,600円＋税）

私たちと何も共有するもののない——人種的つながりも、言語も、宗教も、経済的な利害関係もない——人びとの死が、私たちと関係しているのではないか？ すべての「クズ共」のために、出来事に身をさらし、その悦(よろこ)びと官能を謳(うた)いあげるリンギスの代表作。

## 汝の敵を愛せ

アルフォンソ・リンギス 著　中村裕子 訳　田崎英明 解説

四六判・上製・320頁　定価（本体2,600円＋税）

イースター島、日本、ジャワ、ブラジル……旅をすみかとする哲学者リンギスが、異邦の土地で暮らすなかで出会った強烈な体験から、理性を出しぬき凌駕(りょうが)する、情動や熱情のありかを描きだす。自分を浪費することの（危険な）歓喜(かんき)へのガイド。

## 食人の形而上学　ポスト構造主義的人類学への道

エドゥアルド・ヴィヴェイロス・デ・カストロ 著　檜垣立哉・山崎吾郎 訳

四六判・並製・380頁　定価（本体2,800円＋税）

ブラジルから出現した、マイナー科学としての人類学。アマゾンの視点からみれば、動物もまた視点であり、死者もまた視点である。それゆえ、アンチ・ナルシスは、拒絶する——人間と自己の視点を固定し、他者の中に別の自己の姿をみるナルシス的な試みを。なされるべきは、小さな差異のナルシシズムではなく、多様体を増殖させるアンチ・ナルシシズムである。

## 親密性

レオ・ベルサーニ ＋ アダム・フィリップス 著　檜垣達哉 ＋ 宮澤由歌 訳

四六判・上製・252頁　定価（本体2,400円＋税）

暴力とは異なる仕方で、ナルシシズムを肥大(ひだい)させるのでもない仕方で、他者とむすびつくことは可能なのか？　クィア研究の理論家ベルサーニと、心理療法士フィリップスによる、「他者への／世界への暴力」の廃棄をめぐる、論争の書。

## シネキャピタル

廣瀬　純 著　四六判・上製・192頁　定価（本体1,800円＋税）

シネキャピタル、それは、普通のイメージ＝労働者たちの不払い労働にもとづく、新手(あらて)のカネ儲(もう)けの体制！ それは、どんなやり方で人々をタダ働きさせているのか？ それは、「金融／実体」経済の対立の彼方にあるものなのか？　オビの推薦文＝蓮實重彥。

# The Unconscious, the Shadows of the Past Life:

## A New Method of Psychoanalytic Anthropology

Okayasu Yusuke

Rakuhoku-Shuppan